매일 성공하는
크리스천 엄마

Copyright©2006 by Lisa Whelchel
Originally published in English under the title
Taking Care of the Me in Mommy
by Integrity Publishers,
a division of Thomas Nelson, Inc.
All rights reserved.

Korean translation copyright©2007 by Mission World Library, Inc.
187-23, Chungkok-3dong, Kwangjin-gu, Seoul, 143-901 Korea.
Used and Translated by the arrangement of Thomas Nelson, Inc. through KCBS Literary Agency.

매일 성공하는
크리스천 엄마

리사 웰첼 지음 | 지영순 옮김

매일 성공하는 크리스천 엄마

초판 1쇄 2007년 08월 14일
개정 1쇄 2013년 11월 30일

지은이 | 리사 웰첼
옮긴이 | 지영순
펴낸이 | 강안삼
책임편집 | 박소현
북디자인 | Design YOOL
펴낸곳 | 미션월드 라이브러리

등록번호 제4-234호(1993.11.11)
주소 143-901 서울시 광진구 중곡3동 187-23
홈페이지 www.missionworld.co.kr
전화 02) 461-4147, 02) 462-5711

가격 13,000원
ISBN 89-5740-190-3 03230

■ 잘못 만들어진 책은 교환해 드립니다.

■ 이 책의 한국어판 저작권은 KCBS를 통해 Thomas Nelson과 독점 계약한 미션월드 라이브러리가 소유합니다.
저작권법에 의하여 한국 내에서 보호를 받는 저작물이므로 무단전재와 무단복제를 금합니다.

목차

감사의 말 _ 8
들어가는 말 | 자신을 돌본다는 것 _ 11
쉼터 | 함께 떠나는 나들이 _ 19

1부 영적 세계를 돌보라

1 영 성령과 호흡을 맞추라 _ 25
　쉼터 | 살아있는 말씀으로 채우라

2 기도 하나님 아버지와 끝없이 교제하라 _ 35
　쉼터 | 하나님 앞에서 온 종일 수다떨기

3 말씀 주를 사모하며 _ 49
　쉼터 | 주의 말씀이 꿀과 같사오니

4 예배 나를 사랑하시는 주님 _ 59
　쉼터 | 주님은 놀라운 분이십니다

5 안식일 지키기 모든 것을 돌보시는 하나님 _ 71
　쉼터 | 결정은 자신에게 달린 것

6 삶의 기록 알콩달콩 살아가는 얘기 _ 83
　쉼터 | 글을 쓴다는 것

2부 육신을 돌보라

7 몸 그 거룩한 성소 _ 97
쉼터 | 돌아볼 때가 되었나요?

8 아름다움 주의 아름다움이 우리에게 임하사 _ 107
쉼터 | 지키고 가꿔야 빛나는 법

9 건강식 세포 하나까지 건강하게 _ 119
쉼터 | 건강식에 대한 하나님의 생각은?

10 체력단련 에너지가 넘치는 사람 _ 133
쉼터 | 즐겁고 신나게

3부 혼의 영역을 돌보라

11 혼 생각을 붙들라 _ 147
쉼터 | 이것을 묵상하라

12 생각 두뇌에도 관심을 _ 161
쉼터 | 뇌를 자극하는 법

13 취미 하나님이 주신 창조성 _ 175
쉼터 | 뭐든지 만들어보자

14 즐거움 우리에게 양약과 같아 _ 185
쉼터 | 화기애애한 분위기 조성하기

4부 삶을 돌아보라

15 자기관리 나는야 '미시즈 플랜' _ 199
　쉼터 | 무엇을 하든지 계획부터 세우라

16 집안일 먼지는 쌓이라고 있는 것? _ 221
　쉼터 | 천국가면 누군가 내 시중을 들어주리

17 요리 손수 만든 빵을 쪼개며 _ 231
　쉼터 | 지금 시작해 보세요

18 재정관리 늙고 힘없을 때 내가 너를 돕지 않겠느냐 _ 243
　쉼터 | 돈이란 역시

19 직업 잠언 31장의 주인공은 일하는 여성 _ 257
　쉼터 | 균형 잡는 기술

5부 관계를 돌아보라

20 친구 진정한 사귐 _ 277
　쉼터 | 오늘 우리 집에 놀러 오시겠어요?

21 결혼생활 남편과의 데이트 _ 287
　쉼터 | 부부의 결속

22 도움을 청하라 연약함을 인정하는 것 _ 301
　쉼터 | 저 좀 도와주세요!

23 엄마를 돕는 엄마 _ 313

부록 1 | 베이비시터 구하기 _ 317
부록 2 | 절약형 베이비시터 구하기 _ 328

감사의 말

"너희가 거저 받았으니 거저 주어라" _ 마태복음 10:8

저는 매우 많은 것을 받았습니다. 수많은 분들이 자신의 귀한 은사를 기꺼이 쏟아주셨기에 저의 삶도, 이 책도 풍성하게 되었습니다. 이렇게 책을 통해 저의 삶과 생각을 여러분과 함께 나눌 수 있는 것도 많은 분들의 도움이 있었기 때문에 가능했습니다.

제가 연기를 하며 책을 쓰든, 고기를 팔며 빵을 굽든, 양초를 만들든, 무엇을 하든지 간에 묵묵히 지켜봐주는 남편 스티브, 두 아들 터커와 헤이븐, 그리고 막내딸 클랜시에게 감사의 마음을 전합니다. 우리 가족은 제가 가끔 심술을 부리거나 예의에 어긋나게 행동해도 언제나 똑같은 사랑으로 저를 받아줍니다. 아무런 조건 없이 그냥 엄마와 아내로, 있는 모습 그대로를 받아주는 가족이 있기에 저도 제 모습 이대로 감사할 수 있습니다. 우리 가족에게 진심으로 사랑을 전합니다.

인테그리티 출판사(Integrity Publishers)와 로라 민추, 엄마라는 이름 속에 묻혀 있는 저를 돌보느라 책 쓰는 일을 뒷전으로 미루곤 했는데도 끝까지 인내하며 기다려 주셔서 감사합니다. 완전무결한 강직함으로 명성을 얻고 있는 출판사와 함께 동역하게 된 것은 저에게 커다란 축복이며 영광입니다.

제니퍼 스타이어, 정갈하며 완벽한 편집에 감동했습니다. 제게 남겨주신 쪽지마다 구석구석 독자를 생각하는 신실함과 지혜로 넘쳐났답니다.

글레이디스 마리 브라운, 저를 구해주신 것에 다시 한 번 감사드립니다. 제대로 분류하고 정리하도록 도와주지 않았다면 이렇게 잘 엮어내지 못했을 겁니다. 쉼터에 실린 수백 가지 아이디어는 또 어떻구요! 정말 훌륭한 편집인이십니다.

멜라니 힐, 도와달라는 말을 마치기도 전에 쏜살같이 달려와 마지막 손질을 멋지게 해줘서 고맙습니다. 정말 좋은 친구입니다.

론 스미스, 엄마들을 위한 사역에 헌신해 주셔서 감사합니다. 책임자의 과묵한 표정 뒤에 있는 섬세함, 하나님을 사랑하는 마음, 그리고 피땀 어린 수고를 보았습니다.(그 손길이 책 구석구석에 스며들어 있답니다.)

웹 사이트를 통해 만난 많은 엄마들께도 감사드립니다. 제 글에 생생한 의견을 달아주시고 번뜩이는 아이디어도 제공해 주셨습니다. 특히 킴 카터님께 고마운 마음을 전합니다. 엄마들의 고민을 구체적으로 나눌 수 있는 '나 그리고 엄마'라는 공간을 구성해 주셨습니다. 그 모임에서 얻은 통찰력을 통해 이 책이 탄생하게 되었습니다.

사이버 기도용사들께도 감사합니다. 이 책이 나오기까지 2년간 신실하게 기도해 주셨습니다. 여러분의 힘 있는 기도를 통해 하나님께서 많은 것을 이루셨습니다. 우리의 귀한 사귐을 허락하신 주님을 찬양합니다.

메기 머피, 제가 하기 싫어하는 일은 다 맡아서 해주시니 어찌 감사하지 않겠습니까? 이 같은 천사가 없다면 우리 모임은 벌써 문을 닫아야 했을 겁니다.

트레이시 델슨과 알 덴슨 부부께 거듭 감사합니다. 합숙 회의도 하고 글도 쓸 수 있도록 별장을 내어 주셨습니다. 부탁할 때마다 기꺼이 허락해 주셔서 마음 편하게 요청하곤 했습니다.

들어가는 말

자신을 돌본다는 것

하루에 한 시간 쯤은 따로 떼어내서 하나님과 교제하는 시간을 갖고 싶은 마음이 들지 않는가? 아이들과 놀아주기도 하고, 남편과 다정하게 대화도 나누고, 가끔씩 그리운 친구를 만날 수도 있다면 얼마나 좋을까. 그러나 우리 엄마들의 현실은 대부분 그렇지가 못하다. 하루 종일 정해진 시간에 많은 일을 해내야 하고 가족들을 위해 무엇인가 열심히 주느라고 정신없이 바쁘기만 하다. 그러다보니 누군가로부터 받는 것은 어색하기만 하고 쉰다는 것은 더더욱 생각할 수가 없다.

   세상은 우리에게 더 많은 것을 가질 수 있으며, 또 모든 것은 완벽해야 한다고 속삭인다. 불행하게도 우리는 그 메시지를 받아들였고 더 나은 무엇인가를 이루기 위해 끊임없이 자신을 채찍질한다.
   "내가 원하는 대로 돼야 해. 그리고 이 일을 할 사람은 나밖에 없어."
   그런데 참 이상하지 않은가. 이렇게 생각하는 것과는 반대로 우리 인생은 자꾸 무엇인가에 끌려다니는 것만 같고 결국 지쳐서 자신이 바라던 모습대로 살지도 못한다. 엄마들은 많은 것을 혼자서 어깨에 짊어지다 주저앉아 버리곤 한다. 이쯤 되면 엄마라는 직업에 사표를 던지기도 하는 것이다.
   이 책은 나의 경험을 토대로 썼다. 최근에 일기장을 뒤적이다 우리 아이들이 아주 어렸을 때의 기록을 발견했다. 여러분과 나누고 싶어서 이곳에 옮겨본다.

"쏟아지는 잠을 참을 수가 없다. 아픈 아이를 간호하느라 너무 지쳤다. 터커가 몸이 좋지 않아서 그런지 지독하게 말을 안 듣는다. 남편은 언제 오려나. 아이들이 잠자리에 들려면 아직도 4시간 하고도 15분이 더 남았는데. 오늘 저녁에는 내가 보고 싶어했던 영화를 방영한다는데 아무래도 못 볼 것 같다. 터커는 귀가 아프다고 난리가 났는데 병원은 모두 문을 닫았으니 어떻게 밤을 지낼지 걱정이다. 몸도 마음도 천근만근이라 움직일 기력조차 없다. 게다가 먹을 거라곤 눈을 씻고 찾아도 없으니…. 남편이 출근하기 전에 다투지만 않았어도 하루가 이렇게 힘들진 않았을 텐데."

여기 한 가지가 더 있다.

"지독하게 피곤하다. 몸도 많이 지쳤지만 마음이 더 무겁다. 5년쯤 지나고 나면 까마득히 잊어버리겠지. 그 때를 생각해 몇 자 적어 두어야겠다. '어린아이 셋은 너무 벅차다!' 오늘은 아이들 뒤치다꺼리에 아무 일도 하지 못했다. 청소는 물론이고 다른 집안일도, 샤워도 하지 못했다. 컴퓨터를 켜는 일 같은 건 생각조차 할 수 없었다."

정말 그랬다. 아이들을 위해 뭔가 더 하려면 나를 포기하는 것이 상책이라고 생각했다. 결국 몸은 자꾸 야위어갔고, 집안 꼴은 엉망진창이 되었다. 일이 꼬이기 시작하니 어디서부터 손을 대야 할지 모를 만큼 심각해졌다.

아이를 낳고 엄마가 되고 나면 자녀들의 나이에 따라 더 많이 희생해야 할 시기가 있다. 아이들이 아주 어릴 때는 하나에서부터 열까지 모두 엄마에게 의지하기에 어느 정도 자랄 때까지는 엄마의 전적인 희생이 필요한 게 사실이다.

그러나 친정어머니와 차를 마시든, 교회 여전도회 모임에 참석하든, 봄맞이 피부관리를 받든, 그것이 무엇이든지 간에 엄마 자신을 위해 시간을 투자하는 것 또한 매우 중요하다. 그렇게 엄마가 재충전이 되고나면 가족을 향한 애틋함은 더욱 새로워지고 깊어지기 때문이다.

사랑하는 사람과 떨어져보면 더욱 애달퍼지는 법이던가. 어떤 말을 갖다 붙이든지 상관없다. 우리가 새겨야 할 진리만 잘 간직할 수 있으면 좋겠다. 가족을 사랑하는 엄마들의 마음은 언제나 절실하지만, 일에 치이고 지치다 보면 모든 것이 곱게 보이지 않는 법이다. 이럴 때는 전쟁터에서 어서 빠져나와 새롭게 정비하고 재무장하여 다시 전세에 임하는 것이 훨씬 낫다. 다람쥐 쳇바퀴 돌듯이 살면서 그저 그런 엄마로 머무르는 것을 당당히 거부하자. 생생하게 살아있는 엄마로 가족들에게 최선의 것을 제공하자.

엄마가 계속해서 주기만 하고 받는 법을 연습하지 않으면 나중에는 더 이상 줄 것이 없게 된다. 혹시 자신을 위해 따로 시간을 내는 것이 내키지 않는 사람이 있는가? 그렇다면 가족들을 위해서라도 엄마 자신을 돌볼 수 있는 시간이 있어야 한다는 사실을 깨닫기 바란다. 정기적으로 우리 내면의 공간을 채워줄 필요가 있다. 힘이 있어야 아이들도 챙기고 내조도 하며 기도로 원수도 대적하고 시장에서 물건 값도 깎을 수 있지 않겠는가. 차가 망가져서 도로 한 쪽에 주저앉아 있다면 어디에 쓰겠는가.

고장난 곳이 있다면 이제는 고치고 재충전해야 할 때다. 스위치를 켜고 힘의 원천이신 분으로부터 전류를 공급받는 것이 우리 엄마들의 급선무다.

예수님은 이렇게 말씀하셨다.

"나는 포도나무요 너희는 가지니 저가 내 안에, 내가 저 안에 있으면 이 사람은 과실을 많이 맺나니 나를 떠나서는 너희가 아무것도 할 수 없음이라."(요 15:5)

우리가 계속해서 한 자리에서만 맴돈다면 거기에는 진전도 없고 성취도 없다. 시간만 허비하는 인생을 살고 싶지 않다면, 과실을 맺으며 풍성하게 뻗어가는 인생을 살고자 한다면 예수님께 꼭 붙어 있으라.

예수님은 요한복음 15장을 통해 그분 안에 거하라고 하시면서 그 이유까지 설명해 주셨다. "내 기쁨이 너희 안에 있어 너희 기쁨을 충만하게 하려 함이니라."(11)

예수님은 기쁨의 근원이시다. 기쁨의 근원이신 예수님은 우리가 기뻐할 때 함께 기뻐하신다. 우리가 웃을 때 함께 웃으시며 우리의 행복한 모습을 보시면서 행복해 하신다. 이런 주님이기에 당신의 자녀들이 메마른 인생을 허덕거리며 살아가기를 원하지 않으신다. 우리의 삶이 늘 기쁨으로 충만하기를 원하신다.

그렇다면 나는 어떨 때 기쁨을 느끼는지 생각해보자. 내 마음은 무엇으로 채워지며 내 마음을 즐겁게 해주는 것은 어떤 것인가? 영화에서처럼 욕조에 거품을 잔뜩 내고 양초도 밝히고 따뜻한 물에 몸을 담글 생각만으로도 벌써 피로가 풀리는가? 남편과 분위기 있는 곳에 가서 저녁식사를 하면 좋을까? 어떤 이는 하루 종일 말씀 안에 머물며 기도하면서 주님의 임재를 사모하는 가운데서 기쁨을 얻을 수도 있으리라. 책을 읽으며 따뜻한 차 한 잔을 곁들이는 것으로 충분히 만족하는 이도 있을 것이다. 그렇다면 그렇게 해보라. 무엇인가를 받아들이고 누려보라! 그런 후에 마음이 충만한 상태에서 가족들을 바라보라.

"그렇게만 할 수 있다면 얼마나 좋을까요? 그런데 도무지 시간을 낼 수가 있어야지요." 이렇게 생각하는 분들도 있을 것이다. 목적이 생겼으면 그 목적을 이루기 위해 잠시 차를 세울 줄도 알아야 하지 않겠는가. 이 책에는 각 장마다 '쉼터'를 마련해 두었다. 이곳에 멈추어서서 쉬기도 하고 재충전하며, 새롭게 정비하고 열정을 회복하자. 모든 것이 새로워질 것이다.

우리의 영·혼·육은 충분한 영양소를 공급받아야 한다. '쉼터'에는 엄마라면 반드시 섭취해야 할 영양가 높은 아이디어들로 가득 차 있다. 정성스럽게 꽉 채운 이 소풍가방을 여러분과 펼쳐보며 나눌 것이다. 나는 '쉼터'를 이 책의 심장부로 여긴다. 이곳에 담긴 아이디어들 중에 몇 가지만이라도 엄마들의 삶에 실제로 적용할 수 있고 이를 통해 각 가정의 삶이 풍요로워진다면 더 바랄 것이 없겠다. 여러분은 이 책에서 말씀으로 단장하는 법, 집안 청소하면서 찬양하는 법, 시어머니께 일기편지 보내는 법, 냉장고에서 물을 꺼내면서 암송하는 법 등을 배우게 될 것이다. 자투리 시간을 찾아내기 위한 간편 청소법, 깜짝 정리정돈 기술도 유용하게 쓰일 것이다. 시간절약형 식단과 소비절약 구매법도 눈여겨보기 바란다.

자, 이렇게 열심히 아껴 모은 시간을 어디다 써야 할까? 이제 우리는 엄마라는 이름 속에 묻혀 있는 '나'를 돌아보고 함께 세워갈 것이다. 소중한 시간을 모아 나 자신에게 투자하는 것이다. 자기 자신을 돌본다는 것, 이는 이기적인 것도, 잘못된 것도 아니다. 헛된 짓은 더더욱 아니다. 자신을 잘 돌보는 엄마가 가족도 잘 돌볼 수 있는 법이니까.

모성애 때문인지 기독교인이라는 신분 때문인지는 모르겠지만 어쩐 일인지 우리는 자신을 위해 뭔가를 할 때 죄책감을 느낀다. 모성애의 경우 본능적으로 돌려받을 것을 기대하지 않고 주기 때문일 것이고, 또 기독교인은 자신을 부인하는 것이 최선이라고 배웠기 때문일 수도 있다. 아무튼 크리스천 엄마들은 이 책을 읽기 시작하는 것 자체에 벌써 죄책감을 느낄 수도 있다. 그러나 죄를 깨닫는 것과 죄책감을 가지는 것은 전혀 다르다는 사실을 기억해야 한다. 죄책감은 건강한 것이 아니다. 이것에 대해 조금 짚고 넘어가고 싶은데, 하나님의 말씀에 근거해 나눌 것이다. 주님의 진리가 우리를 헛된 죄책감에서 자유롭게 해주실 줄 믿는다.

이 책은 '최고의 엄마'를 만들기 위해 쓴 것이 아니다. 우리의 삶에 예수님을 최고로 모시며 그분의 말씀을 믿고 따르는 엄마들이 되자는 의미에서 썼다. 주님은 이런 말씀을 하셨다.

"너희는 먼저 그의 나라와 그의 의를 구하라. 그리하면 이 모든 것을 너희에게 더하시리라."(마 6:33)

인간이 '모든 것'을 원하는 것은 지극히 정상적인 일이다. 이 '모든 것'들이란 우리 삶에 꼭 필요한 것들로 의복이나 음식 같은 것들을 의미하기 때문이다. 인간이 살아가는 데는 이 '모든 것'이 반드시 필요하다. 그런데 문제는, 하나님보다 하나님이 주시는 선물에 마음을 더 빼앗길 때 인생의 문제가 시작된다는 것이다.

하나님이 우리에게 좋은 것을 주는 것을 기뻐하신다는 사실은 얼마나 멋진 일인가. "너희가 악한 자라도 좋은 것으로 자식에게 줄 줄 알거든 하물며 하늘에 계신 너희 아버지께서 구하는 자에게 좋은 것으로 주시지 않겠느냐."(마 7:11)

우리는 참으로 복이 많은 사람들이다. 우리는 결국 하나님과 하나님이 주시는 선물 두 가지를 다 얻게 되는 것이다.

존 파이퍼(John Piper)목사는 자신의 저서 『하나님을 갈망함』(Desiring God)을 통해 이렇게 이야기하고 있다. "하나님은 인간이 그분 안에서 전적으로 만족할 때 최고의 영광을 받으신다. 이 얼마나 완벽한 조화인가! 하나님은 영광 받으시기를 원하시고 인간은 만족하기를 원한다."

우리는 성경공부라든지 기도와 같은 영적인 활동을 중요하게 생각한다. 당연히 그래야 할 일이다. 하나님은 우리가 사역에 참여하면서 하나님을 섬길 때 영광 받으신다. 그렇다고 해서 우리가 영적인 활동을 할 때만 영광을 받으시고 다른 활동을 할 때는 영광을 받지 않으시는 것은 아니다. 맛있는 음식을 즐기거나 좋아하는 책을 읽을 때, 다른 이들과 즐겁게 대화하는 그 가운데서도 하나님은 영광을 받으신다.

시중에는 영성을 다룬 좋은 책들이 많이 나와 있다. 우리에게 주어진 일상과 많은 문제들을 헤쳐나가는 데 꼭 필요한 힘을 공급받을 수 있는 유용한 책들이다. 그러한 책들을 통해 많은 도움을 받을 수 있을 것이다. 그러나 하나님은 영을 창조하셨을 뿐만 아니라 우리의 혼과 육체도 함께 빚으셨다는 사실을 간과해서는 안 된다. 사도 바울이 남긴 기록을 보자. "너희 온 영과 혼과 몸이 우리 주 예수 그리스도 강림하실 때에 흠 없게 보전되기를 원하노라." (살전 5:23).

이 책은 데살로니가전서 5장 23절의 본문을 염두에 두고 영, 혼 그리고 몸, 이 세 부분에 초점을 맞추어 구성했다. 이 단어에 대한 이해를 돕기 위해 그리스어의 어원을 살펴보자. 훨씬 명확하게 이해할 수 있을 것이다.

영(프누마) – 눈에 보이지 않는 인간의 본질이며, 사람으로 하여금 하나
님을 섬기고 하나님과의 영적 교제를 가능하게 해준다.
몸(소마) – 육안으로 보이는 육체를 말한다.
혼(프시케) – 사람이 깨닫기도 하고 동기를 부여받으며, 의지를 발휘하
고, 소망하며 느끼는 것은 혼이 있기 때문이다. 혼의 역할
은 지성, 감성, 의지, 이렇게 세 부분으로 나누어진다. 인간
은 육체를 통해 세상을 지각하고 혼을 통해 자아를 인식한
다. 그리고 영을 통해 하나님의 존재를 경험한다.

다음 장부터는 분주한 엄마들의 일상에 실제로 적용할 수 있는 방법들을 제시해 두었다. 주님 발 앞에 앉아 은혜를 경험하고 격려받은 뒤, 그 힘으로 다시 가족을 향해 다가설 수 있기를 바란다. 계속해서 우리 엄마들의 육신과 정신세계를 잘 돌볼 수 있는 길을 함께 찾아가자.

다음 장으로 넘어갈 때는 정말로 욕조에 따뜻한 물을 채우고, 향기 나는 양초도 몇 개 켜놓고 몸을 푹 담근 채 읽는 것은 어떨까? 할 수 있다면 라디오를 가져다가 부드럽고 편한 음악도 틀어보자.

지금 당장 이렇게 하기가 힘들다면 수일 내에 날을 잡아 실행에 옮겨보자. 이제부터는 엄마라는 역할에만 충실한 것이 아니라 그 이름에 가려져 있던 '나' 자신도 함께 돌아보자. 이렇게 한 번쯤 지친 심신을 풀어주고 나면 가족을 대하는 태도가 훨씬 여유로워진다. 엄마가 스스로를 잘 돌아보기 시작할 때 가족들에 대한 정성은 더욱 깊어진다는 사실을 다시 한 번 강조하고 싶다. 자, 지금 당장 욕조를 채워보자.

> **쉼터** 함께 떠나는 나들이

'들어가는 말'에서 언급했듯이, '쉼터'에는 영양가 높은 아이디어로 꽉 찬 소풍가방이 여러분을 기다리고 있다. 모두 실생활에 적용할 수 있는 것들이어서 도움이 많이 될 것이다. 이제 그 '소풍가방'에 대해 좀더 이야기를 나누려 한다.

자, 내가 정성껏 준비한 큰 소풍가방이 여기 있다. 너무 커서 혼자 들 수도 없다. 슬쩍 들여다보면 한 소대를 먹일 수 있을 만큼 먹을거리가 가득 들었다. 세상에 있는 샌드위치란 샌드위치는 다 모였다. 칠면조 샌드위치, 햄 샌드위치, 클럽 샌드위치, 파니니 샌드위치, 크루아상 샌드위치, 간(肝) 소시지 샌드위치, 피클 치즈 샌드위치, 그리고 내가 제일 좋아하는 샌드위치도 들어있다. 바로 우유빵에 버터와 설탕을 바른 샌드위치다. 내가 어렸을 때는 건강식 개념이 지금과는 달랐기 때문에 이런 샌드위치를 많이 먹고 자랐다.

더 뒤적거렸더니 간식거리도 잔뜩 들었다. 갖가지 감자 칩이 가득하다. 바비큐 맛, 신 맛, 사워크림 맛, 피클 맛, 매운 맛, 그 외에 구운 것도 있고 생감자 칩도 있다. 물결 모양 과자와 야채 크래커도 있다. 치토스, 프리토스, 도리토스, 버글스, 썬칩도 쌌고 새우깡도 잊지 않았다.

피곤할 때는 단 것이 최고라고? 질리도록 먹을 만큼 가져왔으니 구경들 하시라. 트윙키스, 초콜릿 사탕, 칩스아호이, 크래커 잭, 엠앤엠 등등. 이

것이 다가 아니다. 채소면 채소, 과일이면 과일, 구색을 맞춰 준비했다. 음료수는 가방에 넣을 자리가 없어서 아이스박스에 따로 넣어 두었으니 첫 번째 '쉼터'로 들어갈 때 잊지 말고 챙겨가기 바란다.

이쯤에서 질문 하나를 해야겠다. 이 소풍가방을 건네받고 안을 들여다보면서 무슨 생각을 먼저 하게 될까? '이 많은 걸 어떻게 다 먹으란 말이야? 안 먹고 말지' 하면서 허기진 배를 움켜잡고 자리를 뜰 것인가? 물론 아닐 것이다.

그렇다고 해서 가방 안에 든 샌드위치를 종류별로 다 먹어보고, 과자나 칩도 이것저것 꺼내서 한 움큼씩 입에 넣고 음료수도 있는 대로 다 마실 것인가? 제발 그러지 않기를 바란다.

여러분은 갖가지 샌드위치 중에 가장 맛있게 보이는 것을 집어들 것이다. 좋아하는 간식거리도 좀 꺼내고 음료수도 하나 정도 고를 것이다. 아니, 어쩌면 샌드위치는 반만 먹고, 과자류 대신 과일이나 싱싱한 채소를 택하고 음료수 대신 물을 집어들 수도 있겠다.

내가 준비한 것을 죄다 먹지 못한다고 해서 죄책감을 느끼는 사람이 있을까? 아무도 없을 것이다. 그러니 '쉼터'에 마련된 수많은 정보가 부담스럽다고 지레 겁먹지 말자. 나는 이 책을 쓰는 동안 엄마들이 책 내용의 절반이라도 적용하면 좋겠다고 생각해본 적이 한 번도 없다. 여러분의 삶에 한두 가지만이라도 뿌리를 내릴 수 있는 어떤 것을 발견한다면, 그것으로 여러분의 삶에 감사가 넘쳐난다면, 나는 그것만으로 충분히 기쁠 것이다.

여러분에게 부탁이 하나 있다. 이 책을 읽는 동안 주님께 구체적으로 묻기 바란다. 어떤 부분에 초점을 맞추어 적용해 나가야 하는지 하나님이 보여주실 것이다. 매일 규칙적으로 영적인 시간을 갖지 않았던 이에게는 제일 먼저 하나님과 함께 시간을 보내라고 말씀하실지도 모른다. 1부 '영적 세계를 돌보라'에 마련된 '쉼터'에서 새로운 것을 발견하고 하나님의 말씀에 빠져들게 하실 지도 모를 일이다.

한 번에 한 가지씩 차근차근 나아가자. 모든 영역을 한꺼번에 다 섭렵하려고 서두를 필요가 없다. 그러다가는 책을 다 읽기도 전에 나가떨어질 것이다. 이 책은 심신이 지친 엄마들을 일으켜 세우기 위해 쓴 것이지, 타오르는 불꽃에 기름을 더 끼얹기 위해 쓴 것이 아니다. '쉼터'에서 얻은 아이디어를 적용하고 그것이 습관으로 발전하기 시작하면 어떻게 자투리 시간을 더 찾아낼 수 있을지 배우고 싶어질 것이다. 그러고 나면 육신을 어떻게 돌봐야할지 배우게 될 것이다. 이런 식으로 한 가지씩 필요한 영역들을 채워나가자.

나 자신도 이 책에 기록된 대로 다 적용하며 살지는 못한다. 여러 가지를 실천에 옮기려 애는 쓰지만 어떤 부분은 삶 속에서 실현되는 데 꽤 오랜 시간이 걸리기도 한다. 어떤 분들은 내가 힘들어하는 영역에서 나보다 훨씬 빠르게 적용해나가는 모습을 보이기도 한다. 우리 모두가 다르듯이 각자에게 쉽게 다가오는 부분이 따로 있는 법이다. 인간이 모든 것을 완벽하게 해낼 수는 없으므로 잘 안 되는 부분이 있더라도 그것 때문에 고민하지 않기 바란다. 물론 죄책감을 느낄 필요도 없다. 완전히 참패할 때도 있겠지만 그럴 때는 그 부분은 잠시 미루고 다른 것들을 먼저 시도해보기 바란다.

나는 되도록 많은 방법들을 제공하고자 애썼지만 이 가운데서 몇 가지만이라도 여러분의 삶에서 온전히 쓰임 받기를 기도한다.

　엄마의 삶이 이전보다 강건해지면 가족의 삶도 따라서 강해질 것을 확신한다. 엄마가 어떻게 하느냐에 따라 가족의 행복이 좌우된다는 사실을 잊지 말자.

1

영적 세계를 돌보라

01 _ 영 성령과 호흡을 맞추라
02 _ 기도 하나님 아버지와 끝없이 교제하라
03 _ 말씀 주를 사모하며
04 _ 예배 나를 사랑하시는 주님
05 _ 안식일 지키기 모든 것을 돌보시는 하나님
06 _ 삶의 기록 알콩달콩 살아가는 얘기

… … … … … … … … … 1 … … … … … … … … …

영

성령과 호흡을 맞추라

우리 가족은 아이들이 사춘기가 될 무렵부터 '마음열기'라는 시간을 갖기 시작했다. 아이들이 아주 어렸을 때는 날씨에 비유해서 '맑음, 흐림'이라고 표현했었다. 매일 밤 아이들을 재울 때 하루 동안 있었던 일 가운데 맑은 것은 무엇이었으며 흐린 것은 어떤 것이었는지 물어보면 아이들이 대답하게 했다. 이렇게 몇 번 하고 나더니 아이들이 자신의 감정상태를 분명하게 표현하기 시작했다.

이 나눔의 시간은 아이들이 자라면서 진지하게 발전해갔다. "오늘 혹시 마음 상한 일은 없었니? 엄마한테 하고 싶은 말은 없니? 회개해야 할 일은 없었니?" 등과 같이 우리의 대화는 조금씩 깊어지고 구체화되었다. 이제 '마음열기'는 우리 가족이 터놓고 얘기할 수 있는 아주 특별한 시간으로 자리잡았다.

터커는 이제 16살이 되었다. 그런데 아직도 매일 밤 '마음열기' 시간을 기다린다. 물론 자라면서 변하기도 했다. 이전에는 그날 있었던 웃긴 일, 속상한 일은 물론 궁금했던 일까지 그 시간이 되면 쏟아놓곤 했는데, 요즘은 음악을 함께 들으면서 보내는 것을 더 좋아한다. 이따금씩 질문도 하고 마음 상한 일을 털어놓기도 하지만, 최근에 배운 기타 연주법을 들려주거나 자작곡, 새로 좋아하게 된 음악 등을 소개해주는 것을 더 즐기는 것이다.

몇 달 전의 일이다. 밤새 곤히 자다가 아침에 갑작스런 음악소리에 눈이 번쩍 뜨였다. (아직 아이가 어린 엄마들은 실감이 나지 않겠지만 아이들은 정말 날마다 자라고 있다. 스스로 잠자리에 들기도 하고, 잠이 오지 않으면 혼자 만화를 보기도 하고, 혼자서 밥을 챙겨 먹기도 한다. 그럼 엄마는 밤새 곤히 잘 수도 있다!) 남편이 커피 타는 소리를 잘못 들었나 싶어 고개를 들어 보았으나 남편은 아니었다. 나를 깨운 것은 분명히 음악소리였다. 무슨 음악일까 귀를 기울이니 가사가 또렷하게 들려왔다. "속이지 않아, 속이지 않아, 속이지 않아, 코카인!"

'무슨 꿈이 이래?' 하고 생각했지만 꿈이 아니었다. 불현듯 어제 터커가 에릭 클렙톤(Eric Clapton)의 음반을 들려주었던 것이 생각났다. 바로 그 음반에 있던 곡의 한 구절이었던 것이다. 어제 그 음악을 들으면서 가사에 대해 잠시 얘기를 나누긴 했지만 내가 그 노래를 기억하리라곤 생각지도 못했다. 그런데도 내 머릿속에 그 구절이 또렷이 남아 있었던 것이다.

어제 델슨 씨 가족이 빌려준 별장에 올라가서 글을 쓸 때만 해도 친정어머니가 생일선물로 사주신 엠피쓰리 플레이어를 귀에 꽂은 채 작업했다. 필요할 때 골라 들으려고 장르까지 분류해서 저장해둔 음악들이다. 집안일을 할 때는 주로 경쾌한 찬송가를 듣는다. 노래가사에 신경 쓰고 싶지 않을 때 들으려고 고전음악도 잔뜩 담아두었다.

왠지 심경이 복잡해질 때는 영화음악을 들으면서 내가 처한 상황이 서서히 아름다운 장면으로 바뀌어갈 것을 머릿속에 그려본다. 음악 뿐 아니라 꼭 듣고 싶은 설교나 오디오북 등도 저장해두었다. 심지어는 터커가 좋아하는 음악들도 들어 있다. (곡 선별을 두고 또 한 번 열띤 논쟁을 벌인 후에 엄선된 곡들만 남겨 두기로 했지만 말이다.)

이 중에서 내가 제일 즐겨 듣는 음악은 찬송가와 성가 합창곡이다. 글쓰기에 집중하기 위해 조용한 이곳으로 오는 동안 내내 찬송가를 들으며 운전했다. 늦은 시간에 도착했지만, 테드 데커(Ted Dekker)의 신간을 몇 장 읽은 뒤에 우리 집 강아지 도너트를 이동장에 넣어 재우고 나서 잠을 청했다. 그러고 나서 오늘 아침에 일어났는데 내 입에서 찬송가가 저절로 흘러 나오는 게 아닌가! "오, 성령님, 나의 위로되시네. 내게 힘주시며 내 머리를 드시는 주. 우리 진리 위에 설 때 영광 받으시네. 평강의 하나님, 다스리소서."

날마다 이렇게 시작할 수 있다면 얼마나 좋을까.

우리 엄마들이 인생을 사는 동안 반드시 해야 할 일이 있다면, 그것은 예수님과 함께 '호흡을 맞추는 일'이다. 예수님 안에서 생각하는 법을 배워야 한다. 그러면 그것이 행동이 되어 삶으로 나타날 것이다. 잠언 23장 7절만 봐도 인간은 마음에 품은 것을 따라 행동하게 된다고 말씀하고 있다. "대저 그 마음의 생각이 어떠하면 그 위인도 그러한즉."

엄마들을 만나보면 이구동성으로 하는 말이, 받는 것보다 주는 것이 훨씬 쉽다고들 한다. 이 책 서두에서부터 계속 '주기 위해서는 받는 것도 연습해야 한다'고 강조하고 있는 것도 이 때문이다. 그런데 받기를 연습하는 것 못지않게 중요한 사실이 있다. 그것은 '무엇을' 받아들이느냐 하는 것이다. 엄마가 좋은 것과 건강한 것을 받아들여야 가족들에게 지혜의 말과 생명의 말을 흘려보낼 수 있기 때문이다.

그러므로 일상생활 속에서 열린 눈과 귀를 가지고 생각을 잘 통제해야 한다. 어떤 영화를 보며 무슨 드라마를 시청하는가? 어떤 책을 읽는가? 어떤 종류의 음악을 즐겨 듣는가? 친구들은 또 어떤가? 건전한 친구를 만나고 있나, 아니면 해로운 친구를 만나고 있나? 사사로운 것이라고 대수롭지 않게 여길 문제가 아니다. 내 속에 쌓이는 것들이 결국에는 가족들에게까지 영향을 미치게 되기 때문에 무엇이든 신중해야 하는 것이다.

그렇다면 무엇을 받는 것이 현명한 길인가? 예수님이 제자들에게 말씀하셨던 것 같이, "성령을 받으라"(요 20:22). 이제부터 몇 장에 걸쳐 우리의 영을 채울 수 있는 실제적인 방법들을 살펴보게 될 것이다. 찬양, 성경공부, 묵상, 기도 그리고 안식 등에 대해 구체적으로 나누려고 한다. 하나님이 주시는 것을 받아 누리는 동안 우리 모습이 어떻게 회복되는지 함께 경험해보자.

훌륭한 엄마가 되고 싶다면 한 가지 길 밖에 없다. 예수님의 능력을 구하고 그분이 직접 우리를 지도하시도록 우리의 마음을 열어두는 것이다. 이렇게 하기 위해서는 하루 종일 예수님 안에서 호흡하며 살아야 한다. 이것이 우리 가정을 주님의 생명에 붙어 있게 하는 방법이다. 주님의 생명을 누리며 살 수 있는 방법이 여럿 있지만 성경구절을 암송하는 것이 가장 빠른 길이다.

"모든 성경은 하나님의 감동으로 된 것으로 교훈과 책망과 바르게 함과 의로 교육하기에 유익하니 이는 하나님의 사람으로 온전케 하며 모든 선한 일을 행하기에 온전케 하려 함이니라."(딤후 3:16-17)

이제 잠시 고삐를 늦추고 '쉼터'에 들르자. 온종일 말씀을 섭취하며 '하나님과 호흡 맞추는 법'을 배우자. 신약, 구약, 그리고 보약을 마시자! (난 농담도 못하나? 여러분처럼 우리 애들도 눈이 휘둥그레졌다.)

 **영** 살아 있는 말씀으로 채우라

☀ 눈에 띄는 곳에 두라

메모지를 활용해보자. 자신만의 말씀묵상 카드를 만들 수도 있고, 갑자기 떠오른 좋은 생각과 해야 할 일 등을 바로 기록해 사용할 수 있어서 좋다. 보기에는 아무 것도 아닌 것 같지만 의외로 도움을 많이 받을 수 있다. 내가 이 메모지 활용법으로 말씀을 외우기 시작한지도 꽤 오래 되었다. 이 일은 아이들이 어렸을 때부터 지금껏 우리 가족의 바쁜 일상을 차질 없이 헤쳐 나가도록 도와주는 도우미 역할을 훌륭하게 해내고 있다.

 말씀을 묵상할 때 사용하는 성경이 따로 있다면 그 성경 사이에 메모지를 몇 장 넣어두자. 성경을 읽다가 갑자기 마음을 사로잡는 구절이 나타났을 때 즉시 기록해둘 수 있다. 이 일은 하나님이 나에게 말씀하시고자 하는 것을 놓치지 않고 붙들 수 있게 도와줄 것이다. 이렇게 적어둔 것을 잘 보이는 곳에 두고 자주 들여다보면서 주님의 말씀이 떠나지 않도록 하라.

 나는 암송카드를 컴퓨터 바로 옆에 붙여두었다. 컴퓨터는 이제 내 일상의 많은 것을 처리해주는 중요한 부분이 되었기 때문에 컴퓨터 앞에서 보내는 시간이 많아졌다. 이전에는 이곳저곳 눈에 띄는 곳이라면 죄다 말씀카드로 도배를 해야 했던 때도 있었는데 지금은 컴퓨터 앞에만 붙여두면 언제든지 볼 수 있다. 사실 외우려고 작정했던 것은 아니었는데 말씀카드를 자주 들여다보는 것만으로 어느 순간 외워지는 것을 보면 신기하다. 자, 이런 곳은 어떨까?

식탁 옆이나 벽
비상약통 혹은 거울
자동차 앞면에 부착된 햇빛가리개
냉장고
지갑이나 가방 속
부엌 싱크대 정면
텔레비전 앞
운동기구 근처
책갈피
벽시계

☀ 말씀으로 단장하라

말씀을 가까이 해야 한다는 것은 알고 있었지만 정신없이 바쁜 일상에 말씀암송을 추가해야 한다는 것이 많이 부담스러웠다. 그래서 나의 일상과 연결시킬 수 있는 방법을 찾아보았다. 그 중에 내가 제일 즐기는 것은 '말씀으로 단장하는 시간' 이다.

    화장할 때 각 단계마다 어울리는 말씀을 찾아 화장대 거울 앞에 붙여놓는다. 매일 아침 화장할 때마다 보게 될 것이다. 큰 소리로 성경구절을 읽고 뜻을 새겨본다. 자꾸 반복하다 보면 어느새 그 구절들을 다 외우고 있는 자신을 발견하게 될 것이다. 이렇게 시작해보자.

    기초화장 – 고린도전서 3장 11절
    "이 닦아 둔 것 외에 능히 다른 터를 닦아 둘 자가 없으니 이 터는 곧 예수 그리스도라."

눈썹정리 – 마가복음 9장 47절

"만일 네 눈이 너를 범죄케 하거든 빼어 버리라. 한 눈으로 하나님의 나라에 들어가는 것이 두 눈을 가지고 지옥에 던지우는 것보다 나으니라."

눈 화장 – 잠언 16장 2절

"사람의 행위가 자기 보기에는 모두 깨끗하여도 여호와는 심령을 감찰하시느니라."

마스카라 – 잠언 17장 10절

"한 마디로 총명한 자를 경계하는 것이 매 백 개로 미련한 자를 때리는 것보다 더욱 깊이 박이느니라."

마무리용 파우더 – 야고보서 1장 4절

"인내를 온전히 이루라. 이는 너희로 온전하고 구비하여 조금도 부족함이 없게 하려 함이라."

볼 터치 – 누가복음 6장 29절

"네 이 뺨을 치는 자에게 저 뺨도 돌려 대며 네 겉옷을 빼앗는 자에게 속옷도 금하지 말라."

립스틱 – 잠언 12장 19절

"진실한 입술은 영원히 보존되거니와 거짓 혀는 눈 깜짝일 동안만 있을 뿐이니라."

다른 데도 이와 같은 아이디어를 적용해볼 수 있겠다. 양말이나 신발을 신으면서 발에 관한 구절을 암송하고, 머리를 빗으면서 생각에 관련된 말씀을 외워보자. 양치질을 하는 동안 말과 혀에 대한 구절을 기억하고, 귀걸이를 달 때 귀에 관한 말씀을 되새기는 것은 어떨까.

☀ 상황별 말씀 정리하기

문구점에 가면 메모지 묶음이나 빈 단어장을 쉽게 구할 수 있다. 이것으로 암송구절 세트를 만들어보자. 특별히 외우고 싶은 구절들을 각 페이지마다 하나씩 적으라. 이렇게 상황별로 맞는 말씀들을 따로 모아 두고 필요할 때마다 꺼내보면, 이전에 발견하지 못했던 다른 뜻을 깨닫게 되기도 한다.

- 색깔별로 정리할 수도 있다. 가령 파란색은 평강에 관한 말씀, 빨간색은 분노를 나타내는 말씀 등 구별이 가능한 색으로 분류하는 것도 한 방법이겠다. 현재 갈등하고 있는 문제가 있다면 그 상황에 맞는 색깔의 말씀을 뽑아서 붙들라. 하나님이 그 부분을 다스려 주시고 진리 안에서 해결할 수 있도록 지혜를 주실 것이다.
- 베스 모어(Beth Moore)도 어려운 시기를 만나든지 특별한 상황에 처했을 때를 대비해 비슷한 성경구절들을 따로 묶어 정리해 두라고 조언했다. 상황에 따라 정리된 성경구절이 등불과 같은 역할을 해줄 것이다.

☀ 암송을 잘 하려면

- 내 친구 하나는 주방 한쪽에 커다란 판을 걸어두고 매주 다른 말씀으

로 바꿔가면서 자녀들과 함께 나눈다. 누구든지 판에 걸린 말씀 앞을 지나갈 때는 큰 소리로 읽기로 했다. 그렇게 해서 힘들이지 않고 매주 다른 말씀을 외우고 있다.
- 외우고 싶은 말씀을 냉장고 앞이나 정수기 앞에 붙여놓고 물을 꺼낼 때마다 큰 소리로 읽어보라. 차가운 물을 마실 때마다 예수님의 생수도 함께 마시면서 새 힘을 얻자.
- 말씀암송을 도와주는 인터넷 사이트도 적극 활용해보자.

    말씀암송은 우리가 신앙생활을 하는 데 큰 힘을 실어준다. 내가 이렇게 믿고 있는 것처럼 모든 엄마들이 암송의 중요성을 깨닫기 바란다. 물론 엄마들의 삶이 호락호락하지 않다는 것도 안다. 아무리 좋은 것이라 할지라도, 제아무리 간절히 원하는 것이라 할지라도 그림의 떡이라면 무슨 소용이 있겠는가. 우리의 바쁜 일과와 함께 자연스럽게 묻어갈 수 있는 아이디어를 '쉼터'에 마련해 두었다. 힘들게 쥐어짜지 말고 천천히 쉽게 다가서자. 말씀을 크게 소리내어 읽는 것만으로도 우리 영혼 속에는 보화가 하나둘씩 쌓이는 것이니, 처음부터 너무 무리하지 말고 그냥 읽는다고 생각하면서 시작하자.
    암송과 더불어 기도생활 또한 상당히 중요하다. 기도는 분주한 가운데에도 우리 마음이 주께 붙들려 있도록 돕는다. "삶의 진실"(*The Facts of Life*)이라는 시트콤에 출연했을 때, 나는 사춘기 소녀였다. 그 때 친히 아버지가 되어주신 하나님을 만나게 되었고, 그분과 친밀한 교제를 누리는 특별한 시간을 보냈다. 여러분의 삶에도 이와 같은 일이 일어나기를 기도한다. 하나님과의 친밀한 관계 속에서 실제적인 교통을 배우고 하루 종일 주님 옆에 꼭 붙어 있기를 간절히 사모하라.

기 도

하나님 아버지와 끝없이 교제하라

　내가 "삶의 진실"에서 '블레어' 역을 맡아 연기하고 있을 때였는데 블레어가 갑자기 살이 찌기 시작했다. (교복이 터지도록 살이 쪘던 건 내가 아니라 블레어였으므로 모든 것은 블레어 탓으로 돌리련다.) 한참 뒤에야 공허함은 먹는 것으로 채울 수 있는 것이 아니라 오직 예수님만으로 채워진다는 사실을 깨달았다. 이 부분에 대해서는 다른 책에서 자세히 썼기 때문에 다시 설명하지는 않겠다.

　결론부터 말하자면, 그 때 나를 말릴 수 있는 방법은 단 하나, 기도뿐이었다. 그 때까지의 내 기도생활은 마치 크리스마스 때 산타 할아버지를 기다리는 어린아이 같았다.

　"하나님, 전 이것과 저것이 필요하구요. 이 사람과 저 사람을 축복해 주세요. 그리고 선물을 주셔서 감사합니다. 아멘."

　물론 하나님은 우리의 필요를 채워주시고, 당신이 아끼는 사람들에게 복을 주시며 선물도 주시는 분이시다. 그러나 이런 축복들은 알고 보면 아무것도 아니다. 우리 인간에게 가장 크고도 놀라운 축복이 있다면, 그것은 하나님이 피조물인 우리와 교제하기를 원하신다는 사실이다. 주님은 우리에게 친구가 되어주시고, 갈 길을 인도하시며, 비밀을 보여주시기도 하고,

평안도 허락하신다. 주님이 우리와 나누기 원하시는 것은 이밖에도 무궁무진하다. 그래서 나는 더 이상 허공을 울리는 기도는 하지 않기로 결심했다. 전능하신 하나님과 친밀함을 나눌 수 있는 그 교제의 장으로 들어가기 위해 용기를 가지고 담대히 나아갔다.

지금 나누려는 것은 자칫하면 지나치게 보일 수도 있으나 본 의도를 헤아려주기 바란다. 이것을 통해 나의 삶이 완전히 바뀌는 경험을 했기 때문에 여러분과 자신 있게 나누는 것이다. 먼저, 기도할 때 눈을 감지 않기로 했다. 하늘을 우러러보지도 않고 고개를 숙이지도 않았다. 그 때는 하나님과 진정한 대화를 나누고 싶은 마음만 간절했다. 더 이상 '괜찮은 기독교인'이 되기 위해 하루에 하나씩 숙제하듯 종교적인 의식으로 기도하고 싶지 않았다.

기도하던 장소도 바꾸었다. 매일 아침 잠자리에서 일어나자마자 화장실로 달려갔다. 날마다 화장실에서 주님과 함께 하루를 시작했다. 내가 변기 위에 앉고 (물론 뚜껑은 닫고 앉았다.) 정면으로 마주보이는 욕조에 예수님이 걸터앉으셨다고 생각했다. (지금 생각해보니 예수님과 자리를 바꿔 앉았어야 했다. 변기가 아무래도 보좌처럼 생겨서 예수님과 더 어울리는 자리였는데, 그 때는 그 생각을 미처 하지 못했다.) 그러고는 예수님의 눈을 들여다보며 내 마음을 쏟아내기 시작했다.

모든 것을 다 말씀드렸다. 살찌는 것에 대한 두려움, 텍사스에 있는 가족들과 떨어져 있어야 하는 외로움, 내 마음을 두근거리게 하던 멋진 남자에 대한 감정까지 (그 때는 나도 사춘기 소녀였다.) 모두 자세히 말씀드렸다. 그렇게 하면서 나의 기도생활은 완전히 바뀌게 되었다. 매일 아침 의무감으로 가지던 묵상시간이 아버지이신 하나님과 가슴을 열고 만나는 대화의 장으로 변해갔다.

주님은 우리에게 이렇게 말씀하셨다. "내 안에 거하라. 나도 너희 안에 거하리라. 가지가 포도나무에 붙어 있지 아니하면 절로 과실을 맺을 수 없음 같이 너희도 내 안에 있지 아니하면 그러하리라."(요 15:4)

결론은, 주님의 도우심과 그분의 역사 없이는 우리가 소망하는 진정한 엄마의 상(像)을 이루어갈 수 없다는 것이다. 자녀들의 삶 속에서 성령의 열매가 나타나기를 원하는가? 그렇다면 엄마가 먼저 예수님 안에 머물러야 하며 그분의 뒤를 따르는 모습을 보여주어야 한다.

이 구절에 사용된 '거한다'는 말은 이제 보통 대화에서는 들어볼 수 없는 단어가 되었다. 그런데 '거한다'는 것이 무슨 뜻일까? 말씀을 계속 연결해서 보면 '거한다'는 것은 예수님께 붙어 있다는 의미임을 발견할 수 있다. 그렇다면 어떻게 그렇게 될 수 있는가? 어떻게 하면 주님께 붙어 있게 되는가? 성경을 더 읽어야 하는가? 교회에 더 자주 가야 하는가? 기도를 더 오래 해야 하는가? 반드시 그런 의미만은 아니다.

내가 사용하고 있는 성경연구용 컴퓨터 프로그램을 뒤져봤더니 '거한다'(abide)는 뜻은 본래 함께 지내며 시간을 보낸다는 단순한 의미였다. 그리스어의 어원을 따져가며 더 복잡하게 설명할 수 있겠지만 기본적으로는 이런 뜻이다. 보통 사람들이 함께 시간을 보낼 때 무엇을 하는가? 많은 것을 함께할 수 있겠지만 모든 만남에는 기본적으로 '대화'가 있게 마련이다. 대화를 통해 상대를 알 수 있게 되고 관계는 돈독해진다. 그리고 깊은 대화는 서로를 강하게 묶어준다. 기도란 바로 이렇게 하나님과 자연스럽게 대화하는 것이 아니겠는가.

그런데 엄마들은 여전히 고민이 많다. '가족을 위해 시간 내는 것도 힘들고 집안청소도 제대로 못하고 있다. 해야 할 일은 태산 같고 나 자신조차 지탱하기도 힘든데 여기서 무엇을 어떻게 더 하라는 거지? 주님과 편히 앉아서 대화를 하라고? 그런 시간을 어디서 쪼개란 말이야.'

하나님은 우리 엄마들의 처지를 누구보다 잘 아신다. 아침에 일어나면,

"하나님, 안녕하세요?" 그 인사가 전부고, "저희 아이들을 보호해 주세요." "남편을 축복해 주세요." "지혜 좀 주세요." "도와주세요." "용서해 주세요." 이런 식으로 우리가 필요한 말만 이따금씩 내뱉을 수밖에 없는 형편을 다 아신다.

　하나님이라면 당연히 엄마들의 심정을 이해하실 테고 나 또한 여러분을 헤아릴 수 있다. 어디 나 뿐이랴. 이 세상에 엄마라는 이름으로 살아온 여성이라면 모두 그 시간을 기억할 것이다. 그러니 안심하라. 마음을 편히 먹고 다음 '쉼터'로 들어서자. 숨을 깊이 들이마시고 블레어가 좋아하는 '번뜩이는 아이디어' 몇 개를 찾아보자. 여러분이 엄마로서의 부르심을 감당해야 하는 이 힘겨운 때에 하나님과 친밀한 대화를 나눌 수 있도록 도와줄 만한 것 몇 가지를 발견하면 좋겠다.

> **쉼터** 기도 하나님 앞에서 하루 종일 수다떨기

✝ 무엇을 하든 기도와 함께

나는 모든 집안일을 기도의 도구로 생각한다. 이렇게 하니까 기도가 자연스럽게 삶의 습관이 되어버렸다. 기도를 어떤 기준이나 기대치에 맞출 필요가 없다. 괜한 죄책감일랑 떨쳐버리고 자연스럽게 기도하자.

거실을 쓸고 닦을 때도 자신의 삶이 쓸고 닦이기를 위해 기도할 수 있고, 나라와 민족을 위해 기도하는 시간으로 삼을 수도 있다. 다음의 몇 가지 방법을 써보면 쉽게 이해가 될 것이다.

✝ 빨래기도

- 분류할 때 – 삶이 정확하게 구분되도록 기도한다. 우선순위를 새롭게 해야 할 영역이 있는지, 변화되어야 할 부분이 있는지, 혹은 버려야 할 것은 없는지 보여주시도록 간구하라.
- 얼룩을 제거할 때 – 얼룩진 죄를 씻어 주시도록 기도한다.
- 표백제를 사용할 때 – 죄 많은 세상에 살면서 쌓인 묵은 때를 제거해 주시도록 기도한다.
- 유연제를 넣을 때 – 주님이 우리 마음을 부드럽게 하시고 겸손의 영을 허락하시도록 기도한다.
- 세탁기를 사용할 때 – '눈 같이 희어져야'(사 1:18) 할 사람들이 깨끗함을 갖도록 기도한다.

✝ 옷정리 기도

옷을 개는 순간에도 옷주인을 위해 기도한다.

- 남편의 속옷 – 남편의 신실함을 위해 기도한다.
- 본인의 잠옷 – 결혼생활의 연합을 위해 기도한다.
- 아들의 바지 – 학원폭력이나 싸움 등에서 보호해 주시도록 기도한다.
- 딸의 윗옷 – 단정함을 위해 기도한다.
- 양말 – 가족들의 머리부터 발끝까지 하나님이 온전한 주인이 되어 주시기를 기도한다.
- 속옷 – 정결함과 보호받는 생활을 위해 기도하고, 생식기관의 건강을 위해 기도한다.

✝ 집안 속속들이 기도

이곳, 저곳 각 부분의 특성과 기능을 위해 기도한다.

- 거실 – 아이들이 사이좋게 지내도록, 건전한 프로그램을 시청하도록 기도한다.
- 부엌 – 일용할 양식과 건강한 식습관을 위해 기도한다.
- 식탁 – 가족 간의 대화가 깊어지도록 기도한다.
- 아이들 방 – 진정한 휴식이 있고 숙면을 취할 수 있는 곳이 되도록, 좋은 학습습관이 몸에 배도록 기도한다.
- 안방 – 단잠을 잘 수 있는 곳, 건강한 부부관계가 이루어지는 곳이

되도록 기도한다. 또, 남편과 아내가 서로를 사랑하며 평강을 얻는 곳이 되도록 기도한다.

✝ 쓸고 닦는 기도

- 진공청소기 – 내가 알지도 못하는 사이에 묻혀와 삶의 일부가 된 것이 있을 수 있다. 주님께 내가 알지 못하는 부분까지 밝히 드러내시도록 기도한다.
- 묵은 때 청소 – 나와 가족들의 삶 안에 있는 모든 문제들을 없애주시도록 기도한다.
- 가구 광내기 – 내 인생을 새롭게 하시고 빛을 내주시도록 기도한다.
- 장난감 정리 – 인내심 많은 엄마가 되도록 기도한다.
- 식사준비 – 하나님의 예비하심이 있도록 기도하며, 가족들이 엄마의 손길을 통해 하나님을 경험하도록 기도한다.

✝ 번개기도, 티끌 모아 태산!

- 차 안에서도 기도한다. 엄마가 차 안에 혼자 있는 기회를 얻었다면 라디오를 끄고 그 시간을 기도로 채워보자.
- 하루를 기도로 시작하고 기도로 마무리하자. 아침에 눈 뜨자마자 무릎 꿇고 하루를 주께 드리고, 잠자리에 들 때는 은혜로 하루를 채워주신 주님께 감사드리자.
- 하루 가운데 잠이 막 쏟아지기 시작할 그 때야말로 부부가 함께 기도하기 좋은 시간이다. 양쪽이 다 느긋해지고 여유가 생기는 그 시간을 놓치지 말고 기도로 채우자.

- 교회 가는 길에도 기도한다. 자녀들과 함께 교회 지도자들을 위해 큰 소리로 기도해보라.
- 민족의 지도자들을 위해서 기도한다. 태극기를 볼 때마다 생각나는 정치인들을 위해 기도한다.
- 아이들을 학교에 데려다줘야 한다면 오고 가는 길에 기도한다. 아이들에게 매일 친척 한 사람씩을 정해 기도하도록 하되, 특별히 믿지 않는 친척의 구원을 위해 기도하도록 가르쳐라. 한 사람을 정해놓고 모두 돌아가며 한 마디씩 기도해주는 것도 좋겠다.
- 믿지 않는 영혼들을 위해 기도한다. 우리는 아이들이 어렸을 때부터 길에서 동전을 주우면, 우리가 알고 있는 사람 가운데 복음이 필요한 사람을 위해 기도하기로 정해놓았다. 지금까지도 그렇게 해오고 있다.
- 특별기도 시간! 오래전에 우리 목사님께 배운 것이다. 디지털시계가 같은 숫자로 짝이 맞을 때 한 자녀씩 놓고 기도한다. 가령 1:11, 2:22, 3:33 이런 식으로 하면 절대 잊어버리지 않는다. 하나님은 이 방법을 통해 내가 자녀들을 위해 기도하는 일을 쉬지 않도록 도와 주셨다.

✟ 땅밟기

- 밖으로 나가서 하나님이 지으신 세계를 보며 기도한다. 걸으면 운동도 되고 일석이조다. 혼자서 기도하고 싶을 때는 이렇게 해보자.

  * 남편이 출근하기 훨씬 전, 이른 아침에 산책하며 기도한다.
  * 저녁식사 후 설거지는 남편과 아이들에게 부탁하고 혼자 나가서 걸으며 기도한다.

* 동네를 돌면서 이웃을 위해 기도한다. 그들의 이름을 몰라도 좋고, 그들에게 무엇이 필요한지 몰라도 괜찮다. 하나님이 어떤 기도를 해야 좋을지 알게 해주실 것이다.

✟ 성경구절 선포하기

'말씀'이 이루어지도록 기도한다.

아픈 사람을 위해 기도할 때 성경에서 건강과 회복에 관한 말씀을 찾으라. 그 말씀을 의지하여 하나님의 약속이 이루어지도록, 아픈 이에게 그 말씀의 능력이 나타나도록 기도한다.

자녀들이 어려움을 겪고 있거나 혼란에 빠졌을 때, 자녀들이 갈등하고 있을 때, 죄와 유혹을 이길 수 있는 진리의 말씀을 찾으라. 그 말씀이 자녀들의 삶을 조명하여 진리 가운데서 승리할 수 있도록 기도한다.

✟ 기도일지

내가 운영하고 있는 홈페이지(www.LisaWhelchel.com)를 방문해보면 알겠지만 2004년 가을에 특별 이벤트를 마련했다. 처음엔 '하나님의 뜻을 구하라. 천국을 맛보게 되리라' 는 슬로건을 내걸고 시작했다가 지금은 '커피 토크(Coffee Talk)' 라는 방을 따로 만들어 내 개인의 기도일지를 올리고 있다. 그러다가 2005년에는 하워드 출판사의 도움으로, 이 방에 실린 모든 기도제목을 묶어 '바쁜 엄마들을 위한 기도 안내서' 를 내기도 했다.

내 손때가 묻은 기도일지! 내게 얼마나 소중한지 모르겠다. 나는 하루에 십 분, 한 달에 이십 일이면 백 장이 넘는 분량의 기도제목을 쓸 수 있다. 이렇게 기도제목을 정리하는 것이 기도에 대한 의무감에서 자유롭게 해주며 오히려 더 다양한 부분들을 위해 기도할 수 있도록 도와준다. 내 홈페이지에 들어오면 기도일지를 어떻게 쓰면 좋을지 몇 가지 아이디어를 얻을 수 있다. 단계별로 정리해 두었으니 차근차근 해나가는 데 도움이 될 것이다. 기도일지의 좋은 점 또 한 가지는 기도생활도 훨씬 수월해지고 우선순위도 정돈이 된다는 것이다. 잘하면 두 마리 토끼를 한꺼번에 잡을 수도 있다.

✝ 영역별로 나눠보기

기도해야 할 제목은 많고 걱정거리도 산더미 같이 쌓여 있어서 한꺼번에 기도하기가 부담스러울 수도 있다. 그럴 때는 분류해서 요일별로 기도해 보자. 다음의 예를 보라.

* 월요일에는 아픈 사람들을 위해 기도한다.
* 화요일에는 도움이 필요한 사람들과 과부들을 위해 기도한다.
* 수요일에는 교회와 사역자들을 위해 기도한다.
* 목요일에는 국가와 사회문제를 위해 기도한다.
* 금요일에는 구원받아야 할 사람들을 위해 기도한다.
* 토요일에는 친구들과 친지들을 위해 기도한다.
* 주일에는 다른 사람들이 특별히 요청한 기도제목들을 가지고 기도한다.

✝ 자녀들과 함께 하는 기도

우리는 자녀들에게 기도하는 습관을 길러주기 위해 식사기도를 활용했다. 초기에는 아이들이 무조건 '하나님 감사합니다'로 기도를 끝내지 않도록 하기 위해 몇 가지 문장을 만들어 처음과 끝부분을 도와주면서 함께 기도했다. 여기에 우리 가족이 사용했던 몇 가지 예를 들어보겠다.

- 하나님을 찬양하는 기도를 드릴 때는 이렇게 했다. "하나님은 ~하신 분이십니다. 우리 주님을 찬양합니다."
- 감사기도를 드릴 때는 이렇게 했다. "하나님, 오늘 하루 중 제일 기뻤던 일은 ~입니다. 이것을 허락해주셔서 감사합니다."
- 다른 이들을 위해 기도할 때는 이렇게 했다. "하나님, (친구이름)을 위해 오늘 기도하고 싶은 것은 ~입니다."
- 우리는 아이들이 바라는 것들도 간구하도록 했다. (특히, 성탄절이나 생일이 되면 이 기도는 끝날 줄 모른다!) "하나님, 저는 ~이 필요합니다."
- 아이들의 성격이나 생활습관 등을 위해서도 기도하게 했다. "하나님, 저의 ~한 부분을 고쳐주세요."

이러한 기도훈련을 통해 아이들은 실제로 필요한 것들에 대해 구체적으로 간구하는 법을 배운다. 그리고 하나님과의 친밀한 대화를 통해 자신의 문제를 해결해 나가게 된다.

✝ 함께 하는 기도, 힘있는 기도

- 인터넷 세상에는 기도체인들이 많이 형성되어 있다. 기도제목을 올리기만 하면 많은 사람들이 함께 기도해 주기도 한다. 그 대표적인 사이트를 소개하겠다.
  www.family2family.co.kr

- 대부분의 교회 홈페이지에도 기도제목을 나누는 공간이 마련되어 있다. 기도모임 광고도 나와 있으니 잘 활용하기 바란다.
- 엄마들을 위한 기도모임이나 여성만을 위한 모임들도 찾아볼 수 있다.
- 교회에서 갖는 기도모임이든 누군가의 가정에서 열리는 기도모임이든 함께 모여서 기도하는 시간은 다 귀하다. 내가 '삶의 진실'에 출현하기 위해 캘리포니아에서 지냈을 때, 마이클과 스토미 오마샨의 초대로 그분들 가정에서 열리는 기도모임에 참석했다. 영화·방송 계통에 종사하는 사람들이 매주 모이는 기도모임이었는데 형식은 아주 간단했다. 둥글게 둘러앉아 쭉 돌아가면서 기도제목을 나누고 각자의 수첩에 받아적는다. 그리고 한사람씩 기도할 날을 정한다. 그러면 각 요일마다 나를 위해 기도해주는 사람이 생기게 되는 것이다. 하나님이 그 모임을 통해 드려지는 기도를 얼마나 기뻐하시던지 많은 기도제목이 응답되었다.
- 기도 파트너를 정해 서로 기도해 주기로 약속하는 것도 좋은 방법이다. 하루에 한 번, 혹은 일주일에 한 번, 정해진 시간에 전화나 이메일을 통해 기도제목을 나누든지 아니면 실제로 만나서 함께 기도하자.

✝ 이렇게 기도하는 것은 사치일까?

아래에 실린 것들은 어쩌면 사치스럽게 느껴질지도 모르겠다. 도저히 생각조차 할 수 없는 형편에 있는 엄마들이라면 다음에 시간이 허락할 때 실천해보라.

- 하루 정도 멀리 떠나 기도하는 날을 가져본다. 시골교회나 기도원을

찾아보라. 오랜만에 각자의 기도제목을 따라 충분히 기도하며, 주님이 그 기도제목들에 대해 뭐라고 '말씀하시는지' 듣기도 하라.
- 매일 한 번은 기도일지를 정리한다. 각 기도제목마다 하나님이 어떻게 응답하시는지도 빠짐없이 기록하라. 지난 기도일지를 점검하면서 하나님이 나와 내 가족의 어떤 부분을 고치셨으며 새롭게 하셨는지 관찰하라.
- 주말을 이용해 참석할 만한 기도모임이나 기도집회가 있는지 찾아본다. 기도에 대한 강의도 듣고 구체적으로 기도할 수 있는 곳이면 좋겠다.

데살로니가전서 5장 17절에서 사도바울은 '쉬지 말고 기도하라'고 말했다. 예전에는 이 말씀을 대할 때마다 시작도 하기 전에 포기해야 할 것만 같았다. '딴 데 신경 쓰는 것만도 시간이 모자라는 판에 하루 종일 기도하라고?'

그랬던 나였지만 이제는 바쁘면 바쁠수록 주님을 더욱 간절히 찾게 된다. 그래서 지금은 하루 종일 주님께 조목조목 아뢰며 도움을 요청한다. 뭐든지 다!

나의 성경공부 시간에도 똑같은 일이 일어났다. 내가 공허함을 느낄수록 더욱 주님의 말씀에 목말라진다. 성경을 읽으면 읽을수록 더 허기가 진다. 그래서 생명의 떡으로 채우고 또 채우고 싶어지는 것이다. 그럼, 내가 어떻게 말씀 안에서 공급받고, 회복되고, 건강해졌는지 다음 장에서 나누어보자.

3

말씀

주를 사모하며

친구가 찾아와 이렇게 고백한다면 어떻게 반응하게 될까?
 "나 요즘 이상해. 힘이 하나도 없고 어떨 때는 걷지도 못하겠어. 가끔 이유 없이 쓰러지기도 해. 해야 할 일은 많은데 그럴 힘이 없어서 아무것도 못하고 있어. 뭔가 잘못된 거지? 주일마다 시어머니가 해주시는 음식을 배불리 먹고 오거든. 그거면 일주일 사는데 충분하지 않니? 수요일이면 피자도 시켜먹고 그 다음 주일에는 또다시 진수성찬을 대접받는데…. 그런데 왜 난 이렇게 약해진 거지? 이해가 안 돼."
 이런 얘기를 듣는다면 십중팔구 정신없는 소리를 한다고 충고하게 될 것이다. "일주일에 한두 번 먹어서야 어디 정상적인 생활이 되겠어? 매일 먹어야지!"
 이와 같은 질문을 자신에게 하고 있지는 않은가 돌아보라.
 "하나님이 나를 위해 풍성한 삶을 준비하셨다는데 내 삶은 왜 이 모양 이 꼴이지? 똑바로, 한결같이, 힘차게 걷고 싶은데 왜 앞으로 나갈 수가 없는 거지? 왜 자꾸만 힘이 빠지고 넘어지는 걸까? 도대체 이유가 뭘까? 주일마다 교회에 가고, 가끔 평일 모임에도 참석하는데, 왜 내 마음은 아직도 텅텅 비어 있을까."

앞에서 얘기했듯이, 우리는 영과 혼과 육으로 지어진 존재다. 육신의 건강을 위해 매일 먹는 것처럼 우리 영혼도 계속 먹어야 산다. 예수님의 말씀을 들어보자.

"내가 곧 생명의 떡이로라…. 살아계신 아버지께서 나를 보내시매 내가 아버지로 인하여 사는 것 같이 나를 먹는 그 사람도 나로 인하여 살리라." (요 6:48, 57)

엄마들끼리 하는 얘기가 있다. 엄마라면 절대 아플 수도 없고 아파서도 안 된다는 것이다. 어쩌다 한 번 아파도 편히 누워 있을 수가 없다. (편히 눕는 것은 아이들이나 응석부리는 남편만이 누릴 수 있는 특권이다.) 모든 이들의 평화를 위해 엄마는 강해야 하는 것이다. 그렇다면 영적으로는 얼마나 더 건강해야 할까? 우선 예수님으로부터 매일 영양공급을 제대로 받고 있는지 끊임없이 자신을 살펴야 한다.

나는 이것을 어려서부터 배웠다. 열 살 때 주님을 알게 되었고, 우리 집 근처에 있는 침례교회에 다녔다. 교회에 갈 때마다 헌금봉투에 동전을 넣고는 겉면에 몇 가지를 체크했는데 재미가 쏠쏠했다. 헌금, 드렸고! 친구, 데려왔고! 매일 성경읽기, 읽었고!

어려서부터 매일 성경 읽는 습관을 기르게 된 것이 얼마나 감사한지 모르겠다. 그럼에도 불구하고 다윗의 고백에 공감하는 데는 세월이 많이 걸렸다. "주의 말씀의 맛이 내게 어찌 그리 단지요 내 입에 꿀보다 더하나이다." (시 119:103)

신앙생활 초기에는 말씀이란 내 입에 채소 같기만 했다. 내게 유익하다는 것을 알았기에 먹긴 했지만 맛을 모르고 그냥 삼킨 것이다. 점점 장성하면서 말씀에 맛들이기 시작했고, 이제는 맛난 주님의 말씀이 먹고 싶어서 견딜 수가 없다. 아침에 일어나 커피 한 잔을 뽑아들고는 말씀 앞으로 돌진한다.

이제 나와 함께 또 하나의 쉼터로 가자. 거기서 이 건강식을 어떻게 매일 맛있게 먹을 수 있을지 살펴보자. (그건 그렇고, 요즘은 탄수화물을 적대시하는 사람들이 많다. 탄수화물이 진정 우리에게 해로운 것이라면 예수님은 왜 생명의 떡이 되어 주셨을까?)

말씀 주의 말씀이 꿀과 같사오니

우리에게 필요한 것이 있다면 무엇이든지 좋은 것으로 주시기를 기뻐하시는 주님께 간구해야 한다(마 7:11). 성경을 읽는 게 힘들다면 먼저 말씀에 목마른 자가 되기를 기도하자. 얼마 되지 않아 다윗과 같은 고백을 하게 될 것이다. 꿀을 마다하는 사람이 어디 있겠는가!

일용할 양식

성경을 매일 읽을 수 있도록 도와줄 간단한 아이디어를 모아보았다.

- 자녀들과 함께 성경봉독 테이프를 듣는다.
- 잠언 한 장과 시편 다섯 장을 매일 읽으면 한 달 만에 잠언과 시편을 끝낼 수 있다.
- 한 번에 한 자리에서 정해진 분량을 끝내지 못할 것 같으면 하루 일과 가운데 나누어서 넣어보라. 오전에 첫 부분을 읽고, 일하는 중간에 시간이 나면 그 다음 부분을, 그리고 잠자리에 들기 전에 마지막 부분을 읽는다.
- 요즘은 인터넷을 통해 중고용품을 쉽게 구할 수 있다. 헌 성경 테이프 등을 구입해서 운동하는 동안, 운전하는 동안, 또는 출퇴근길에 들어보라.
- 손바닥만한 성경은 휴대하기가 좋다. 핸드백이나 가방에 넣어두거나, 차에 비치해두고 시간이 날 때마다 읽어본다.

- 그 날 읽어야 할 장을 펴서 부엌, 욕실, 서재, 컴퓨터 근처 등 활동 반경이 닿는 곳에 놓아둔다. 오고 가며 조금씩 읽는 것도 무시 못 한다.
- 아이들을 학교로 데리러갈 때 집에서 몇 분 일찍 나서자. 학교에 미리 도착하면 차 안에 앉아 아이들을 기다리면서 하나님의 말씀을 간식으로 취할 수도 있으니 얼마나 좋은가. 그 날 읽을 말씀을 보내주는 사이트에 가입해서 이메일로 받아보는 것도 한 가지 방법이다.
- 직장에 다니는 엄마들은 점심시간이나 휴식시간을 이용해 말씀을 읽거나 성경공부를 하라.
- 남편과 아이들이 저녁 설거지를 해 준다면 20분 정도 시간을 벌 수 있다. 홀로 조용한 곳을 찾아 말씀을 묵상하는 시간을 가져본다.
- 말씀을 읽을 때 소리 내어 읽는다. 눈으로만 읽는 것보다 훨씬 귀에 잘 들어올 것이다.
- 말씀묵상을 도와주는 웹사이트들을 찾아본다.
- 말씀묵상, 사역소식, 기독교 관련기사 등 정기적으로 이메일을 받아볼 수 있는 인터넷 사이트에 가입한다.
- 자녀들의 연령에 맞게 구성된 성경을 구입하여 온 가족이 함께 말씀묵상의 시간을 갖는 것도 좋다.

더 풍성한 시간을 위해

시중에는 성경과 함께 읽을 만한 좋은 책이 많이 나와 있다. 그런 책들을 통해 성경을 보는 새로운 안목을 기르고 숨겨진 뜻을 발견하는 능력이 키워질 것이다. 내가 좋아하는 몇 가지를 소개하겠다.

- 베스 모어는 이 분야에서 단연 일인자다! 베스 모어의 책 가운데 내

가 제일 좋아하는 것은 『빼앗길 수 없는 축복, 자유』(*Breaking Free*, 좋은씨앗 역간)이다. 그 다음은 『내게 사는 것이 그리스도니』(*To Live is Christ*, 좋은씨앗 역간)를 들 수 있다.
- 케이 아서(Kay Arthur)의 책들도 적극 추천한다. 말씀 가운데로 깊이 들어갈 수 있도록 심층 있는 안목을 얻게해 줄 것이다.
- 라이프웨이(LifeWay)에서 출판된 책 가운데 프리실라 샤이러(Priscilla Shirer), 메리 카시안(Mary Kassian), 헨리 블랙카비(Henry Blackaby), 그리고 T.W. 헌트(T.W. Hunt)등 말씀에 조예가 깊은 분들의 책을 읽어보았는데, 모두 새로운 각도로 말씀을 대할 수 있도록 도와주었다.
- 하나님은 나에게도 라이프웨이에서 책을 낼 수 있는 특권을 허락해 주셨다. 『우리 아이가 달라졌어요』(*Creative Correction*, 좋은씨앗 역간)는 말씀에 기반을 둔 자녀 양육서다. 하나님의 뜻 안에서 자녀들을 키우고자 애쓰는 엄마들에게 좋은 친구가 되어줄 것이다.

각 교회에는 이렇게 좋은 책과 교재들을 사용하는 모임들이 있을 것이다. 부모를 위한 모임이 있을 때 그 시간대에 어린이 모임을 진행하는 교회들도 많다. 부모들이 안심하고 자녀들을 데리고 올 수 있게 하기 위해서다. 부모와 자녀가 같은 시간에 주님의 말씀을 배우는 것도 멋진 일 아닌가.

짧은 시간에 말씀을 묵상해야 할 때는 출퇴근할 때 차 안에서 카세트 테이프로 들을 수 있는 묵상집을 준비한다. 운전하는 동안에라도 말씀으로 영혼을 채워보자.

📖 온라인 스터디와 그 외의 자료들

요즘은 컴퓨터와 관련된 성경공부 자료들이 수없이 쏟아지고 있다. 성경과 가까워지도록 도와줄 뿐 아니라 관찰하는 능력도 키울 수 있도록 안내해준다. (www.holybible.or.kr)

📖 다양한 번역본 성경을 접하자

같은 성경이라도 여러 가지 번역본 성경을 읽어보면 전혀 색다른 맛을 느낄 수 있다. 말씀을 서로 다른 관점을 통해 접근할 수 있는 매력이 있다.

- 성경을 매일 한 장씩, 두세 가지 다른 번역본으로 읽어본다. 한글성경도 개역한글, 공동번역, 표준새번역, 개역개정 등 새롭게 번역된 종류가 여럿 있다. 각 번역본 성경들이 조금씩 다른 색깔을 띠고 있어서 그런지, 같은 장의 말씀을 여러 번 읽어서 그런 건지 모르지만 각각의 성경을 읽을 때마다 기대하지 못했던 것을 얻는다.
- 성경을 읽기 쉽도록 현대어로 바꾸어놓은 것들도 있다. 현대인들의 감각에 맞도록 현재 사용되고 있는 단어나 어투로 재번역한 성경들이다. 이전에 익숙해 있던 성경과는 또 다른 통찰력을 얻도록 도와줄 것이다. 한글성경 중에는 현대어성경, 현대인의 성경, 아가페 쉬운성경 등이 있다. 묵상을 돕기 위해 제작된 성경들도 있어서 어려운 부분의 주석을 찾아보며 말씀을 소화해 내기가 수월해졌다.

📖 일 년에 한 번 통독하기

'성경통독표'는 교회나 온라인상에서 쉽게 구할 수 있다. 일 년에 걸쳐 끝낼 수 있는 것과 단기간에 끝낼 수 있는 것 등 종류도 다양하다. 연초가 되면 성경통독을 올해의 목표로 세우는 사람이 많다. 참으로 멋진 계획이다. 그러나 시간이 흐르면서 계획대로 표를 다 채우지 못하는 경우도 생기는데, 그렇다고 포기하지는 말자. 괜한 좌절감에 포기하는 것은 주님이 원하시는 일이 아니다.

기억하자. 얼마를 읽든지, 얼마나 걸리든지, 읽는 것은 읽는 것이다! 나도 매년 성경 완독을 계획하지만 다 읽는 데는 언제나 꼬박 2년이 걸렸다. 그래서 아예 우리 아이들에게는 '2년 완독성경'을 사주었다. 바쁜 아이들이 읽기에 알맞은 길이로 나누어져 있다. (바쁜 엄마에게도 안성맞춤!)

어떤 말씀이라도 읽고 적용하는 것은 죄다 우리에게 양약이 될 것이다. 그러니 "선을 행하되 낙심치 말라"(갈 6:9). 포기하지 말고 말씀을 매일 받아먹으라.

다시 한 번 말하지만, 이 책에 소개된 많은 아이디어들을 모두 실행하기는 어려운 일이다. 우선 각 장마다 붙어 있는 쉼터에서 한 가지씩만 골라 적용해보자. 모든 것을 한꺼번에 뒤집기란 쉽지 않지만 한 가지씩 차근차근 적용하다 보면 그것이 습관이 되고, 습관은 자연스러운 일상으로 바뀌고, 결국에는 내 모습으로 자리잡게 될 것이다. 그렇게 한 가지 영역을 잘 세워놓고 나면 다른 영역에 눈을 돌릴 여유가 생길 것이고, 그 뒤에는 가속도가 붙어 부담 없이 또다른 영역에 도전할 수 있을 것이다.

'부담'이라는 단어가 나와서 하는 말인데, 내 인생이 정말 부담스러울 때가 있었다. 소망은 완전히 사라지고 의심과 증오만 남은 상태에서 바닥을 헤매고 있던 그 때에, 나를 다시 세우고 일으킨 것은 찬양의 능력이었다. 삶이 무거워서 지쳐 있다면, 의심과 증오가 가득하다면, 나와 함께 다음 장으로 가서 찬양 가운데 역사하시는 하나님을 경험하자.

4

예배

나를 사랑하시는 주님

지금으로부터 한 12년 전의 일이다. 주일아침 예배시간이었는데, 나는 맨 앞줄에 앉아 있었고 남편은 오르간을 연주하고 있었다. 그 당시에는 우리 사이가 좋지 못했다. 결혼생활은 생지옥 같았고 아이들 때문에 어쩔 수 없이 버티고 있었다.

나는 선천적으로 상당히 긍정적인 사람이다. 물이 반 정도 담겨 있는 컵을 보고 물이 반 밖에 없다고 하는 사람은 부정적인 사람, 물이 반이나 남았다고 하는 사람을 긍정적인 사람이라고 하지 않는가. 내가 얼마나 긍정적인 사람이냐면, 물이 반 정도 들어 있는 컵을 보면 그 컵이 곧 흘러넘칠 것을 상상할 정도였다. 그럼에도 결혼생활이 얼마나 힘들었던지 완전히 소망을 잃고 있었다. 내 평생에 그토록 비참했던 때는 없었다. 요지부동으로 바뀔 기미조차 없는 남편을 쳐다보며, 이러지도 저러지도 못한 채 평생 살아야 한다는 사실에 끝없이 좌절하고 있었다.

목사님의 말씀이 끝나고 다 함께 찬송가를 불렀다. 교회에서 자주 부르던 찬송가라 익숙하던 것이었다. 그런데 그 날은 좀 달랐다. 가사가 어찌나 구구절절 마음에 와 닿던지 간절한 마음으로 찬양했다. 사람들이 보든 말든 발꿈치를 들고 서서, 아빠가 안아주기를 기다리는 어린아이처럼 두

손은 번쩍 쳐들고, 두 뺨에는 주체할 수 없이 흐르는 눈물로 범벅이 된 채 찬양했다.

주님같이 내 영혼 만족시키는 분 없네.
누가 나에게 평안을 주며
누가 나를 이토록 사랑하리.
누가 주님처럼 이토록 신실할까.
우리 주님만 신뢰합니다.
나의 하나님, 주만 바라봅니다.

이 찬양을 하는 동안 소망의 빛줄기를 보았다. 그리고 나의 남은 소중한 인생을 위해 그 소망의 빛줄기를 부여잡았다. 내가 하나님의 성품을 끝까지 신뢰하지 않고 당장의 절망적인 현실만 바라보고 있었다면 그 험한 시간을 어떻게 견뎌냈을지 모르겠다. 그 찬양의 가사 한 줄 한 줄은 내 마음의 고백이었다. 비록 내 처지가 갑자기 바뀌지는 않았지만, 우리의 결혼생활이 회복되고 기쁨의 축제를 나누게 될 것을 믿음으로 바라볼 수 있었다.
이전까지 내 잠재의식 속에서는 예배란 하나님을 위한 것이며, 그분이 찬양 받기를 좋아하셔서 만드신 것이라고 생각했다. 그런데 그 날 이후 예배가 나를 위한 것이기도 하다는 사실을 깨달았다.
우리가 주님의 놀라운 능력, 신실하신 사랑, 절대적인 위엄, 측량할 수 없는 자비를 노래할 때, 이러한 가사들은 전혀 새로운 것이 아니다. 주님의 성품은 과거에도 그랬고 현재도, 미래에도 그럴 것이다. 그런데 찬양을 하고 있으면 그 가사를 통해 내가 잠시 한눈을 팔았다는 사실을 깨닫게 되고, 주님의 본래 성품과 그분의 존재를 기억하고 인정하게 되는 것이다.
다윗왕은 하나님께 찬양드릴 수밖에 없는 이유를 찾아내는 데 선수다!

특히, 역대상 29장 10절에서 13절까지의 말씀은 우리가 왜 주를 찬양해야 하는지 잘 설명하고 있다.

"다윗이 온 회중 앞에서 여호와를 송축하여 가로되 우리 조상 이스라엘의 하나님 여호와여 주는 영원히 송축을 받으시옵소서. 여호와여 광대하심과 권능과 영광과 이김과 위엄이 다 주께 속하였사오니 천지에 있는 것이 다 주의 것이로소이다. 여호와여 주권도 주께 속하였사오니 주는 높으사 만유의 머리심이니이다. 부와 귀가 주께로 말미암고 또 주는 만유의 주재가 되사 손에 권세와 능력이 있사오니 모든 자를 크게 하심과 강하게 하심이 주의 손에 있나이다. 우리 하나님이여 이제 우리가 주께 감사하오며 주의 영화로운 이름을 찬양하나이다!"

이 말씀을 읽고 나니 우리의 환경이 달라 보이지 않는가? 세상을 보는 눈이 달라지는 것, 이것이 바로 우리가 하나님을 높일 때 받게 되는 축복 가운데 하나다. 우리가 하나님의 광대하심을 기억하고 높여드릴 때 삶 속의 크고 작은 문제들이 그분 앞에서는 아무것도 아니라는 것을 깨닫게 되는 것이다.

예배는 우리 삶 속에서 최우선으로 드려야 하는 것임에도 불구하고 제일 마지막으로 밀리는 경우가 있다. 어쩌면 그렇기 때문에 성경에서 예배에 대해 말씀하실 때 '희생'(sacrifice)이라는 단어를 사용했는지도 모르겠다. 히브리서 13장 15절을 보면 이런 말씀이 나와 있다. "우리가 예수로 말미암아 항상 찬미의 제사(sacrifice)를 하나님께 드리자. 이는 그 이름을 증거하는 입술의 열매니라."

주님은 다른 어떤 것보다 우리가 나 자신을 드릴 때 기뻐하신다. 우리 자신을 주께 드리도록 연습하는 과정을 통해 참 예배가 무엇인지 깨달을 수 있다. 핑계를 대자면 끝도 없다. 바빠서, 문제가 생겨서, 노래를 못해서, 보수적인 교회에서 자라서 등등 갖가지 이유를 댈 수도 있을 것이다.

하지만 어떻게 해서든지 그러한 올무에서 벗어나 자유롭게 주님 앞에 나아갈 수 있도록 우리 자신을 깨뜨려야 한다. 왜냐하면 하나님은 우리의 전부를 받으실만한 가치가 있는 분이시기 때문이다.

예배에는 선택의 여지가 없다. 하나님께 선심 쓰듯 '내가 시간이 있고 마음에 여유가 있을 때' 드리는 것이 아니다. 예배는 기도와 마찬가지로 우리 삶 속에서 매순간 일어나는 영적전쟁에 꼭 필요한 무기이기 때문에 한 시도 놓아서는 안 된다. 원수로부터 나 자신과 우리 가정을 지키는 데 절대적으로 필요한 것이며, 살고 죽는 것이 이에 달려 있다. 그러기에 우리는 예배를 소홀히 하면 안 된다. 우리는 예배를 통해 강해지고, 전쟁터에서 살아남을 수 있는 힘을 얻는다.

가정에 문제가 생겼는가? 자녀들이 어려움을 만났는가? 문제들에 대항하여 선포하라. 물질적으로 곤란한 일을 당하고 있는가? 큰 소리로 이렇게 외치라. "주님, 감사합니다. 주님이 우리의 필요한 부분들을 모두 채워주시겠다고 말씀하셔서 감사합니다. 주님은 부요하시며 우리가 쓸 것을 채워주시는 분이십니다. 우리 가족이 필요로 하는 것을 공급해 주시며 우리가 하는 일마다 축복해 주시고, 우리가 받은 축복을 낭비하지 않고 지혜롭게 사용할 수 있도록 가르쳐 주시는 분이십니다. 하나님은 모든 축복의 근원이십니다. 주님, 감사합니다!"

혹시 하나님이 상황을 바로 바꿔주지 않으신다 해도 찬양하고 경배했다는 사실만으로도 우리 영혼은 만족하게 될 것이다. 사도행전 3장 19절에서는 "이같이 하면 유쾌하게 되는 날이 주 앞으로부터 이를 것이요"라고 말씀하셨고, 시편 22장 3절에서는 우리가 찬양할 때 하나님이 그곳에 거하신다고 말씀하셨다. 우리가 경배할 때 주님은 우리 중에 임하시고 우리의 영을 채우시며 새롭게 하신다.

주님을 예배할 때는 우리의 상태가 중요한 것이 아니다. 은혜가 넘쳐나

전심으로 예배를 드리든, 그렇지 못해 빈 마음으로 나아와 고통스럽게 예배를 드리든, 주님을 예배하는 것 그 자체가 중요한 것이다. 찬양의 가사를 살아있는 고백으로 드리든지 그렇지 못하든지 상관없이 예배란 그 자체로 가치 있는 것이다.

그런 의미에서 이번 쉼터에서는 어떻게 하면 하나님의 '선하심'을 온종일 기억하며 높여드릴 수 있을지 함께 살펴보겠다.

 **예배** 주님은 놀라운 분이십니다

🎵 하루하루를 예배로 가득 채우라

예배하는 삶을 살려면 예배드릴 시간을 따로 떼어내야 한다. 그렇다면 쫓기듯 살아가는 현대 엄마들의 바쁜 스케줄에 예배시간을 어떻게 포함시킬 것인가. 여기 내가 즐겨 사용하는 방법이 있다.

- 예배에 관한 성구나 주님의 성품을 기억나게 해주는 말씀을 눈에 띄는 곳(냉장고, 차 안, 거울 등)에 붙여둔다.
- 읽을거리들을 모아두는 곳에 찬송가나 찬양집 등을 함께 둔다. 신문이든 책이든 뭔가 읽고 싶을 때 찬양집을 펴들고 한 곡 불러본다. 곡을 잘 모르겠으면 예배하는 마음으로 가사를 큰 소리로 낭독한다.
- 샤워할 때도 찬양한다. 큰 소리로 찬양할 수 있는 절호의 기회다. 하나님께 최고의 노래를 선사해보자.
- 운전을 하는 동안에는 주일학교용 찬송가들을 자녀들과 함께 불러본다. 우리 가족은 스티브 그린의 〈마음에 품으라〉는 앨범을 즐겨 듣는다. 성경구절을 그대로 가사로 만든 곡들이다. 이 밖에 시즈 스크립처(Seeds Scripture)나 어린이용 찬양앨범들도 추천할 만하고, 메모리 바이블(The Memory Bible)은 부록으로 책까지 나왔다. 차에 이런 종류의 시디나 테이프를 비치해 두고 자주 들으라.
- 하루 정도 날을 잡아서 그날은 온전히 감사의 예배를 드린다. 소리를 내서 기도하건, 속으로 기도하건 상관없지만, 이날은 필요한 것이나

걱정거리를 아뢰는 대신 주님의 성품이 어떠하신지, 그분이 행하신 일이 무엇인지 감사하고 경배하는 기도를 드려보자.
- 운동시간을 찬양의 시간으로 만들어보자. 나는 러닝머신 위를 걸으며 신나게 찬양도 하고 기도도 한다.
- 집안에 찬송가를 틀어놓는다. 집안에 찬양이 가득한 것과 세상적인 음악이 가득한 것은 천지차이다. 사춘기 자녀를 둔 부모라면 집안에 흐르는 음악에 특별히 신경을 써야 한다. 우리 집을 찬양이 넘치는 곳으로 만들겠다고 결심하라.
- 식사시간을 이용해 찬송가를 익혀본다. 식탁에 앉으면 제일 먼저 온 가족이 찬송가를 함께 부른 뒤 식사기도를 한다. 특별한 절기나 행사가 있는 기간에는 절기에 맞는 찬송가들로 감사의 마음을 표현해보는 것도 좋겠다.
- 자명종을 몇 시간 간격으로 맞춰 놓았다가 자명종이 울리면 모두 하던 일을 멈추고 5분간 신나게 찬양한다. 아이들이 특히 좋아할 것이다. 아이들이 좋아하는 앨범을 틀어놓고 찬양하며 춤도 춰보라. 아빠가 퇴근했다가 가족들이 온몸을 흔들고 있으면 놀라서 기절할지도 모르겠다. 찬양시간인 줄도 모르고!
- 예배에 관한 책들을 많이 읽는다. 예배에 관한 책들은 지속적으로 출간되고 있는데, 그 가운데 헤이포드(Jack Hayford) 목사의 저서처럼 영적 유산으로 남을 만한 훌륭한 책들이 많다.
- 청소기를 돌린다든지 먼지를 털어낼 때, 혹은 빨래 같은 단순노동을 할 때 찬양을 들으며 따라해보라.

🎵 하나님이 어떤 분이신지를 선포하라

하나님의 속성과 성품을 나열해보자. 생각해낼 수 있는 모든 것을 적어보고 필요하다면 목사님께도 여쭈어보라. 아니면 교단의 교리나 신앙강령(교회 홈페이지나 소개서 같은 데도 나와 있다.) 등을 찾아보라. 실생활에서 다루어져야 할 문제들 뿐만 아니라 하나님을 찬양해야 할 근거들도 구체적으로 진술되어 있다.

예를 들면 이런 것이다. 우리가 신앙을 고백할 때, 우리의 구원자이신 예수님과 위로자이신 성령님을 믿는다고 하지 않는가. 이러한 신앙고백 속에 나오는 주님의 속성을 들어 감사하는 것이다. "예수님, ~한 죄에서 저를 구원하여 주셔서 감사합니다. 저를 구원하기 위해서 십자가에 달리신 것을 감사드립니다. 주님의 구원을 통해 죄로부터 해방되고 주님의 온전하심을 바라볼 수 있게 되었습니다." 혹은 "성령님, 저를 위로해 주시고 모든 근심을 떨쳐버리게 해주셔서 감사합니다. 성령님은 위대한 위로자이십니다." 이런 식으로 기도할 수도 있겠다.

하나님의 속성과 성품을 크게 선포해보자. 나의 필요를 구하거나 축복을 간구하는 것도 좋지만 지금은 오직 하나님이 어떤 분이신지 그분을 송축하는 기도를 드려보자.

🎵 주 앞에서 춤추라

춤추며 그의 이름을 찬양하라. _ 시편 149:3

나는 베스 모어가 요한의 생애에 대해 이야기 나눈 것을 좋아한다. 거기서 자신이 처음으로 주님 앞에서 춤추는 기쁨을 배우게 되었던 경험을 나누는데, 그 이야기를 읽는 동안 내가 어렸을 때 얼마나 춤추기를 좋아했던 아이였는지 기억이 났다. 모든 여자 아이들이 그렇듯이 빙빙 돌기도 하고 뛰어오르기도 하면서 마치 발레리나가 된 듯 날아다녔다.

우리는 모두 하나님의 귀한 딸이다. 나이가 몇 살이든지 주님 앞에서는 귀엽고 사랑스러운 딸인 것이다. 우리의 아버지 하나님은 우리가 주님 앞에서 춤출 때 그 모습을 보고 기뻐하신다. 하나님이 공급해주신 것들과 많은 축복들, 헤아릴 수 없는 감사, 주님 안에서 누리는 기쁨, 이 모든 것이 한데 어우러져 우리의 자아를 뚫고 나올 때 춤출 수 있지 않을까? 그러니 하나님이 우리의 춤추는 모습을 보실 때 얼마나 기쁘시겠는가!

그래서 내친김에 오직 우리 하나님 아버지만을 위한 발레공연을 했다. 아무에게도 보여줄 수 없는 졸작이었지만 누구에게 보이기 위한 것이 아니니 상관없었다. 오직 하나님 아버지와 나만이 아는 비밀의 순간이었으며, 그 시간을 통해 진정한 예배를 느끼게 되었다. 이전에는 생각지도 못했던 새로운 은혜를 받는 시간이었다. 문제는, 그 다음날 근육통으로 엄청나게 고생했다는 사실이다.

중년 여인의 육신이 통증을 호소한다면 모두들 이렇게 생각할 것이다. "도대체 생각이 있는 거야, 없는 거야?" 그래도 감사한 것을 어이하리.

비록 육신은 말을 듣지 않더라도 마음만은 소녀가 되자. 방 안을 빙빙 돌며 춤추자. 하늘에 계신 아버지를 얼마나 사랑하며, 그분 안에 있는 것이 얼마나 기쁜지, 그분의 사랑이 얼마나 감격스러우며, 그분의 돌보심에 얼마나 감사하는지 온몸으로 보여드리자.

이것은 성경의 가르침이다. 주님을 경배할 때 온몸을 사용하도록 성경에서 가르치고 있다. 다음과 같은 것들이 성경에서 여러 군데 발견되었다.

- 손뼉치기
- 엎드려 절하기
- 무릎꿇기
- 손 높이 쳐들기
- 악기 연주하기

♪ 교회의 중요성

엄마 자신은 물론 우리 가족의 건강한 신앙생활을 위해서 자유롭게 예배할 수 있는 곳을 찾는 것은 매우 중요하다. 우선 좋은 교회를 찾아야 한다. 그리고 우리 가족에게 맞는 교회를 찾았으면 모임에 성실히 참석하는 것이 좋다. 온 성도가 함께 예배드리는 것은 지극히 성경적이다. "서로 돌아보아 사랑과 선행을 격려하며 모이기를 폐하는 어떤 사람들의 습관과 같이 하지 말고 오직 권하여 그날이 가까움을 볼수록 더욱 그리하자"(히 10:24-25). 다른 성도들과 함께 예배할 때 얻게 되는 격려와 힘, 또다른 유익함을 놓치지 않기 바란다.

교회 출석률이 비교적 좋은 편이라면 이제 한 단계 높여서 적극성을 띠어보자. 한 사람의 적극적인 신앙생활은 온 교회와 다른 성도들에게 좋은 영향력을 미친다. 이렇듯 개인의 예배생활과 단체 예배생활이 서로 균형을 이룰 때 건강한 신앙이 형성된다. 한쪽으로만 치우쳐 균형을 잃는 일이 없도록 하자.

구약시대에 이스라엘 백성들이 하나님께 제사를 드릴 때, 하나님은 제사의 향기를 흠향하시고 백성들은 평안의 축복을 얻었다. 이것은 나에게 몇 가지 중요한 사실을 깨닫게 해주었다. 첫째, 하나님은 내가 드리는 경배를 흠향하신다는 것이다. 둘째, 향수를 몇 방울만 떨어뜨려도 그 향이 진동하는 것처럼, 내가 드리는 예배의 향기가 나의 하루를 가득 채우고도 남는다는 사실이다. 마지막으로, 나를 주님으로부터 멀어지도록 하는 모든 것들에 대해 대항할 수 있는 힘은 바로 주님이 얼마나 신실하신지 기억하고 믿음으로 선포할 때 나온다는 사실이다. 이렇게 할 때 우리는 폭풍 가운데서도 하늘로부터 내려오는 평강을 누릴 수 있다.

내가 이 문단을 정리하기 전까지 미처 생각하지 못했던 것이 있었는데, 그것은 예수님이 갈릴리 바다를 항해하시는 동안 폭풍 속에서도 평화롭게 쉬셨다는 사실이다. 제자들이 예수님을 불렀을 때 예수님은 폭풍을 잠재워 주시고 제자들은 평정을 되찾았다. 그리고 예수님이 제자들을 돌아보시며 "어찌하여 이렇게 무서워하느냐. 너희가 어찌 믿음이 없느냐"(막 4:40)고 물으셨다.

우리가 믿음이 충만하고 하나님을 전적으로 신뢰할 때는 우리를 흔드는 의심의 파도가 흉흉할지라도 그 가운데에서 평안을 누릴 수 있다. 참된 안식은 믿음이 있을 때 얻어지는 것이다. 히브리서 3장 19절은 이렇게 밝히고 있다. "이로 보건대 저희가 믿지 아니하므로 능히 (하나님의 안식에) 들어가지 못한 것이라." 그리고 히브리서 4장 4절과 10절에서 이렇게 말씀하셨다. "제 칠일에 관하여는 어디 이렇게 일렀으되 하나님은 제 칠일에 그의 모든 일을 쉬셨다 하였으며…, 이미 그의 안식에 들어간 자는 하나님이 자기 일을 쉬심과 같이 자기 일을 쉬느니라."

다음 장에서는 우리가 하나님을 신뢰하는 것과 안식을 취하는 것이 어떤 관계가 있는지 살펴보겠다. 하나님은 우리에게 쉬도록 명하셨는데, 개인적으로 이 말씀에 순종하는 것이 쉽지는 않았다. 그러나 계속해서 진정한 쉼을 누리는 법을 배우며 깨달아가고 있다. 여러분도 나와 함께 쉬는 법을 배울 수 있기 바란다.

5

안식일 지키기

모든 것을 돌보시는 하나님

 나는 일하기를 좋아하는 사람이다. 이토록 일을 사랑하는 내가 쉰다는 것은 보통 일이 아니다. 뭔가를 해내는 동안 그 과정을 통해 즐거움을 얻고, 새로운 프로젝트를 실행하고 있으면 없었던 새 힘까지 마구 샘솟는 사람이 바로 나다. 그러니 안식하라고 하신 주님의 명령이 얼마나 어려웠겠는가.
 게다가 가정주부가 좀 바쁜 직업이던가. 아무리 부지런히 움직여도 돌아보면 또 쌓여 있고, 생각지도 못한 일은 왜 그리 자주 생기는지…. 이런 상태에서 하루를 떼어 아무것도 하지 않는다는 것은 대단히 어려운 일이다. 이것이 얼마나 위험한 생각인지는 잘 알지만 그것이 솔직한 마음이다. 하나님을 경외하여 계명을 지키는 것이 어떤 것보다 중요하다는 것을 알지만 현실적으로 하루를 떼어낸다는 것은 정말 어렵다. 솔직히 어떨 때는 하나님과 교제하기 위해 시간을 낸다는 것이 아깝게 생각될 때도 있다. 이 짧은 인생, 뭔가 더 건설적인 곳에 시간을 사용해야 하지 않을까 하는 생각이 들기도 한다.
 내 남편은 나보다 상태가 더 심각한 일중독자다. (신기하게도 아직까지는 우리 아이들에게서 이러한 현상이 일어나지 않고 있다. 유전되지 않은 걸까?) 어느 주일 아침, 남편은 일어나자마자 곧장 서재로 들어가더니 컴퓨터 앞에 앉았다. 그런데 아주 작은 메모지가 붙어 있는 게 아닌가. "주일에는 컴퓨터를 켜지도 마라. -하나님 씀." 하나님이 쓰셨다고는 생각할 수 없는 미숙한 글씨였지만, 진짜 하나님이 쓰신 거라면 시간이 없으셔서 날려 쓰셨나 보다. (이 보잘것없는 접착식 메모지 한 장이 현대 십계명 돌판으로 쓰일 줄 누가 알았을까?)

신약시대 이후의 기독교인들은 은혜로 살지, 더 이상 율법 아래 살지 않는다. 그래서 이제는 안식일을 율법으로 지키지 않아도 괜찮게 되었다. 그러나 동시에, "모든 것이 가하나 모든 것이 유익한 것이 아니요"(고전 10:23)라고 말씀하시는 것을 마음에 새겨야 한다. 내가 보기에 안식일은 필히 우리를 위해 만들어 놓으신 것이다. 우리가 세상 사람들처럼 죽도록 일하지 않고도 살아갈 수 있도록 배려하신 것이 아닐까?

한 가지 궁금한 것이 있다. 우리는 왜 오늘날 십계명 가운데 아홉 계명만 지키는 것일까? 거짓말, 도둑질, 간음 이런 것들은 심각한 죄기 때문에 멀리해야 한다고들 한다. 그런데 왜 안식일에 대한 인식은 사뭇 다른 것일까? '안식일을 기억하여 거룩하게 지키라고? 에이, 그건 케케묵은 거잖아.'

'어떻게 하루 종일 아무것도 안 할 수가 있지? 그건 게으른 거 아닌가? 게으름은 분명 죄악이라구!' 이런 생각을 하는 사람도 있을지 모르겠다. 그러나 게으름과 안식은 엄연히 다른 것이다. 휴식을 취하고 재충전한 뒤에 새로운 마음으로 자신의 일에 임할 수 있는 것은 연약한 육신을 가진 인간에게 허락하신 하나님의 선물이다.

이 책을 위해 필요한 자료들을 정리하고 있는데 다음과 같은 이메일을 받았다. 이 귀한 것을 여러분과 나누고 싶어 그대로 싣는다.

"내가 이렇게 지친 것은 우리 아이들과 함께 충분히 시간을 보내지 못했기 때문이라는 사실을 깨달았다. 일부러 그랬던 것은 아닌데 어쩌다 보니 아이들과 함께 보내는 시간이 점점 줄어들었다. 네 살짜리 아들에게 동화책도 많이 읽어주고, 사춘기 아이들과 감동적인 영화를 보면서 실컷 울기도 하고, 친구들 얘기도 들어주고 싶었는데…. 열한 살 된 딸아이의 얘기를 듣는 순간 내 인생이 와르르 무너져 내리는 것만 같았다. 내 딸은 절대로 엄마가 되지 않겠단다. 모든 궂은 일은 혼자 다 해야 하고 재미있는 일도 없고 구차해 보인단다. 이 얘기를 친구에게 했더니 그 다음 주 수요일에 득달같이 찾아왔다. 저녁거리에 디저트까지 완벽하게 준비해왔으며, 우리 네 살짜리 꼬마에게 읽어줄 책과, 딸아이와 함께 볼 수 있는 DVD도 가져다 주었다. 그날 저녁에는 정말 오랜만에 아이들과 행복한 시간을 보냈다. 난 그날 중요한 것을 깨달았다. 우리는 엄마 노릇을 하느라 지치고 힘든 것이 아니다. 우리를 지치게 하는 것은 다른 주변의 것들 때문이다. 기사도 되었다, 요리사도 되었다, 선생도 되었다, 파출부도 되었다, 수리공도 되었다, 간호사도 되어야 하는 많은 역할들이 엄마 노릇을 할 수 있는 특권을 앗아가기 때문이다. 이 많은 일들에 휘둘려 분주히 움직이다 보니 엄마 본연의 임무를 충분히 수행할 수 없었던 것이다. 물론 집안살림이나 그 외의 것들도 엄마가 맡은 책임의 중요한 부분이긴 하다. 그러나 더 중요하게 여겨야 할 우선순위가 있다는 것을 잊지 말아야겠다. 아이들이 자라는 모습을 자세히 지켜보는 것, 자주 안아주며 엄마역할을 누리는 것, 바로 그것이 엄마의 의무이자 특권임을 잊지 말자."

우리에게 가장 좋은 것이 무엇인지 아시는 하나님, 우리를 잘 아시기 때문에 오래 전부터 하루만이라도 일에서 떠나 사랑하는 사람들과 보낼 수 있도록 배려해주신 하나님, 얼마나 멋지신가. 일주일에 한 번만이라도 진정한 엄마의 모습으로 돌아갈 수 있도록 기회를 주신 것이다. 매일 미친 듯이 달려가는 삶을 쉬지도 않고 계속 연장하는 것은 참으로 딱한 일이다. 또한 하나님께 불순종하는 것이며 하나님의 자상하신 배려를 거절하는 것이다.

여기에 더욱 놀랄만한 사실이 하나 있다. 하나님이 유독 이 계명만을 직접 실천에 옮기시면서 모범을 보여 주셨다는 사실을 아는가? "이는 엿새 동안에 나 여호와가 하늘과 땅과 바다와 그 가운데 모든 것을 만들고 제 칠일에 쉬었음이라"(출 20:11). 이 말씀을 읽고 나서도 이렇게 말할 수 있을까? "하나님은 꼭 쉬셔야 할지 모르지만 전 그럴 필요가 없어요."

우리 모두가 휴식이 필요하다는 것은 두말하면 잔소리다. 물론 열심히 일하고 맡은 책임을 다하며, 최고의 엄마가 되기 위해 끝없이 노력해야 한다. 그러나 모성애라는 DNA 때문에 본능적으로 온 세상을 책임져야 한다고 믿는 엄마들에게는 부지런한 것은 문제가 아니라 오히려 쉬는 것이 문제다. 이러한 우리의 천성을 아시기 때문에 하나님은 우리가 쉴 수 있도록 휴식을 명하시고 거기다 직접 본까지 보여주신 것이다. 정신없이 돌아가던 필름을 잠시 슬로우모션으로 바꾸고, 하나님이 지으시고 '보시기 좋았더라!' 고 하신 우리 가정을 바라보며 누리라고 안식일을 주신 것이다.

'안식'은 하나님이 우리를 위해 세우신 계획 가운데 하나라는 것을 잊지 말자. 전능하신 하나님조차 쉬셨다는 사실을 기억하자! 우리의 육체가 연약해지고 피곤해지면 원수가 그 틈을 공격한다. 만사가 귀찮아지고, 짜증이 늘고, 집중력이 떨어지고, 정신을 똑바로 차리지 못하게 되고, 게을러지고, 감정적으로 불안하게 된다. 그러니 원수가 공격할 틈을 찾기 전에 각자에게 필요한 만큼의 적절한 휴식을 취함으로 즉각 새 힘을 얻어야 한다. 휴식 없는 삶은 불안정해진다. 알맞은 휴식은 모든 일을 성취해가는 과정 가운데 꼭 필요한 부분이다. 생각해보라. 건강을 잃은 후에 무엇으로 어떻게 이루겠는가. 가족의 진정한 행복은 구성원들의 건강으로부터 출발하는 것이다.

하나님은 택하신 백성 이스라엘을 향해 줄곧 안식일을 지키라고 말씀하셨다. 이것이 이방민족과 이스라엘의 다른 점이다. 안식일을 지키는 것은 이스라엘이 이방민족과는 다르게 하나님을 신뢰하는 백성이라는 것을 보여주는 것이다. 믿는 사람이라면 누구나 세상의 증인이 되고 싶을 것이다. 그렇다면 주일에 쇼핑하러 가고, 골프치러 나가고, 심지어는 회사에 나가 일하는 것, 이런 것들을 해야만 할까? 이런 일들을 하라고 주어진 시간이 엿새 동안이나 된다. 주일 하루만은 전심으로 예배하고 가족들과 함께 안식을 누리면서, 우리 자녀들과 세상 사람들에게 주일은 우리가 섬기는 하나님의 특별한 날이라는 것을 알리자.

내가 어렸을 때 텍사스 주에는 '청교도적 금법(禁法)'[주일에 근로·음주·유흥 따위를 금하는 엄격한 법]이란 것이 있어서 주일마다 약국을 제외한 모든 가게가 문을 닫았다. 그런데 지금은 주일도 나머지 엿새와 같은 한 날이 되어 버렸다. 참으로 안타까운 일이다. 안식일을 등한시하기 시작하면서 청교도적인 귀한 전통과 가족의 가치마저 잃게 되었다. 이제는 기독교인들이 일어나 안식일에 대해 목소리를 높여야 할 때다.

나에게 안식일이란, 하나님을 신뢰하는 법을 훈련하는 또다른 과정이다. 이는 마치 십일조를 하는 것과 같다. 이 두 계명은 하나님을 전적으로 신뢰하지 않고서는 이루어갈 수 없다. 하나님이 나와 함께하시며 온전한 축복으로 인도하실 것이라는 굳은 신뢰가 있을 때 귀한 하루를 뗄 수 있고 귀한 물질을 드릴 수 있는 것이다. 내가 주를 떠나서는 아무것도 이룰 수 없다는 사실을 기억하면 쉬는 것이 한결 쉬워진다(요 15:5). 또한, 영원토록 남을 진정한 만족은 하나님의 은혜와 능력을 통해서만 얻을 수 있는 것이기에(고후 3:5), 그분을 신뢰한다면 마음에 여유가 생길 것이고 하루쯤 쉬며 안식하는 것이 어렵지 않을 것이다. 이제 나는 안식일이 얼마나 기다려지는지 모른다! 우리는 우리 가족 나름대로의 안식일 전통을 만들어가고 있다. 하나님을 송축하고 그 기쁨 속에서 보내는 주일이 언제나 우리를 새롭게 한다.

예수님과 제자들은 많은 사람들을 상대하느라 식사를 하실 시간도 없이 바빴다. 그 때 예수님이 제자들에게 이렇게 말씀하셨다. "너희는 따로 한적한 곳에 와서 잠간 쉬어라"(막 6:31).

이제 다시 쉼터로 가서 어떻게 하면 한적한 곳을 찾아 쉴 수 있을지 살펴보자.

 **안식일 지키기** 결정은 자신에게 달린 것

좋은 것은 아무리 많이 가지고 있어도 항상 부족하다고 느껴지는 법이다. 그래서 어떻게 하면 그 좋은 휴식을 좀더 많이 취할 수 있을까 고민하며 몇 가지로 분류해보았다. 짧고 굵게 쉬기, 적당한 휴식, 성대한 안식, 이렇게 세 부분으로 나누어서 정리해보았으니 실제로 건강한 안식을 누려보기 바란다. 우리가 나누고 있는 '안식' 도 다 주님을 영화롭게 하며 주님을 기쁘시게 하는 것임을 기억하자.

짧고 굵게 쉬기

매일 짧은 시간이나마 창조적으로 쉴 만한 시간을 찾아보자.

- 혼자서 찬송가를 들으며 15분만이라도 드라이브를 나가본다. 차 안에서는 큰 소리로 기도한들 누가 뭐라 하랴.
- 자신만의 공간을 만든다. 방 한 구석이라도 좋다. 포프리를 담은 예쁜 유리항아리나 책, 향초 혹은 잡지, 성경 등 좋아하는 물건들을 가까이 진열해두라. 피곤하고 지칠 때 그 곳에 들러 삼십 분이라도 시원한 음료수를 마시면서 몸과 영혼을 쉬게 하자.
- 좋아하는 음악을 들으며 편하게 눈을 감고 잠시 다리를 뻗을 수 있는 곳을 찾아본다.
- 토요일 아침은 엄마가 외출하기 딱 좋은 시간이다. 주로 아빠가 집에 있고, 거실에는 만화영화 소리가 들리고 모두가 여유로운 때이기도

하다. 이 때를 이용해 잠시 외출해보자. 아니면, 남편더러 아이들을 데리고 패스트푸드점에 다녀와 달라고 부탁하고 혼자서 온 집안을 차지해보라.

- 자녀들의 나이에 상관없이 낮잠 자는 시간을 정한다. 아이들이 꼭 잠자지 않더라도 하루에 한 번 그 시간에는 아이들 방에 머물면서 조용히 놀거나 책을 읽도록 가르친다. 그렇게 하면 엄마도 조용히 쉴 수 있을 뿐 아니라 아이들도 휴식을 취하는 법, 스스로 자신의 일을 처리하는 법을 배울 수 있다.

- 하루 정도 전화 받지 않는 날을 정해본다. 남편이 출근하기 전에 미리 상의해 남편의 급한 전화만 받을 수 있도록 벨소리를 다르게 한다든지 암호를 정하고 그 외에는 아무 전화도 받지 않는다. 중요한 용건이 있는 사람들은 자동응답기나 핸드폰에 메시지를 남길 것이다. 전화를 받지 않는다는 것이 생각보다 쉬운 일은 아니지만, 얼마나 큰 여유를 주는지 알게 될 것이다.

적당한 휴식을 취하라

- 우리 아이들과 비슷한 또래를 둔 엄마와 함께 품앗이를 해보자. 한 달에 한 번쯤은 아침 일찍 아이들을 그 집에 데려다주고 하루를 자유롭게 보낸다. 평소에 벼르고 있었지만 시간을 내지 못했던 것이 있다면 바로 이 날이 기회다. 다음 번에는 그 집 아이들을 하루 맡아주자. 그 엄마도 하루 종일 아름다운 자유를 만끽할 것이다.

- 엄마들을 위한 '외출 도우미' 프로그램 같은 것을 적극 활용하자. 엄마들이 아이들을 안심하고 맡기고 볼일을 볼 수 있도록 특별 프로그램을 운영해주는 교회도 많다. 일주일에 한두 번 정도 맡길 수 있을

것이다. 매주 맡기는 것이 부담스럽다면 필요할 때만 맡길 수 있는 프로그램을 알아보라. 필요할 때 한 번 정도 맡기고 텅 빈 집에서 나 홀로 시간을 즐겨보자. 전화도 받지 말고 집안일도 잠시 미루어두라. 주어진 하루를 자유롭게 써보라. 오랜만에 낮잠을 자는 건 어떨까!

- 주님과 데이트를 나가자. 저녁식사를 준비해놓고 남편과 아이들이 챙겨 먹도록 부탁하고는 성경과 노트를 들고 밖으로 나가자. 그리고 분위기 있는 레스토랑으로 가서 주님과 함께 저녁식사를 하고 오자. 단둘이 앉을 수 있는 작은 탁자에 자리를 잡으라. (혼자인 것 같지만 사실은 주님과 함께 있으니까 둘이다.) 그 곳에서 성경도 읽고, 기도도 하고, 주님이 들려주시는 말씀이 있다면 적어보기도 하라. 하나님이 나를 얼마나 사랑하시고 아끼시는지 속삭이는 그 '사랑의 언어들'을 실컷 누리라. 돌아오는 길에도 주님과 함께 많은 얘기를 나눌 수 있을 것이다. 그동안 쌓아두기만 했던 속마음을 주님께 다 털어놓으라. 오랜만에 주님의 귀가 닳을 정도로 실컷 떠들어보라.
- 교회에서 여성들의 모임이 있다면 가급적 참석하자. 엄마들의 모임인 경우 아이들을 돌봐주는 교회가 많으므로 참석하고 나면 잘했다는 생각을 하게 될 것이다.

성대한 안식도 필요하다

"나의 사랑하는 자가 내게 말하여 이르기를 나의 사랑, 나의 어여쁜 자야 일어나서 함께 가자." _아가서 2장 10절

- 아이들을 남편이나 부모님께 부탁하고 기도원이나 휴양소 같은 곳에서 1박 2일 정도의 기도회를 가져보자. 새해를 시작하는 연초나, 반

년을 산 중간쯤에 이런 시간을 가져보는 것도 좋겠다. 나와 가족을 위해서, 우리 가정의 새로운 계획들을 위해서 구체적으로 기도하는 시간을 가져보자.
- 가능하다면 멀리 사는 친구들과 집을 바꿔서 기도하는 장소로 사용하는 것도 괜찮다. 서로 좋은 시간을 정해 나는 친구 집으로, 친구는 나의 집으로 기도여행을 떠나보자. 여행가방에 성경을 넣고, 읽고 싶은 책들도 몇 권 싸자. 기도일지나 일기장, 혹은 아끼는 쿠션도 가져갈 수 있다면 그렇게 해보자. 그리고 여행 중에 하나님이 부어주시는 마음이 있거든 기록으로 남겨두자.
- 주말에 열리는 여성들을 위한 집회가 있다면 참석해보자. 각 교회마다 여성들을 위한 집회를 열기도 하고 초교파적으로 열리는 큰 집회들도 많다. 한국여성 어글로우 모임, 한국 에스더 구국기도회, 예수전도단 브리스길라 모임, 비전사모 21 등이 있다.

이 외에도 좋은 모임들이 많다. 기독교 잡지나 웹사이트, 혹은 크리스천 방송 등을 통해 유익한 모임을 알리는 광고를 쉽게 접할 수 있다. 이러한 모임들은 우리의 삶을 풍성해지게 하고 내면을 더욱 강하게 무장할 수 있도록 도와줄 것이다.

- 자녀들을 여름성경학교나 수련회 같은 데 보내자. 자녀들도 안식과 재충전의 시간을 가질 수 있고, 자녀들이 집을 떠난 사이에 엄마들도 영적으로 재무장하는 시간을 가질 수 있다.
- 이혼하고 혼자 자녀를 양육하고 있는 엄마라면 다른 엄마들보다 두 배는 바쁘다. 아이들이 아빠를 만나러 가는 주말마저 밀린 일을 하느라 이중으로 자신을 혹사하지 말라. 아이들이 집을 비우는 주말에

는 '나를 위한 날'로 정해놓고 특별히 자신을 회복하는 데 써보자. 몸과 마음과 영혼을 새롭게 하고, 쉬기도 하면서 재충전하는 것도 중요하다.

여기서 우리가 기억해야 할 것은, 안식일은 우리가 일을 쉬면서 하나님을 기억하고 높여드리는 날이라는 것이다. 레위기 23장 3절에는 안식일에 대해 이렇게 말씀하셨다. "엿새 동안은 일할 것이요 일곱째 날은 쉴 안식일이니 성회라. 너희는 무슨 일이든지 하지 말라. 이는 너희 거하는 각처에서 지킬 여호와의 안식일이니라."

주일에 온 성도가 교회에 모여 주님을 예배하는 것은 안식일의 기본이다. 하나님을 믿는다고 하면서도 교회에 출석하지 않는 사람이 없기 바란다. 교회를 정하지 못했다면 서둘러 찾으라. 집 근처에 있는 교회 가운데 몇 군데 예배에 참석해보라. 안식일은 하나님을 섬기는 백성들이 모두 모여 함께 예배하는 가운데 시작된다는 사실을 기억하라. 우리는 주님 안의 한 가족임을 잊지 말아야 한다.

내가 다음 장에서 다루려고 했던 주제가 뭐였더라? 아, 그렇다. 일기 쓰는 기쁨! 내가 일기 쓰기를 좋아하는 이유는, 일기를 쓸 때 많은 것이 기억나기 때문이다. 그리고 또 한 가지는 내가 지금 배우고 있는 것들을 다 기록으로 남겨서 우리 아이들에게 물려줄 수 있기 때문이다. 그것은 영원히 남을 교훈이 될 것이다. 아니, 유산인가?

6

삶의 기록

알콩달콩 살아가는 얘기

여자의 기억력은 아이를 하나씩 낳을 때마다 현저히 감소한다더니, 정말 그렇다! 도대체 기억하고 있는 것이 있나 싶을 정도로 깜빡깜빡한다. 금방 있었던 일은 기억을 잘 하는 편이다. 그래서 드라마 대본을 외는 데는 별 어려움이 없었던 모양이다. 그런데 시간이 좀 지난 일들이 문제다. 도대체 아무것도 떠오르는 것이 없으니 이를 어쩌랴. (내가 출연했던 그 드라마 제목이 뭐였더라?)

 나는 우리 가족의 사진을 스크랩하는 것을 좋아한다. 많은 것을 남겨둘 수 있기 때문이다. 특히 우리 아이들이 나중에 세월이 흐른 뒤에도 얼마나 축복된 삶을 살았는지 기억하기를 바라면서 하나하나 모아두고 있다. 스크랩북을 한 장 한 장 넘길 때마다 하나님이 우리에게 얼마나 큰 축복을 내리셨으며, 얼마나 큰 은혜 가운데 살게 하셨는지 볼 수 있도록 말이다.

 나는 스크랩북을 만들면서 가족을 향한 애틋함, 자랑스러움, 사랑하는 마음 등을 여러 가지 방법으로 표현해본다. 가끔 아이들이 책장에 꽂혀 있는 스크랩북을 꺼내서 읽는 모습을 보고 있으면 마음이 흐뭇하다. 왜냐하면 우리 가족의 스크랩북에는 아이들의 모습이 담긴 사진들뿐만 아니라 아이들을 향한 나의 기도제목들, 아이들에게 바라는 나의 소망들이 함께 들어 있기 때문이다.

　이와 더불어 일주일에 한 번은 내 홈페이지에 살아가는 얘기들을 정리해 올리고 있다. '커피토크'(Coffee Talk)에 들어가서 살아가는 얘기를 올릴 때 남모를 행복감을 느끼기도 한다. 엄마들이 들어와서 읽고는 자신들과 똑같은 처지에 있는 나의 삶을 보면서 격려 받는다는 이메일을 보내주기 때문만은 아니다. 나중에 우리 아이들이 컸을 때 이것을 읽으면서 얻을 지혜와 기쁨을 생각하면, 마치 보물을 쌓아두고 있다는 생각에 감사하게 된다. 우리도 그렇지 않던가? 나는 어렸을 때 엄마가 무엇을 느끼고 어떻게 갈등을 풀어나갔으며 어떻게 우리를 키웠는지 궁금한 것들이 무척 많았다.

　내 얘기를 글로 써보는 것에는 많은 이점이 있다. 우선, 내가 남편과 아이들에게 퍼붓고 싶을 때 분을 삭이고 글로 내 불편한 마음을 해소할 수 있다. 너무 적나라한 것은 홈페이지에 공개하지 않아서 여러분이 읽을 수는 없지만, 어쨌든 그러고 나면 내 마음은 금세 후련해진다.

　살면서 번잡하고 정신이 없을 때마다 일기장에 내 마음을 적는 것은 도움이 많이 된다. 아이들이 쉴 때, 차분하게 놀고 있을 때, 잠시만 시간을 할애하면 속마음을 일기장에 쏟아놓을 수 있다.

　내가 남겨놓은 글들을 보면 현재 주님 앞에서 배우고 있는 것이 무엇인지, 나의 감정상태가 어떤지 분명하게 드러난다. 그리고 그렇게 짧은 시간 동안 적어내려가는 문장들을 통해서 나의 위치를 확인하게 되고 엄마로서의 값진 사명이 견고하게 되는 것을 보면 놀랍기만 하다.

　내가 일기를 중요하게 생각하는 또 한 가지 이유는, 하나님이 현재 나에게 말씀하시는 것들과 지시하시는 것들을 함께 정리할 수 있는 유익함 때문이다. 어린아이들을 키우는 동안 얼마나 많은 순간들을 붙잡아두고 싶었고 아이들이 한참 말을 배울 때는 또 얼마나 귀여운 말을 많이 했던가.

그런데 그렇게 절대 잊지 못할 것 같던 소중한 순간들이 어디론가 다 날아가 버렸다. 그리고 아이들이 하나 둘씩 늘다보니 어떤 아이가 어떤 예쁜 짓을 했는지 헷갈리기까지 한다. 누가복음 24장 8절에 보면 제자들이 예수님의 말씀을 '기억했다'고 한다. 놀라운 기억력을 가진 사람들은 글로 남길 필요가 없을지 모르겠지만 나 같이 깜빡 잊기를 잘하는 사람에게는 정말 필요한 일이다.

전능하신 창조주 하나님이 나에게 하신 말씀이라면 꽤나 중요한 것일 텐데, 그것을 잊어버린다는 것은 얼마나 부끄러운 일인가! 주님이 성경을 통해 '기억하라'는 말씀을 이백 번이 넘도록 하신 것을 보면, 우리가 주님의 말씀을 기억한다는 사실이 중요한 일임에 틀림없다. 그런데 나는 적어두지 않으면 도대체 기억을 못하니 안타깝기만 하다.

엄마들은 대개 자신보다 자녀들을 먼저 생각한다. 이것은 본능이다. 도저히 자신을 위해 일기 쓸 시간을 찾을 수 없다면 자녀들을 생각하자. 우리가 기록으로 남기는 것을 통해 우리 자녀들의 믿음이 자라날 수 있다면 무엇을 더 바라겠는가. 시편 78편 4절의 말씀을 읽어보자. "우리가 이를 그 자손에게 숨기지 아니하고 여호와의 영예와 그 능력과 기이한 사적을 후대에 전하리로다."

이제 쉼터로 가서 어떻게 하면 일기 쓰는 것을 일거리로 만들지 않고 적당한 시간을 확보할 수 있을지 살펴보자.

 **삶의 기록** 글을 쓴다는 것

나는 '일기'를 쓰면서 엄청난 가치를 발견해 나가고 있다. 어떤 분들은 일기 쓰는 것에 그다지 큰 매력을 찾지 못할 수도 있다. 하지만 자신의 생각과 경험을 글로 표현하는 것이 우리 삶에 굉장한 힘을 실어준다는 사실을 부인할 수는 없을 것이다. 나는 다양한 이점을 경험했기 때문에 일기 쓰는 습관을 기르기 위해 각고의 노력을 기울이고 있다. 그러나 나와는 다르게 일기 쓰는 것이 도저히 체질에 맞지 않거나 엄두가 나지 않는 분이 있다면 초간단 일기쓰기를 단 한 달만이라도 시도해 보기를 바란다. 그러고 나서 유익한 점이 있는지, 내적 성장에 도움이 되었는지, 새로운 관점이 생겼는지 일기의 가치를 재평가해보라.

📋 시작하기

한 번도 일기를 써본 적이 없다 할지라도 말씀 묵상을 정리하고 있다면 이미 첫걸음을 내딛은 것이다.

말씀을 읽기는 하되 묵상정리를 하지 않는 엄마가 있다면 이제부터라도 시작하기 바란다. 말씀 가운데서 깨달은 것을 빈 노트에다 옮겨 적는 것으로 시작할 수 있다. 그 말씀을 읽을 때 어떤 마음이 들었는지, 그 말씀이 주는 의미는 무엇인지, 그 말씀을 내 삶에 어떻게 적용할 수 있을지, 나의 환경과 어떠한 연관성이 있는지 간단하게라도 나열해보라.

"주님, 남편을 더욱 존경하라고 말씀해 주셔서 감사합니다. 남편이 아이들을 훈계할 때 잔소리한다고 끼어들지 않도록 도와주십시오. 가장으로

서의 권위를 세워줄 수 있는 아내가 되도록 저를 도와주십시오." 우선 이 정도로 시작해보자.

일주일에 한 번씩 혹은 한 달에 한 번씩 묵상노트를 다시 살펴보자. 하나님이 내 삶을 어떻게 바꾸어가고 계시는지, 그렇게 하기 위해 묵상노트가 얼마나 유용하게 쓰이는지 깨달을 수 있을 것이다.

기록을 남기는 다양한 방법들

- 생일카드 모음: 나는 해마다 아이들의 생일이 되면 생일카드를 만들어준다. 카드 속지에는 온갖 내용들을 적는다. 그 해에 아이들이 해낸 일, 새롭게 흥미를 보이기 시작한 것, 특별히 좋아하는 것과 싫어하는 것, 기념할 만한 순간들, 아이들이 보여주었던 재치 있던 순간들, 재미있었던 사건들이며 한 해 동안 영적으로 얼마만큼 자랐는지도 기록해준다. 아이들은 생일카드를 받고는 그것을 읽으면서 행복해 하고 격려를 받는다. 그리고 내가 정성을 다해 만든 카드를 아이들이 평생 간직하고 싶은 보물로 여기는 모습을 볼 때 보람을 느낀다. (이제는 아이들이 크기 때문에 하고 싶어도 하지 못했던 말을 남기기도 하고 엄마의 경륜으로부터 나오는 지혜의 말을 적기도 한다.)
- 감사의 기록: 노트 한 권을 침대 옆에 놓아둔다. 아침에 일어나서 하루를 시작하기 전에 드는 감사한 마음 다섯 가지를 적어보고, 저녁에 잠자리에 들 때도 감사한 일 다섯 가지를 기록해보자. 힘든 길을 만나거나 힘겨운 시간을 지나가야 할 때도 우리 마음이 감사로 가득할 수 있도록 도와줄 것이다.
- 치료용 낙서: 엄청난 스트레스를 받는 일이 있는가? 스트레스를 해소하는 데 글쓰기만큼 좋은 약이 없다. 헝클어진 마음을 노트에 쏟아

보자. 지금 상황이 어떤지, 어떻게 스트레스를 받고 있는지, 그 스트레스를 받는 심정이 어떤지 등등을 말이다. 미국 의학협회 저널에서 발표한 바에 따르면 글로 스트레스를 푸는 것이 만성적 질병을 완화시킨다는 임상결과가 나왔다고 한다. 글을 쓰다보면 우리를 괴롭히던 생각들이 긍정적인 방향으로 정리되고, 밝은 마음을 되찾게 되며, 결과적으로 그것이 육체의 건강으로까지 연결되는 것이다. 이런 것을 보면 확실히 인간의 정서와 내면의 건강, 육체의 건강은 떼려야 뗄 수 없는 관계라는 것을 알 수 있다. 인간은 영·혼·몸이 함께 유기적으로 이루어져 있는 존재임을 다시 확인하게 해준다.

- 결혼일기: 남편에 대해 따로 기록하는 노트도 만들어보자. 남편을 향한 사랑, 존경, 애정을 느꼈던 순간들을 기록하자. 특별한 순간에 남편을 통해 느꼈던 뜨거운 감정들도 기록해두자. 두 사람 사이에 일어났던 재미있는 에피소드, 심각했던 순간들, 비밀리에 나눈 농담들도 빠뜨리지 말자. 세월이 흐른 다음에 읽어보면 애틋한 재미도 있겠고, 결혼생활이 힘들어지거나 권태기가 올 때 사랑의 감정을 새로 일으키는 불씨가 될 수도 있다.

- 대화 노트: 한 집에 살면서도 바쁘다는 핑계로 서로 얼굴을 마주하고 대화를 나눌 겨를이 없을 때는 어떻게 하는가? 무슨 말을 하고 싶은데 어떻게 시작해야 할지, 무슨 말부터 꺼내야 할지 어렵기만 한가? 더 깊은 대화를 나누고 싶은데 어떻게 해야 할지를 모르겠는가? 대화 노트를 마련해보라. 화장대 앞이나, 주방에 있는 식탁 위나, 변기가 있는 화장실에 놓아두고 그때 그때의 마음을 간결하게 표현해보라. 격려가 담긴 말도 좋고, 반드시 해야 할 충고라도 좋다. 입 밖으로 내기는 힘들어도 글로 남기기는 쉬운 법이다.

- 기도제목 노트: 기도제목만을 따로 정리하는 노트도 하나 만들자. 이

책을 읽는 가운데 얻게 된 새로운 기도제목도 좋고 평소에 기도하던 것들도 적어보자. 또한 훌륭한 기도문들을 모아둔 책을 한 번도 읽은 적이 없는 분들은 이번 기회에 반드시 읽어보기 바란다. 온라인상에서도 좋은 기도문들을 수없이 찾아볼 수 있다. 성인(成人)들이나 기독교 지도자들이 남긴 기도문들을 통해 성경적인 기도가 무엇인지, 또 어떻게 기도해야 하는지를 배울 수 있다.

- 설교 노트: 교회에 갈 때 목사님의 설교를 받아 적을 수 있는 노트를 가지고 가자. 귀를 통해서 그냥 듣는 것보다 받아 적으면서 듣는 것이 이해를 돕고, 훨씬 쉽게 내면화할 수 있다. 그러고 나서 다시 읽어보면 그 뜻이 더욱 명확하게 전달되고 더 깊이 깨닫게 될 것이다.

컴퓨터로 일기쓰기

- 그 날 그 날 주고받았던 이메일을 '복사하기' 해서 문서에 저장하는 것만으로도 훌륭한 기록이 될 수 있다. 엄마로 바쁜 시기를 보내는 이 때의 삶을 기억할 수 있게 하는 간단한 방법이다. 한글문서로 계속 저장해가면 새로운 것을 만들 필요도 없이 훌륭한 일기장을 갖게 될 것이다.

- 전자수첩 속에 남겼던 기록이나 손때 묻은 탁상달력을 버리지 말고 보관해두자. 비록 정식 일기는 아니더라도 우리 가족의 역사를 기록으로 남겨둘 수 있는 또 하나의 방법이다. 세월이 지난 뒤에 뒤져보면 우리 가족이 언제 어디서 무엇을 했는지 새로운 기억을 떠올려 줄 것이다.

- 월별로 폴더를 만들고 매일 한 문서씩 생각을 정리해서 저장해두자. 저장할 때는 그 날의 날짜를 제목으로 한다. 쉽고 단순하게 시작할

수 있는 방법이다.

- 친지와 가까운 친구들에게 매주 1회, 이메일로 주간소식을 보내자. 일주일 동안의 특별활동이나 알리고 싶은 소식 등을 실어보라. 특별히 시어머니께 이메일을 보내 가족의 근황을 자주 알려드리자. 아무리 먼 곳에 살아도 마음만은 가깝게 느껴질 것이다. 이렇게 주고받은 이메일은 잘 간직해두자. 우리 가족의 영원한 역사적 기록으로 남을 것이다.

- 출판되는 책들 중에는 유명인들의 편지를 묶어놓은 것들도 있다. 여러분들도 늦지 않았다. 기억을 더듬어 가면서 컴퓨터에 새 폴더를 만들어두자. 지금은 나처럼 평범한 사람에게 누가 흥미를 보이겠는가 싶겠지만 앞으로 인생이 어떻게 바뀔지는 아무도 모르는 일이다. 미리 그 날을 대비해두는 것도 좋을 것이다. 다른 사람들이 알아주지 않는다면 또 어떤가. 우리 가족들만이라도 즐겁게 읽을 수 있는 특별한 것이 되지 않을까.

- 미니 블로그나 개인 홈페이지, 사이버 세상은 이제 우리 삶의 일부로 자리잡았다. 블로그는 개인의 살아가는 얘기를 사이버상에 올려두는 것이다. 말하자면 사이버 일기인 셈이다. 대부분은 아이디와 패스워드로 보호할 수 있고 다른 사람들이 입장하려면 주인으로부터 허가를 받아야 한다. 그러나 단순 방문자들이 방명록에 글을 남기거나 댓글을 다는 것으로도 서로 의견을 교환할 수 있다. 가족 단위별로 블로그를 만들어 사진과 함께 살아가는 얘기를 올리고, 친지와 친구와 지인 등 다양한 사람들과 삶을 나누는 이들이 많아졌다. 블로그와 미니 홈페이지가 아직도 낯선 사람들도 있겠지만 가족사의 기록을 남기는 데는 그만이다.

www.cyworld.nate.com
www.yahoo.co.kr
www.naver.com
www.blogger.com

📄 육아일기

내가 자녀양육 사역을 시작하면서 각고의 노력을 기울인 부분이 바로 육아일기 코너를 여는 것이었다. 나의 피와 땀이 어우러져 탄생한 육아일기 코너지만 모든 엄마들에게 유익할 것이라고 생각하지는 않는다. 참고만 하되, 자신에게 맞는 스타일로 직접 만들어가는 것이 훨씬 유용할 것이다. 어떤 엄마들은 내 방법을 사용해 주제별로 노트를 관리하기도 하고, 또 어떤 엄마들은 각 자녀별로 한 권씩 아이들의 성장과정을 기록해 가기도 한다.

📄 털어놓기

가끔은 우리 마음을 주님 앞에 그냥 쏟아드려야 할 때가 있다. 하나님을 향한 감사와 찬양이 흘러넘치는 때일 수도 있고, 아니면 스트레스가 꽉 차서 고통스러울 때일 수도 있다. 감당하기 힘든 일을 만났을 때나 힘든 결정을 내려야 할 때도 그것을 그대로 주님 앞에 가지고 나아가 쏟아놓자. 일기장 한 부분에 '털어놓기' 코너를 만들어 그 곳에 마음 속 깊은 곳에 있는 것까지 꺼내보라. 무얼 어떻게 적을까 생각하지도 말고 그냥 펜 가는 대로 마음을 쏟아보라. 꾸밈없이 주님을 높이고, 거르지 않은 감정을 표현해보고, 솔직하게 질문도 해보라. 마음의 문을 활짝 열고 주님을 맞이해보라.

📄 따뜻한 음성

사랑하는 이의 속삭임을 들으며 온몸에 전율을 느껴본 적이 있는가? 우리가 비록 아이들에 둘러싸여 정신없이 살고 있긴 하지만 우리도 이따금씩 등줄기에 전율이 흐르는 경험을 할 때가 있다. 성령님의 속삭임이 우리 영혼을 울리는 때가 바로 그 때다. 북적대며 좌충우돌 살아가는 억척엄마지만 하늘에 계신 아버지의 따뜻하신 음성이 우리의 가슴을 채울 때면 여지없이 부드러워진다. 아이들을 차에 태우고 갈 때, 설교를 들을 때, 성경을 읽을 때, 어느 때는 고요한 한밤중에도 주님은 우리에게 속삭이신다. 그럴 때마다 주님의 따뜻한 음성을 기도노트에 남겨두자. 한쪽 귀로 흘려보내기엔 무척 소중한 음성이다. 고스란히 잡아 노트에 앉혀보자.

📄 레마

레마는 그리스어로 구체적인 한 말씀, 혹은 구체적인 생각이라는 뜻을 가진 단어로 일반적인 성경말씀과 구별하여 쓰인다. 성경을 읽을 때 한 구절 혹은 한 문장이 집사기 살아나 내 마음을 확 사로잡는 말씀이 있을 때, 이것을 레마의 말씀이라고 부른다. 마치 주님이 한줄기 빛을 그 말씀 위로 비춰주시는 것처럼, 수없이 읽었던 말씀인데도 갑자기 한 번도 읽어본 적이 없는 것 같이 낯설고 생생하게 다가오는 말씀, 읽는 순간 나 개인에게 주시는 것임을 깨닫게 되는 그런 말씀이다. 나는 이럴 때 레마의 광선이 떨어졌다고 한다. 기도노트 한쪽에 이러한 말씀을 따로 모아두고 하나님이 그 순간에 그 구절을 통해 무엇을 말씀하셨는지도 기록하자.

📄 감사한 마음을 전하는 글

우리 어머니는 내가 어렸을 때 누군가로부터 선물을 받으면 반드시 감사 카드를 보내도록 가르치셨다. 지금은 나도 우리 아이들에게 똑같이 가르치고 있다. 누군가 시간과 돈을 들여 선물할 때는 작더라도 감사의 마음을 표현하는 것이 당연하다고 생각한다. 기도 노트에 '감사' 코너를 마련하여 하나님이 기도에 응답하신 것이라든지 감사하고 싶은 사람이 있을 때 즉시 메모를 남기자.

📄 가족의 제단(祭壇)

성경에는 이스라엘 백성들이 하나님을 만나기 위한 장소를 정해놓고 그곳에 제단을 세우곤 했다는 기록이 있다. 그들은 제단 앞에 돌을 쌓기도 했는데, 제단 앞을 지나갈 때마다 하나님이 행하신 일들을 자식들과 후손들에게 들려줌으로써 하나님을 기억하도록 한 것이다. 이것을 우리 신앙에도 적용해보자. 하나님이 나를 만나주셨던 특별한 순간들을 기록으로 남겨 주님의 행하신 일을 기념하자. 잊지 못할 순간들도 세월이 가면 바래지고 우리 기억에서 희미해지기 마련이다. 주님이 내 생애에 베푸셨던 중요한 사건들을 잊지 않으려면 기도 노트에 새겨 두는 것이 제일 안전하다. '우리 가족의 제단' 코너를 만들어 기록으로 남기자. 하나님이 이루신 일들을 잊지 않게 될 것이다.

보배와 같은 순간들

아이들이 어렸을 때를 생각해보라. 얼마나 귀여운 짓을 많이 했던가. 엄마들은 '잊어버리기 전에 빨리 적어 두어야지' 하고 계속 생각하지만 벌써 까마득하게 잊어버린 것만 해도 산더미 같을 것이다. 마음은 굴뚝 같은데 왜 실행에 옮기지 못하는 것일까? 아무래도 어디 딱히 기록할 곳이 없어서 그런 것이 아닌가 싶다. 그냥 아무 종이에 적어두자니 쉽게 잃어버릴 것 같고, '우리 아기 성장 기록부'는 상자에 넣어두고 보지도 않을 것 같고, 컴퓨터는 너무 딱딱하게 느껴진다. 이럴 때도 기도 노트를 활용해보자. '보배와 같은 순간들' 코너를 만들어 순간순간 튀어나오는 불후의 명작들을 하나도 놓치지 말자.

이제 1부 '영적세계를 돌보라'를 마무리할 때가 되었다. 이 책을 읽는 모든 엄마들이 새 힘을 얻기 시작했다면 좋겠다. 이 책을 통해 엄마들의 삶이 이전보다 더 행복해지고 새로운 기대로 가득한 나날을 꿈꾸기를 기도한다. 주님께 굳게 연결되어 있어서 그분으로부터 공급받는 힘으로 살고 자신을 제대로 관리하면, 반드시 더 좋은 엄마가 되고 더 좋은 아내가 될 것이다.

우리에게 영적세계를 잘 보살펴야 하는 것만큼 중요한 것이 바로 육신을 먹이고, 입히고, 보존하는 일이다. 생각해보면 매우 쉬운 문제다. 몸이 말을 안 듣거나 아프면 누가 손해를 보겠는가? 우선은 내가 힘들고 불편하겠지만 가족 또한 직접적으로 영향을 받는다. 그러니 엄마가 건강해야 가정이 사는 법이다.

자, 이제 좀 가벼운 마음으로 다른 주제를 다루어보자. 나 같은 엄마가 또 있다면 자신의 몸을 보면서 실컷 웃거나 실컷 울게 되지 않을까.

2

육신을 돌보라

07 _ 몸 그 거룩한 성소
08 _ **아름다움** 주의 아름다움이 우리에게 임하사
09 _ **건강식** 세포 하나까지 건강하게
10 _ **체력단련** 에너지가 넘치는 사람

7

몸

그 거룩한 성소

나만 그런 것인지 모르겠지만 궁금한 게 있다. 산부인과 의사가 몸을 더듬으며 검사하고 있는데 축구 준결승이 어땠는지, 아기의 이가 몇 개나 났는지, 날씨는 어떤지, 어쩌고저쩌고 수다를 떨 수 있다는 것이 신기하지 않은가? 보지 않고 그냥 말소리만 들어서는 커피숍에 앉아서 담소를 나누는 것으로 알 것이다. 좀 쑥스러운 일 아닌가?

기왕 말이 나왔으니 한 마디만 더 해야겠다. 이 책을 읽는 분들은 모두 여성일 것이라는 전제하에 유방암 판독 특수 X선 촬영기(mammogram) 에 대해 잠깐 얘기해보자. 필시 이 밥맛 떨어지는 기계를 고안해낸 이가 남자였을진대, 남성들을 위한 성기 촬영기도 나와야 할 것이다. 이 기계를 어떻게 사용할지는 여러분의 상상에 맡기겠다.

내가 처음으로 유방암 판독 특수 X선을 찍으러 가려던 바로 전날 친구가 보내준 이메일을 잊을 수가 없다. 내 홈페이지에서 이미 읽은 사람들도 있겠지만 미처 보지 못한 독자들을 위해 다시 한 번 싣는다. 읽을 때마다 배꼽을 잡게 될 것이다.

처음으로 유방암 판독 특수 X선을 찍으러 가는 여성들은 두렵다고들 하는데, 전혀 그럴 필요가 없다. 검사하러 가기 일주일 전부터 매일 몇 분씩만 연습하고 나면 완벽한 준비가 될 것이기 때문이다. 게다가 이것은 집에서 쉽게 할 수 있는 것이라서 추가비용도 발생하지 않는다.

> 연습 1: 냉장고 문을 열고 한쪽 가슴을 냉장고 문과 몸체 사이에 끼워 넣으라. 힘이 센 친구에게 냉장고 문을 최대한 세게 닫아 달라고 하라. 정확한 측정을 위해서는 세게 닫은 후 온몸으로 냉장고 문을 밀어 달라고 해야 한다. 그런 상태로 5초 이상 있어야 한다. 한 번으로는 아무래도 확실하지 않을 테니 다시 한 번 반복한다.
>
> 연습 2: 오후 3시 쯤에 차고로 가면 시멘트 바닥이 알맞게 데워져 있을 것이다. 벗은 몸을 바닥에 쭉 펴고 엎드려 한쪽 가슴을 차 뒷바퀴 밑으로 밀어 넣으라. 그리고 친구에게 차를 아주 천천히 후진해 달라고 하라. 가슴이 완전히 납작해지고 몸이 오싹해질 때까지. 몸을 돌려 다른 쪽 가슴도 그렇게 하라.
>
> 연습 3: 쇠로 된 책 버팀판 한 쌍을 가져다가 하룻밤 정도 얼려라. 지나가는 행인을 불러 집에 들이고 웃옷을 벗으라. 얼음장 같은 한 벌의 책 버팀판 사이에 한쪽 가슴을 넣고 양쪽에서 세게 눌러 달라고 하라. 살살 해서는 효과가 없다. 있는 힘을 다해 세게 눌러 달라고 해야 한다. 그 행인에게 일 년 뒤에 다시 와서 도와 달라고 부탁하라.

자, 이제 이정도면 유방암 판독 특수 X선 촬영을 받을 준비가 되었을 것이다.

웃자고 한 얘기였지만, 사실 이런 검사를 받는 것은 고통스러운 일이다. 그렇더라도 할 일은 해야 하지 않겠는가. 건강한 삶을 살기 위해서는 몸도 보살펴야 하기 때문에 이 정도의 수고는 감내해야 할 것이다. 자신을 위해

할 수 없거든, 가족을 생각해서라도 건강검진을 받으라. 그래도 못하겠거든 우리 주님을 생각해서 하라. 고린도전서 6장 19절과 20절에서는 "여러분의 몸은 성령의 전입니다. 여러분은 하나님께로부터 성령을 받아 여러분 안에 모시고 있습니다. 여러분은 자신의 몸이 자기 것이 아니라는 사실을 알지 못합니까? 하나님께서 값을 치르고 여러분을 사셨습니다. 그러므로 여러분의 몸으로 하나님께 영광을 돌리십시오."(우리말 성경)라고 말씀하셨다.

이 말씀에 대해서는 이미 백 번도 더 들었겠지만 다시 한 번 마음을 모아 읽어보라. 우리는 익숙해진 말씀에 대해서는 그냥 넘어가려는 경향이 있기 때문에 같은 말씀을 다른 번역본 성경으로 읽어보는 것도 좋은 방법이다. 그래서 우리말 성경을 인용해 보았는데 훨씬 쉽지 않은가? 하나님의 성전인 우리 몸을 잘 관리하는 것도 주님을 경외하는 마음의 표현이다.

정기검진을 받을까 말까, 영양제를 섭취할까 말까, 늦게까지 일해야 할까 말까, 일찍 잘까 말까, 콜라를 마실까 물을 마실까 이런 갈등이 생긴다면 오래 고민할 필요가 없다. 무조건 건강에 도움이 되는 쪽으로 결정해야 한다.

우리 주위에는 가족들만 보살피다가 정작 자신의 건강을 잃어버린 엄마들도 많다. 건강이 악화된 뒤에 손쓸 수 없게 된 경우도 얼마나 많은가. 다른 사람들을 위해 희생한다는 명목으로 자신의 건강을 해쳐서는 안 된다.

예수님은 우리를 구원하기 위해 당신 자신을 희생물로 내어놓으셨다. 우리의 육신은 그렇게 귀한 값을 치른 대가로 얻은 선물이다. 그 사랑에 감사하는 사람이라면 그분이 주신 선물을 잘 돌봐야 하지 않겠는가.

우리 남편은 이번 주에 처음으로 결장암(結腸癌) 검사를 받고 왔다. 병원을 오가는 동안 내내 남편에게 고맙다는 말을 했다. 남편이 나와 함께, 그리고 우리 자식들과 함께 오래오래 건강한 모습으로 살기 위해 그 힘든 검사과정을 마다하지 않았다는 사실이 그저 고마웠다. 남편이 우리 가족을 사랑하고 위하는 마음을 볼 수 있었다. (오늘 친정어머니께 암 사망률 가운데 결장암이 두 번째로 높다는 사실을 말씀드렸더니 아버지도 어서 검사를 받도록 해야겠다고 하셨다.)

주부들은 남편과 자식들을 위해 안락하고 편안한 보금자리를 꾸미고 싶어한다. 우리 몸은 성령님이 거하시는 집이다. 성령님이 거하시는 집에 아무 이상이 없는가? 혹시 어디 고칠 데는 없는가? 마음에 새기라. 성령님이 거하시는 우리 몸이 무너지거나 완전히 해체될 직전에 놓였다면 어떻게 우리 가정을 건강하고 행복한 곳으로 만들 수 있겠는가.

그렇다고 주택 완전개조 편(Extreme Makeover: Home Edition, 신청자들에게 성형수술이나 주택개조 등을 제공하고 그 과정을 취재하는 형식으로 꾸민 텔레비전 프로그램)을 찍자는 것은 아니다. 그저 간단하게 우리 영혼과 성령님이 거하시는 집(몸)을 손보는 것으로 충분하리라 믿는다. 간단한 수리여서 시간과 비용도 그다지 부담스럽지 않을 것이다. 그럼, 쉼터로 발걸음을 옮겨 우리 집(몸)을 갈고 닦아보자.

 **몸** 돌아볼 때가 되었나요?

 휴식의 필요성

육신을 잘 돌보기 위해서는 충분히 쉬게 해주어야 한다. 충분히 쉰다는 것은 엄마들에게, 특히 젊은 엄마들에게는 어려운 과제이기도 하다. 나이가 들수록 잠이 없어진다고들 하니 나중 일은 염려하지 않아도 될 것 같다. 오히려 불면증을 염려해야 할 날이 올지도 모를 일이다. 어쨌든 육신을 입고 사는 한 수면과의 전쟁은 끝이 없을 것이다.

휴식이 필요할 때 이렇게 해보자.

- 첫째, 현실적으로 생각하자. 몇 시간을 자야 충분히 휴식을 취하는 것일까? 여덟 시간 정도의 수면이 가장 이상적이라고 한다. 물론 예닐곱 시간만 자고도 살 수는 있다. 그러나 건강하고 여유롭게 살기 위해서는 여덟 시간의 수면이 필요하다.
- 아이들이 아프거나 갑자기 밀린 일을 처리해야 할 때는 충분한 수면을 취하기 어려울 때도 있다. 그럴 때는 다음 날이나 주말을 이용해 반드시 밀린 잠을 자두어 피로를 푸는 것이 좋다. 자신의 몸이 지칠 때까지 혹사시켜서는 안 된다. 이미 너무 지친 상태라면 돈을 들여서라도 베이비시터를 고용하자. 그리고 아이들을 몇 시간 맡기고 푹 쉬자.
- 어린아이가 쉴 때는 엄마도 함께 쉬어야 한다. 다른 일을 하느라 그 시간을 놓치지 말고 아기가 낮잠 잘 때 함께 쉬자. 매일 그렇게 할 수

없다면 요일별로 쉬는 날을 정하는 것도 좋은 방법이다.
- 어떤 때는 모든 것이 완벽하게 정리가 되어 있지 않아도 괜찮다. 자신에게 여유를 주라! 저녁식사가 늦어져 설거지를 하고 자야 할까 그냥 자야 할까 망설여지거든 과감하게 그냥 자라. 긴 안목으로 보았을 때, 여덟 시간의 취침시간을 확보하고 푹 자는 편이 백 배 낫다. 설거지는 다음 날 상쾌한 상태에서 해도 늦지 않다.

 영양제에 대해서

- 건강을 지키는 데 가장 중요한 요소가 휴식이라면 두 번째로 중요한 것은 영양소를 골고루 섭취하는 것이다. 그런데 일반적인 식사만으로는 모든 영양소를 골고루 섭취할 수 없다. 부족한 영양소는 비타민으로 보충해야 한다.
- 주위를 둘러보면 크리스천 의사나 영양사들도 많다. 그분들이 건강에 대해 저술해놓은 책들도 많으니 참고하거나, 그분들의 조언을 받아 좋은 영양제를 선택하여 복용하라.
- 요즘은 종합 비타민도 많이 나와 있는데 하루에 한 알 복용하는 것으로 필요한 영양소를 모두 섭취할 수 있다. 셀 수 없을 만큼 많은 종류의 비타민이 쏟아져 나오고 있는 터라 약국 같은데서 쉽게 구할 수 있다.
- 여성들, 특히 생리를 하는 젊은 엄마들에게는 임산부용 비타민제가 필요하다. 많은 제약회사들이 자신들 고유의 비타민을 생산하고 있으며 처방전 없이 구입할 수 있다. 임산부용 비타민은 여성들에게 꼭 필요한 철분과 칼슘을 다량 함유하고 있어 철분제나 칼슘을 따로 복용하지 않아도 된다. 그런 의미에서 보면 매우 경제적이다. 그뿐 아

니라 임신기간 동안 매일 일정량을 섭취하도록 의학계에서 권장하고 있는 엽산(葉酸, folic acid)이 함유되어 있어, 자녀를 더 가질 계획이 있다면 계속해서 임산부용 비타민을 복용하는 것도 좋다. 엽산은 임신 초기에 반드시 필요한 영양소로 알려져 있다.

 충분한 수분공급

충분한 양의 물을 매일 마시는 것 또한 건강을 지키는 지름길이다. 물은 평균적으로 하루에 여덟 잔에서 열 잔 정도 마시는 것이 좋다고 한다. 물을 마시지 못할 이유는 하나도 없다. 비용이나 시간이 많이 드는 것도 아니고 힘든 일도 아니다. 물을 마시기 위해 따로 계획을 세울 필요도 없다. 생활 속에서 물을 많이 마실 수 있는 몇 가지 아이디어를 알려주겠다.

- 작은 물통이나 물병에 물을 가득 담아 냉장고에 넣어둔다. 맹물을 싫어하는 사람이라면 레몬이나 라임조각을 띄워 맛과 향을 내는 것도 좋다. 음료수나 주스, 혹은 차가 생각날 때마다 먼저 물부터 마시자.
- 문을 나설 때 즉시 가지고 갈 수 있도록 작은 크기의 생수를 사둔다. 매번 생수를 구입하는 것이 부담스럽다면 가지고 다닐 수 있는 물통을 구입해 외출할 때마다 물을 채워넣는다. 볼일을 보는 동안 내내 물을 옆에 끼고 있을 수 있으므로 계속 마실 수 있을 것이다.
- 외식할 때 다른 음료수를 주문하지 않는다. 대신에 언제나 물만 마시겠다고 결심하라.
- 아이스크림이나 얼음과자 등 찬 것이 먹고 싶을 때를 대비해 물과 라임, 레몬주스를 섞어 엄마표 얼음과자를 만들어둔다.

정기검진은 필수

건강을 유지하는 데 있어 정기검진을 빼놓을 수가 없다. 자동차 엔진검사를 정기적으로 해야 하는 것처럼 우리 몸도 정기적으로 관리를 해주어야 한다.

- 유방암 검사: 마흔 살이 되면 1~2년 마다 한 번씩 검사를 받는다.
- 자궁경부암 검사: 스물한 살이 넘었고 결혼생활을 하는 여성이라면 1년~3년 정도의 주기로 세포진 검사를 받는다.
- 콜레스테롤 검사: 보통 마흔 살이 되면 콜레스테롤 검사를 받기 시작해야 한다. 그런데 당뇨가 있거나 흡연을 하는 사람이라면 스무 살부터 검사를 받아야 한다. 집안에 심장병을 앓은 사람이 있어도 유전될 가능성이 있으므로 콜레스테롤 검사를 일찍 시작하는 것이 좋다.
- 혈압 측정: 적어도 2년마다 한 번씩 혈압을 측정한다.
- 대장암 검사: 쉰 살이 되면 대장암 검사를 받기 시작한다.
- 당뇨 검사: 고혈압이 있거나 콜레스테롤 수치가 높은 사람들은 당뇨 검사를 반드시 받아야 한다.
- 우울증 테스트: 마음이 슬퍼지면서 모든 것이 귀찮아지고, 무엇을 해도 재미가 없고, 절망감으로 가득한 상태가 2주 이상 지속된다면 우울증 테스트를 받는다.
- 골다공증 검사: 예순다섯 살이 넘으면 뼛속 미네랄 밀도(bone density)를 측정해야 한다. 예순 살에서 예순네 살 사이의 여성이라도 몸무게가 70kg 이하인 사람들은 골다공증이 있을 확률이 높으므로 반드시 의사와 상담한다.

- 치아: 이가 상하거나 통증을 동반하기 전에는 치과에 가지 않는 사람들이 많은데 현명하지 못한 행동이다. 치아가 못쓰게 되기 전에 1년에 한 번씩은 검사를 받고 치석제거도 해야 한다.
- 시력: 시력을 다시 측정할 때가 되지는 않았는가? 나는 오늘 컴퓨터의 글자크기를 12포인트에서 14포인트로 바꾸었다. 나야말로 시력검사를 받으러 가야 할 것 같다. 독서용 안경을 맞춰야 할지도 모르겠다.

정기검사를 받을 때마다 기록을 잘 보관해두고, 다음 검사는 언제 받는지 수첩이나 달력에 기록해두자.

건강이 중요하다는 것은 누구나 알고 있지만 더 급해보이는 일들을 먼저 처리하느라 육신은 언제나 마지막으로 미루게 된다. 그렇지만 아내와 엄마로서의 역할을 다 하기 위해서는 건강한 몸이 최우선이라는 사실을 기억해야 한다. 그런 의미에서 앞에 나열한 검사 정도는 반드시 받기 바란다.

지금 책을 읽으면서 뭔가 결심이 서지 않는가? 자, 지금 당장 해야 할 일은 무엇일까? 내가 제시한 몇 가지 검사를 받아야 할 나이가 된 사람이라면 책을 잠시 덮고 병원에 전화를 걸어 검사 날짜를 예약하자. 혹시 돈이 없어서 망설이고 있는 사람이 있는가? 그래도 전화하기 바란다. 하나님이 기적을 베푸셔서 필요한 물질을 채워주시도록 나와 함께 기도하자. 하나님의 성전을 돌보는 데 필요한 물질을 허락하실 것이다.

잔소리 끝! 지금 책을 다시 펼친 분들은 모두 병원에 전화를 걸어 검사 날짜를 잡았거나 이미 몇 가지 검사를 받고 오셨으리라 믿는다.

다음 장은 조금 흥미로운 이야기들로 채워보았다. 여성이라면 누구나 관심 있는 외모에 대해 다루었다. 제목을 '가꾸기'로 할까 '아름다움'이라고 할까 오랫동안 고민하다가 두 가지 다 사용하기로 했다. 쉼터에도 제목이 필요하니까 두 가지 다 쓰련다. '난 내가 여자인 게 좋아'(I enjoy being a girl)라는 노래를 아는가? 다음 장을 읽는 동안 그 노래의 멜로디를 흥얼거리며 여자로 태어난 특권을 마음껏 누려보라.

8

아름다움

주의 아름다움이 우리에게 임하사

나는 어렸을 때 아무도 못 말리는 용감한 골목대장이었다. 남자애들과 어울려 나무 위에도 올라가고 가재도 잡으러 다녔다. 원피스도 달랑 한 벌밖에 없었는데, 그것도 사촌언니 결혼식 때 꽃 뿌리는 역할을 맡으면서 얻어 입은 것이다. 게다가 선천적으로 뼈대가 굵어서 몸에 꼭 끼는 청바지 같은 것은 제대로 입어보지도 못했다. 유명 메이커 제품은 꿈도 꾸지 못했다. 그래도 별로 상관하지 않았다. 어차피 헐렁헐렁한 스타일의 청바지를 더 좋아했으니까.

그러고 보니 기억나는 한 가지 사건이 있다. 신을 사러 신발가게에 갔다가, 엄마가 내가 원했던 남아용 구두를 못 사게 하시는 바람에 가게 안에서 대성통곡했던 일이다. 옷을 살 때는 시어즈나 로벅스 같은 데서 나온 카탈로그를 쭉 훑어보고 맘에 드는 재킷이나 학교 갈 때 입을 만한 옷을 한두 벌 동그라미로 표시해두면 엄마가 주문해 주시곤 했다.

나에게는 편한 게 최고였고 지금도 여전히 편한 것만 고집한다. 아이들이 태어나기 전부터 입었던 옷을 지금까지 입는 것도 있다. 나는 그런 옷들은 좋아하여 자주 입는데, 우리 아이들은 아주 질색이다. 검은색 부츠와 검은색 하이힐, 검은색 단화, 검은색 샌들, 검은색 핸드백, 이게 내 패션용품의 전부다. 그리고 흰 테니스 운동화 두 켤레가 있는데, 하나는 캐주얼한 복장에 어울리고 다른 하나는 여성스러운 옷에 어울린다. 여성스러운 옷을 입을 때를 대비해 사둔 레이스 양말 한 켤레 정도가 나의 패션감각을 말해준다.

혹시 내가 지금 농담하고 있다고 생각하는 분이 있다면 우리 가족이나 친구들에게 물어보라. 나로 말하자면 옷을 사러 돌아다니는 것은 딱 질색인데다 매장에서 옷을 입어보는 것은 더더욱 싫어하는 사람이다. 사실 옷을 입어보는 것을 싫어하는 이유가 있긴 하다. 입어보는 옷마다 작아보이고 상대적으로 나는 더 뚱뚱해 보이기 때문이다. 게다가 옷을 맞춰 입고 꾸미는 데는 도통 재주가 없으니 싫을 수밖에 없는 것 아닐까. 그래서 내가 입는 옷은 항상 정해져 있다. 여름에 입는 헐렁한 옷 여섯 벌 정도, 겨울에 입을 만한 편한 옷도 여섯 벌 가량 있다.

우리 친정어머니가 '지정복'이라고 부르시는 옷들도 몇 벌 있는데, 강의할 때 입는 정장 두 벌, 회의나 인터뷰할 때 입는 옷 두 벌, 드레스를 입고 가야 할 때를 대비해 멋진 드레스도 한 벌 있다. 내 '지정복'에는 구두와 액세서리도 포함시킨 것이어서 머리부터 발끝까지 차려 입고 나가면 그래도 꽤 패션감각이 있는 것처럼 보인다.

패션에 대해서는, 내가 맡았던 '블레어 워너'의 역과는 정반대의 취향을 가지고 있다. 그도 그럴 것이 실제의 나는 '블레어'처럼 펑펑 쓸 만큼 돈이 많은 것도 아니고 여성스럽지도 못하다. 머리를 한 번 해서 마음에 들면 그 스타일만 십 년이 넘게 하고 다닌다. 마사지도 별로고 피부관리에도 전혀 관심이 없다. 컴퓨터를 칠 때 '타다닥 탁탁' 하는 예쁜 소리가 나도록 손톱을 길러본 적도 없다. 화장은 외출할 때만 하는데 그것도 가벼운 파우더 정도면 충분하다고 생각하며 산다.

여러분에게 살짝 고백하건대, 사실 아름다운 여성들을 보면 부럽긴 하다. 평범한 티셔츠에 청바지만 걸쳐도 텔레비전을 뚫고 금세 튀어나온 광고모델들처럼 눈에 띄는 그런 여성들. 그런 여성들이 사는 집은 액자와 장식품들만 몇 가지 늘어놓아도 왠지 멋있고 우아하게 보일 것 같다. 그리고 그런 여성들은 선물 하나를 해도 내용물보다 훨씬 멋있게 포장할 줄 알 것 같다.

우리 딸 클랜시가 바로 그렇다. 클랜시는 저렴한 가격의 옷가지들을 구입해 이렇게 저렇게 걸쳐 입는데, 마치 백화점에 진열된 마네킹의 옷을 벗겨다 입힌 것처럼 부티가 난다. 내가 책만 잔뜩 사모으는 것처럼 클랜시는 신발에 대한 애착이 대단하다. 그리고 방에 가보면 노란색, 청록색, 밤색으로 장식을 했는데 그 색들의 조화란 그저 놀랍기만 하다. 한쪽 구석에는 불이 반짝이는 야자수가 놓여 있고 다른 쪽 구석에는 모자를 담은 통들이 쌓여 있다. 그 애 방에 들어가면 유명한 인테리어 디자이너들이 금세라도 튀어나올 것만 같은 착각이 든다.

어제는 우리 남편이 딸 클랜시를 데리고 나갔다 왔다. 두 사람은 돌아오면서 살구색 장미를 한 아름 사왔다. 클랜시는 장미를 나에게 건네주면서, 나중에 자기가 커서 집을 갖게 되면 생화로 집안 전체를 장식할 거라고 한다. 나도 꽃의 아름다움에 감격할 줄 알지만 클랜시는 좀 남다르다. 훨씬 깊은 어떤 것을 느끼는 모양이다. 꽃을 바라보는 그 아이의 시선에는 백화점을 들어설 때 새로이 단장된 진열장을 바라보던 그 눈빛, 미지의 것을 향한 경이로움 같은 것이 담겨 있다.

아마 대부분의 여성들은 클랜시와 같지 않을까 싶다. 그러나 정도의 차이는 있겠지만 인간이란 모두 아름다운 것을 좋아한다. 아마 우리가 하나님을 닮아서 그런 것이 아닐까? 창세기 1장 27절을 보니, "하나님이 자기 형상 곧 하나님의 형상대로 사람을 창조하시되 남자와 여자를 창조하시고"라는 말씀이 있다. 하나님은 여성 반, 남성 반의 성향을 갖고 계신 분이 아니다. 하나님은 100% 남성이시며, 또한 100% 여성이시다.

　우리가 아름다움을 드러내고 그 아름다움에 감사할 때 하나님의 아름다우심이 우리를 통해 드러난다고 나는 믿는다. 시편 90편 17절에는 "우리 하나님 여호와의 아름다움이 우리 위에 있게 하시고"(우리말성경) 라는 말씀이 나온다. 하나님은 당신의 영광을 온 우주만물에 담으셨다. 그래서 세상은 조물주이신 하나님의 영광을 드러내는 것이다. 그러므로 하나님이 허락하신 세상의 아름다움을 만끽하는 것도 주님을 기쁘시게 하는 일이다.

　노을을 아름답게 만드신 까닭이 무엇일까 생각해본 적이 있는가? 해맑고 순수한 미소가 아름다운 데는 이유가 있지 않을까? 동이 트는 새벽공기는 어찌 그리 상쾌할 수 있을까? 코알라가 서로 껴안기 좋아하는 이유를 누가 설명해줄 수 있을까? 백합화의 아름다운 꽃잎은 어디로부터 난 것인가? 이렇게 신비롭기만 한 자연에 대해 생태계적으로 설명할 수 있는 부분도 있기는 할 것이다. 그러나 굳이 대답을 찾지 않아도 아름다움을 위한 아름다움 그 자체로 충분한 답이 되지 않을까? 나는 그렇다고 믿는다.

　그러니 전문가들의 도움을 자주 받을 형편이 못 된다 해도 날마다 조금씩 우리 자신을 위해 투자해야 한다. 아무리 잠옷이 편하다 해도 자리에서 일어나자마자 얼른 갈아입자. 머리도 고무줄로 질끈 묶는 것이 편한 줄은 알지만 몇 분만 시간을 내서 예쁘게 손질해보자. 그렇다고 꼭 화려하게 꾸미라는 것은 아니다. 그저 단정하게 관리하는 정도라도 자기 자신을 바라보는 눈길이 달라질 것이다. 아이들은 달라진 엄마 모습을 눈치 채지 못할 수도 있겠지만 남편은 그렇지 않다. 남편은 그런 아내의 모습을 보고 감격할 것이다. (남편의 속마음을 아시죠?)

　남편이 집에 돌아올 즈음에는 양치질도 하고 립글로스라도 가볍게 바르자. 편한 바지는 벗어 버리고 청바지를 입어보자. 거기다 향수까지 살짝 뿌리면 금상첨화다. 남자는 눈에 보이는 것에 민감한 존재다. 그런데 남자들의 눈이란 그리 객관적이지 못한 편이어서 나 같은 사람에게는 얼마나 다행인지 모른다. 내가 생각할 때 내 자신이 별로 예쁘지 않은 것 같은데도, 조금만 꾸미면 우리 남편은 내가 절세미인인줄 안다. 아마 여러분의 남편도 다 똑같을 것이다. 남편만을 위해 시간과 공을 들여 꾸민 아내를 누구인들 아름답다 하지 않으리. 완벽하게 꾸민 얼굴과 화려한 옷이 남편을 감동시키는 것이 아니다. 남편을 존중하고 남편을 생각해준 그 마음이 남편을 기쁘게 하는 것이다.

 이 부분을 읽고, 남편의 퇴근시간에 맞춰 화장하고 꾸미는 데 15분 정도를 할애하리라 마음먹었는가? 그렇다면 그 시간대 말고 8시 45분에 시작해 밤을 준비하는 것은 어떨까? 남편을 위해, 나 자신을 위해!

 내가 15분을 제안했다고 해서 항상 그만큼만 할애하라는 뜻은 아니다. 이따금씩 시간이 더 걸리더라도 과감하게 자신에게 투자하기도 하라. 30분 정도면 마사지와 팩도 하고 오랜만에 머리에 영양을 공급할 수도 있을 것이다. 한 번씩 잔털을 제거할 수 있는 시간도 가지기 바란다. 눈썹정리는 말할 것도 없고 코밑에 난 잔털도 깎아내야 하니까! 털 얘기가 나왔으니 이 얘기를 꼭 하고 넘어가야겠다. 교회 유치부에서 아이들을 가르치고 있을 때였다. 한 사내아이가 눈을 반짝이며 내 무릎으로 올라와 앉더니 이렇게 말하는 게 아닌가. "사모님, 우리 아빠도 사모님처럼 코밑에 털이 났어요!"

 이것이 엄마들의 약점이다. 꼭 해야 하는 일임에도 불구하고 계속해서 미루기만 하다가 나같이 이런 경우를 당한다. 아이들 뒤치다꺼리에, 잔뜩 쌓인 집안일에 쫓기기 때문이기는 하지만 코밑에 잔털이 수북이 자랄 때까지 손을 대지 못했다니 좀 심하지 않은가? 그 뒤로는 아무리 바쁘더라도 나, 리사 웰첼을 관리하는 데 시간을 투자해야겠다고 결심했다.

 이 세상의 모든 엄마들이 여성만이 누릴 수 있는 아름다움의 특권을 재

발견하고, 그 아름다움을 빛내기 위해 시간을 투자해야겠다는 결심을 굳힐 수 있다면 좋겠다. 어떤 기저귀가 더 나을까 하는 고민만 하지 말고 자신을 꾸미는 데도 관심을 가져보라. 이제 쉼터에 있는 몇 가지 제안들 가운데 자신에게 맞는 것을 몇 가지 골라 연습해보자.

 **아름다움** 지키고 가꿔야 빛나는 법

 오늘도 눈부시게

아무리 바빠도 매일매일 아름다움을 유지할 수 있는 간단한 방법들이 있다. 내가 자주 사용하는 방법들이기도 하다.

- 꽃집에 들러서 오직 나만을 위한 꽃 한 다발을 살 수 있는 여유를 가진다.
- 하루 종일 집에서 아이들과 있다 하더라도 약간의 향수를 뿌려본다.
- 아침에 일어나면 머리도 빗고, 화장도 하고, 옷 색깔도 위아래가 어울리는 것으로 골라 입는다. 특별한 날에만 그렇게 하지 말고 평소에도 가끔은 빼입을 필요가 있다. 기분도 좋아지고 특별한 날인 것처럼 느껴질 것이다.
- 차나 커피를 마실 때 아무 컵에나 마시지 말고, 손님을 접대할 때처럼 예쁜 찻잔을 사용해본다.

 아름다움을 추구하라!

한 달에 하루 저녁쯤은 남편에게 아이들을 데리고 외출하도록 부탁하자. 남편이 아이들을 데리고 나간 사이에 집을 혼자 차지해보라. 제발 그 때는 '건설적인' 일에 눈을 돌리지 않기 바란다. 아래에 있는 목록 가운데 하나 정도를 택해 맘껏 누려보는 시간을 갖자.

- 집이 비었을 때야말로 욕실에서 사치스러움을 누려볼 수 있는 기회다. 따뜻한 물에 거품을 내고 초도 한 자루 정도 켜놓자. 목욕용품을 있는 대로 다 꺼내 사용해보자. 발꿈치 각질도 제거하고 그 동안 사놓고 쓰지 못했던 것들을 다 뒤져서 이 때 써보는 것이다. 닦아내고 바르고 몸을 관리하는 데 충분히 시간을 들여보자.

- 친구들 몇 명을 불러 매달 한 번씩 '여성의 밤'을 가진다. 모임에 올 때는 각자 화장품 세트며 피부관리 기구들을 가져오도록 한다. 서로 얼굴 마사지도 해주고 새로운 화장법에 대한 정보도 교환하며, 손톱과 발톱에 매니큐어도 예쁘게 발라주자. 각기 가지고 온 다른 제품들을 서로 돌려가면서 사용해보면 다음에 화장품을 구입할 때 자신에게 맞는 것을 고를 수 있는 장점도 있다.

- 미장원에 다녀올 때가 가까웠다면 어떤 머리를 할지 미리 정하고 간다. 한 번도 해보지 못한 새로운 스타일에 도전해보는 것도 재미있다. 한 번쯤은 사정없이 망가질 각오를 하고 도전하면 그리 어려울 것도 없다. 나는 절대로 머리모양을 바꾸지 않는 사람으로 유명했었다. 한번 스타일을 정하고 나면 십 년은 갔으니까. 그런데 나이가 드니까 예전의 스타일이 더 이상 어울리지 않는 것이다. 그래서 요즘은 나이든 얼굴에 맞는 스타일을 찾느라 이렇게 저렇게 바꾸어본다. 어떨 때는 마음에 들고 어떨 때는 싫기도 하지만 머리카락이야 금방 자랄 텐데 뭐 어떠리. 머리를 어떻게 해야 할지 몰라 고무줄로 묶고만 있는가? 그렇다면 스타일을 바꿔야 할 때가 되었다는 신호다. 가까운 미용실로 가서 최신 유행하는 스타일이 무엇인지 물어보고 과감하게 시도해보라.

- 란제리를 새로 구입한다. 마음에 드는 란제리를 찾았으면 그에 어울리는 브래지어도 하나 사자. 속옷을 구입하러 나설 때는 되도록 아이

들을 누군가에게 부탁하고 혼자 나가자. 아이들을 끌고 다니며 속옷을 보러 다닌 적이 있는가? 결코 만만한 일이 아니다! 신제품을 입어보기도 하라. 그리고 속옷을 보러 간 김에 밤에 입을 만한 것도 하나 정도 장만하자. (잠시 입고 벗을지언정 정녕 투자할 가치가 있다.) 아무래도 밤에 분위기를 잡기에는 레이스가 달린 실크류가 낫지 않을까? 헐렁한 티셔츠 대신 몸매가 드러나는 우아한 속옷을 걸치는 것이 분위기를 살리는 데 제격이다. 사치스럽게 느껴질지라도 이런 여성용품을 사는 데 너무 인색하지 말라. 나만 좋으라고 하는 행동이 아니잖은가.

아름다워지려면 돈이 든다?

꾸미는 데 돈을 쓰는 게 아깝다든지 그럴 여유가 없다면 저렴한 방법들을 찾아보자.

- 짧은 손톱 다 모여라! 화려하고 긴 손톱만 손톱이겠는가. 네일 숍에 갈 형편이 안 되거나 한 번도 가보지 않았다 한들 무슨 상관인가. 내 손으로 직접 관리해도 충분하다. 손톱을 손톱깎이로 단정하게 깎고, 거친 손톱 끝을 줄칼로 매끄럽게 다듬은 다음, 일어난 표피를 굳은 살 제거용 가위로 잘라낸다. 그 위에 매니큐어를 살짝 발라주기만 하면, 끝!
- 집 주위에 있는 마사지학원 같은 곳을 알아보면 수강생들의 실습대상이 되어줄 사람을 찾는 경우도 있다. 거의 무료이거나 저렴한 가격에 마사지를 받을 수 있다.
- 미용학원이나 대학 등에서는 저렴한 가격대의 특별화장 코스 등을

제공하기도 한다. 학생들이 화장을 해줄 때 지도하는 사람이 옆에서 조언도 하겠지만, 마음에 들지 않거나 고쳤으면 좋겠다 싶은 부분들에 대해서는 솔직하게 의견을 제시하자. 시간을 오래 내기 힘들다면 손톱관리나 발톱관리 같이 짧은 시간에 끝낼 수 있는 코스를 찾아 꼭 경험해 보기를 권한다.

- 기초화장품을 판매하는 업체들을 찾아보면 대부분 방문 마사지를 해준다. 한 발 앞서서 내가 먼저 전화를 걸자. 상담원에게, 나와 내 친구들이 지금은 제품을 구입할 여유가 없지만 그래도 한 번쯤 나와서 설명회를 열어줄 수 있는지 물어보라. 새로 입사한 마사지사는 언제나 연습할 곳이 필요하고 제품설명을 연습할 기회를 찾고 있을 것이다. 게다가 그들은 제품을 사용해보면 언젠가 한 번은 구입한다고 생각하기 때문에 잠재 고객을 확보하기 위해 기꺼이 와줄 것이다.
- 자신의 지친 발에 완벽한 스파 마사지를 제공해보자.

* 엡섬 염(Epsom salt)을 탄 따뜻한 물에 발을 담가 불린다.
* 피부가 적당하게 불려졌으면 각질 제거용 돌을 이용해 각질을 벗긴다. 이 때 특히 발꿈치 부분의 각질을 정성스럽게 문질러 벗겨낸다.
* 남은 표피는 버퍼로 부드럽게 마무리해 준다.
* 발톱을 직선으로 자른다.
* 물로 헹궈낸 뒤 수건으로 물기를 제거한다.
* 발 마사지용 크림을 골고루 펴바르고 손으로 구석구석 마사지한다.
* 크림이 남아 있는 상태에서 랩으로 발을 감고 15분가량 둔다. (발에 양말이나 슬리퍼를 신는 것도 좋은 방법이다. 보온이 되어서 크림이 스며드는 데 효과적이다)
* 좋아하는 색의 매니큐어를 얇게 2회 덧바른다.

* 그 위에 투명색 매니큐어를 한 번 더 살짝 바른다.
* 예쁘게 단장한 발을 보여주고 싶은 마음에 급히 슬리퍼를 신어서는 안 된다. 매니큐어가 완전히 마를 때까지 인내심을 갖고 기다리라.

누릴 수 있을 때 누리자

- 요즘은 직장인들과 주부들 사이에 피로를 풀어주는 마사지가 유행하고 있다. 잠깐이지만 빨리 피로를 풀기에 적당하다.
- 샌들을 신어야 할 계절에 대비해 일 년에 한 번 정도는 발마사지 전문점에서 마사지도 받고, 네일 숍에서 발톱에 페디큐어 서비스도 받아본다. 발톱은 천천히 자라기 때문에 일 년에 한 번만 관리를 받아도 충분하다. 다리털 제거 서비스를 받는 것도 생각해볼 만한 일이다.
- 피부관리비용을 미리 예산에 넣어둔다. 이제야말로 피부관리를 해야 할 나이가 되었다. 여러분 남편들에게 내가 그러더라고 얘기하라. 사실, 나처럼 피부관리에 관심이 없는 사람도 드물다. 피할 수만 있다면 일 년 내내 아무것도 안 할 사람이 바로 나다. 그런 나도 정기적으로 모공 속의 노폐물을 제거해주기 위해 연중행사로 피부관리를 받으러 간다. 그것이 건강한 피부를 유지하는 데 매우 중요한 일임을 알기 때문이다.

나를 꾸미는 데 필요한 것은 무엇일까

남편들은 결혼기념일이나 아내의 생일, 크리스마스에 무엇을 선물해야 할지 고민하게 마련이다. 남편의 고민을 하나라도 덜어주는 의미에서 평소에 하고 싶었던 것, 가고 싶었던 곳, 받고 싶은 선물의 목록을 만들어 슬쩍

힌트를 주라. 목록은 되도록 구체적으로 작성하라. 가보고 싶은 네일아트 가게, 제일 좋아하는 미용사, 즐겨 쓰는 화장품이나 마사지용품, 쓰고 싶었던 목욕용품 등 상품명까지 자세히 기록해두라. 더불어 남편에게 올해는 실용적인 선물이나 가정주부용 선물은 사양하겠다고 정중히 말하라. 대신, 멋내는 데 도움이 되는 것은 무조건 받겠노라고 말하라!

여러분 모두가 자신이 아름다운 사람이라고 생각했으면 좋겠다. 그렇지 않다 해도 나는 여러분을 충분히 이해한다. 왜냐하면 나는 '리사'지 '블레어'가 아니기 때문이다. 세상은 사람의 가치를 외모로 판단한다. 세상이 정해놓은 미의 기준에 맞지 않는 나 자신을 보면서 수년 동안 갈등했던 경험이 있기 때문에 그 심정이 어떤지 안다. 그러면 이제 내 얘기를 들어보라.

9

건강식

세포 하나까지 건강하게

최근에 책을 여러 권 출간하면서 인터뷰 요청도 받게 되고 강의를 부탁 받는 일도 많아졌다. 그 덕에 라디오 토크쇼를 진행하는 분이나 신문사 기자 분들을 많이 만나게 되는데, 모두 한결같이 조심스럽게 고백하곤 한다. "'삶의 진실'에 나오실 때 제가 얼마나 좋아했는지 모르시죠?" 그리고 여자 분들은 주로 이렇게 말한다. "사모님, 저희 남편이 어렸을 때 사모님을 짝사랑했대요." 믿기 힘들지만 어디를 가도 이런 소리를 듣는다.

드라마에 출연한다는 것이 그렇게 큰 관심을 받게 되는 일인지 전에는 알지 못했다. 겸손을 떨고 있는 것이 아니다. 특히 미국의 많은 청년들이 나를 좋아했었다니 정말 의외다. 나는 그 때 체중이 한창 불어나기 시작했던 때라 뚱뚱해지는 것에 대한 두려움에 사로잡혀 있었다. 그래서 누군가 나에게서 어떤 매력을 느낄 것이라고는 생각하지도 못했다. 그 때 '블레어'가 가지고 있던 자신감은 순전히 그 드라마 속에서 내가 맡은 대사 덕분이었고, 내가 표현했던 사랑도, 친근하고 재미있고 발랄하던 성격도 다 블레어 덕이었다. 나는 그저 그 역할을 맡게 된 행운을 얻은 것뿐이었다.

그 때 나는 제작자와 나의 팬들에게 실망을 안겨주는 것이 민망하다는 생각만 하고 있었다. 사람들이 나에 대해 실망하고 있을 것을 생각하면 너무 괴로웠다. 내가 맡은 역은 자기 자신에 대한 확신으로 가득한 여성의 모델이었는데 실제의 나는 자신을 혐오하고 있으니 그 갈등이 얼마나 컸겠는가. 세상 사람들이 모두 내 얘기를 하며 비웃을 것만 같았다. 실제로 한 토크쇼에서는 나를 도마에 올려놓고 청중들을 웃기곤 했다. 잡지에서도 나를 기사화했던 일이 있었는데 그런 것들을 대할 때마다 몹시 괴로웠다.

그런데 최근 몇 년간 희한한 일이 일어나기 시작했다. 그 때 '삶의 진실'을 보며 자랐던 소녀들이 다 아이 엄마가 되었고, 알고 보니 나와 비슷한 연령의 아줌마들이 대부분이었다. 요즘은 어디에서 집회를 마치거나 모임이 끝난 다음에 참석자들과 대화할 수 있는 공간을 마련하고 직접 만나기도 하는데, 이런 말들을 많이 한다. "나와 비슷한 보통 체격을 가진 탤런트가 있다는 사실이 좋았어요. 그래서 그 드라마를 좋아했지요." 이렇게 말하는 분도 있다. "요즘도 그런 드라마가 있으면 좋겠어요. 사모님이 출연했던 것처럼 평범해 보이는 사람들이 나오는 그런 드라마 말이에요. 요즘 탤런트들은 다 날씬하기만 해서 거리감이 있어요. 우리 딸이 그런 탤런트를 닮고 싶어하면 어쩌나 걱정이 되기도 해요. 날씬해지려고 밥도 제대로 먹지 않고, 먹고 나서 다 토해내는 애들이 많다는데 그렇게 될까봐 걱정이에요." (그런 말을 들을 때마다 생각나는 대사가 있다. 그 드라마에서 나탈리는 이렇게 말했다. "가느다란 연필이 되느니 차라리 좀 두꺼운 요술 마커가 되겠어.")

우리가 생각하는 미의 기준이 할리우드의 기준과 같아서는 안 된다. 너무 비현실적이기 때문에 평범한 사람들이 따라갈 수가 없다. 누가 하루에 2~3시간씩 몸매를 다듬을 수 있단 말인가? 게다가 모델들이나 영화배우들은 몸매를 유지하기 위해 하루 종일 채소만 먹고 사는데 엄마들이 그것만 먹고 어떻게 애들을 키울 수 있단 말인가? 불가능한 일이다. 그러니 제발 자신을 보그(Vogue)의 표지모델에 비교하지도 말고 따라잡기 위해 노력하지도 말기 바란다. (더구나 잡지의 표지모델들도 사진과 실물은 다르다!)

'삶의 진실'이 방영되고 있을 때 사진을 찍을 일이 있었다. 그런데 사진 촬영이 있던 날 아침에 얼마나 속이 상했는지 모른다. 지난 밤에는 없던 커다란 여드름이 떡하니 나 있는 게 아닌가. 아침 내내 그걸 가려보려고 오만가지 방법을 다 동원했지만 허사였다. 하도 얼굴을 괴롭혔더니 여드름 주위까지 벌겋게 되어 버렸다. 그 때는 내가 순진했나 보다. 촬영 현장에 가서 사정을 말했더니 사진감독님이 나를 시골뜨기 쳐다보듯 하며 말했다. "걱정하지 마. 감쪽같이 잘 처리해 줄 테니까." 사진 촬영이 다 끝난 다음에 보니까 여드름은 온데간데없었고 턱선과 뺨도 다듬어져 있었다. 얼굴 윤곽까지도 확실히 달라 보였다. 그것은 모두 컴퓨터로 예쁘게 고쳐 준 덕분이었다.

어쩌면 그런 재주를 부리기 때문에 할리우드 스타들은 다 비슷하게 보이는지도 모른다. 다 똑같은 컴퓨터 프로그램을 사용하는 것은 아닐까? 정말 재미없다. 우리 하나님이 보이시는 예술적 성향은 이와 정반대다. 하나님은 다양성을 추구하는 예술가이시다. 꽃들을 보라. 물고기와 동물들, 그리고 나무들은 어떤가. 모양도 다 제각기고 크기도 다 다르다. 해바라기라고 해서 모두 키가 큰 것은 아니다. 바닷속에는 호리호리한 뱀장어만 사는 것이 아니고, 산과 들에는 우아한 기린만 살고 있는 것이 아니다. 그런데 왜 우리는 다 늘씬하고 키가 크기만을 바라는 걸까?

나무를 보라. 나무들은 전부 언덕에 외로이 서 있는 소나무뿐인가? 그렇지 않다. 오랫동안 건장하게 자라난 아름드리나무들이 세상에는 얼마나 많이 있는가? 혹시 나무의 나이를 세는 방법을 알고 있는가? 나이테를 보면 그 나무의 나이를 알 수 있다. 나이테라는 것은 해마다 원을 하나씩 더 해 계속 불어나기 때문이다. 내가 무슨 말을 하려는지 감이 잡히는가? 이

것이 바로 삶의 진실이다. 나이가 들면 신진대사가 줄어들면서, 살이 불어나고 주름살이 생기는 게 지극히 정상적이며 자연스러운 일이다! 우리 몸에 칼을 대지 않고서는 세월이 가면서 늘어나는 몸무게와 주름살을 막을 수 없다. 이게 잘못된 것인가? 하나님이 사람을 창조하실 때 실수하신 것일까?

이사야 44장 24절에는 이런 말씀이 나와 있다. "너를 태에서부터 지으시고 구원하신 여호와께서 이렇게 말씀하신다. 나는 여호와다. 모든 것을 만들었고 혼자서 하늘을 펼쳤으며 땅을 펼쳐냈다. 누가 나와 함께 있었느냐?"(우리말 성경)

조금 뒤로 가보면 이런 말씀이 계속된다. "아! 너희에게 재앙이 있을 것이다. 바닥에 뒹구는 질그릇들 가운데 하나인 주제에 자기를 만드신 분과 다투는 자야! 진흙이 토기장이에게 '무엇을 만드느냐?' 하고 묻겠느냐? 작품이 작가에게 '이 사람은 도대체 손도 없느냐?' 하고 말하겠느냐?"(사 45:9, 우리말 성경)

종종 이렇게 말하고 있는 자신을 발견할 것이다. (사실은 하나님 들으시라고 하는 얘기다. 정말로 하나님 면전에서 말할 자신은 없겠지만) "내 몸매는 정말 맘에 안 들어. (누구누구)처럼 되고 싶어, 도대체 하나님은 나를 왜 이렇게 만드신 거야? 나는 왜 남들처럼 날씬하고 예쁘게 만들어주지 않으신 거지?"

여러분에게 묻고 싶다. 하나님이 만들어 주신 본래 모습에 진정으로 만족할 수 있는가? 나는 그러지 못해서 무척 힘든 시간을 보냈다. 그리고 내 모습을 바꿔보려고 부단히 노력도 해보았다. 그런데 살을 아무리 빼도 어느 선이 되면 더 이상 빠지지 않았다. 지금도 할리우드의 기준으로 보면 6kg 이상이나 찐 상태, 병원에서 제시하는 평균치보다 2kg이나 무거운 상태여서 의사도 살을 빼라고 한다. 게다가 내 청바지마저 비명을 지른다.

끌어안기가 너무 힘드니 적어도 2~3kg는 빼라나? 정말 쉽지 않은 일이다. 어쩌면 이런 고민은 죽을 때까지 하게 될지도 모르겠다. 그래도 다행히 나이를 먹으면서 내 몸에 익숙해지는 법을 조금씩 터득하고 있다. 할리우드의 기준에는 맞지 않으나 주님이 나를 받으셨으므로.

사실 나는 몸에 좋지 않은 음식을 선호하는 식성이어서 문제다. 몸에 좋은 음식을 먹고, 또 먹이기 위해서는 언제나 단호한 결정이 따라야 하니 매번 갈등이 많다. 그렇기 때문에 나는 이 식문화에 접근할 때는 치밀하고 순발력 있게 대응하려고 노력한다.

또한, 음식을 고를 때 될 수 있는 대로 몸을 생각해서 결정하려 하지만, 그것이 살을 빼려는 의도로 치우지지 않도록 애쓰고 있다. 이 두 가지를 균형 있게 실천한다는 것이 쉬운 일은 아니지만 노력하고 있다. 몸의 전체 균형을 고려해 음식을 택한다면 그것으로 좋은 결과를 얻을 수 있을 것이라고 믿는다.

앞에서 말했지만 건강식을 하는 것과 살을 빼는 것은 엄연히 다른 주제다. 건강식을 하는 이유는 몸에 반드시 필요한 영양소만을 제공함으로써 훨씬 가볍고 활력이 넘치는 생활을 할 수 있기 때문이다. 몸무게가 50kg 밖에 나가지 않는 사람이라도 건강식을 하지 않으면 늘 기운이 없고 피곤할 것이고, 반대로 몸무게가 70kg이나 나간다 해도 몸에 좋은 음식만을 골라먹는 사람이라면 오히려 활력이 넘치고 다른 사람보다 몇 배나 힘을 쓸 수 있을 것이다.

요즘은 어찌 된 일인지 건강에 대해 얘기해보면 대부분 겉으로 어떻게 보이는지, 살을 얼마나 뺐는지, 여름철에 수영복을 입을 준비가 됐는지 하는 쪽으로 대화가 흘러가는 것을 볼 수 있다. 그래서 우리 아이들에게 식습관에 대해 가르칠 때 더욱 신중해야 할 필요를 느낀다. 음식을 하나 선택하는 데도 지혜가 필요하다는 것을 가르치자. 엄마 자신도 건강식을 하는 이유가 분명해야겠다. 무조건 살을 뺀다고 좋은 것이 아님을 기억하자. 우리가 가족들을 돌보기 위해서는 그만큼의 에너지가 필요하기 때문에 에너지를 얻을 수 있는 영양소가 필요하다. 그래야 오래 살면서 손자 손녀들의 재롱도 보고, 우리 자녀들이 자라서 부모가 거저 되는 것이 아님을 경험하는 순간들도 볼 수 있을 것이다. 건강상의 이유로 체중을 줄여야 할 필요가 있다면 몸무게와 몸매와는 상관없이 항상 몸에 유익한 것을 먹으려고 애써야 할 것이다. (달고 맛있는 것도 가끔 한 번씩 먹는 것은 괜찮다고 믿는다!)

이런 것들을 염두에 두고 쉼터에 모아둔 몇 가지 아이디어들을 살펴보자. 몸에 좋은 것을 골라먹는 재미가 쏠쏠할 것이다.

 **건강식** 건강식에 대한 하나님의 생각은?

 꿀맛

내게 아주 실제적인 제안이 하나 있다. 나도 이것을 통해 매일 나 자신을 훈련하고 있는 중인데, 평생 건강식을 하는 데 큰 도움이 될 것으로 믿는다. 건강을 유지하기 위해서 제일 중요한 것은 우리가 몸을 어떻게 대우해 주느냐는 것이다. 몸이 제일 좋아하는 것으로 우선 안심시키는 것이 좋겠다. 그것이 무엇이겠는가? 바로 '꿀'이다! 꿀을 잔뜩 먹어 배를 부르게 한다. (말씀에 대한 얘기를 하면서 나눴던 것을 기억하기를!) 인간은 속이 비면 본능적으로 그것을 채우려고 한다. 비록 근본이 옳지 않은 것일지라도 비어 있는 속을 채워줄 만한 것에 접근한다. 극단적으로는 마약, 알코올, 불륜 이러한 것들로 텅 빈 마음을 채워보려 하지만 만족시킬 수 없는 것은 불 보듯 뻔하다. 크리스천들 가운데 이러한 것들은 피하되 조금 정도가 약한 것들로 해결하려고 하는 사람들도 많다. 나가서 돈을 실컷 쓴다든지, 죽도록 일한다든지, 배가 터지도록 먹는다든지 하는 것들 말이다.

식단을 바꾸고 식습관을 고치는 것도 좋고, 체중감량 프로그램에 등록하는 것도 좋지만 그러기 전에 우선 예수님으로 가득 채우고 시작하자. 주님 안에서 만족하는 법을 배우고 나면 식단을 바꾸는 것도, 습관을 바꾸는 것도 훨씬 쉽다는 것을 알게 될 것이다. 정말 놀라운 일이다.

하나님 앞에서 잠잠히 기다리고, 그분 안에서 기쁨을 누릴 수 있는 시간을 갖기 바란다. 하나님은 우리에게 열정을 허락하시기도 하지만 우리 영혼의 목마름도 해갈시켜 주시는 분이시다. 희한하게도 우리의 영이 충만

하면 먹지 않아도 배가 부르지 않던가.

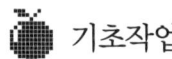 기초작업

- 매끼마다 물 한 컵씩을 마신 후 식사를 한다. 위에 물이 먼저 들어가면 평소보다 적게 먹어도 배가 부르다.
- 식사 때가 아닌데도 먹을 것이 생각나면 양치질을 한다. 내가 가장 효과를 본 방법이다.
- 서서 먹는 것을 삼간다. 서서 먹는 버릇이 들면 먹을 필요가 없을 때도 계속 먹게 된다.

 앞서 생각하기

- 너무 바빠서 점심을 자주 거르는 사람이라면 점심 도시락을 아침에 준비한다. 아이들 도시락을 쌀 때 내 것도 함께 만들어두면 아무리 바빠도 점심을 거르지 않게 될 것이다. 점심을 거르면 식사시간도 불규칙해지고 나중에 폭식하게 될 가능성이 높기 때문에 식사시간을 잘 지키는 것은 매우 중요하다.
- 일하는 엄마라면 도시락을 싸서 다니라고 하고 싶다. 도시락을 싸서 다니면 나가자는 직장동료들의 제안을 거절할 때 덜 미안하고 또 자신의 몸에 꼭 필요한 양만큼 먹을 수 있어서 얼마나 좋은지 모른다. 게다가 점심값을 모아 평소에 하고 싶었던 일에 쓸 수도 있다. 입고 싶었던 새 청바지나 매니큐어 서비스를 받는 등 그 돈을 어디에 쓸지 목록을 만들어보는 것도 또 다른 즐거움을 준다.
- 엄마만을 위한 간식을 조금 준비해둔다. 저지방이나 무설탕으로 만

들어진 간식거리로 준비하되, 아이들과 실랑이를 벌일 만한 것들은
피한다.
- 시장을 보고온 즉시 과일이나 생으로 그냥 먹을 수 있는 채소를 한
입 크기로 잘라서 반찬통 같은 데 넣어 둔다. 몸에 좋은 것들로 간식
을 준비해두면 불량식품을 먹을 가능성이 훨씬 줄어든다.
- 점심시간이나 저녁시간이 다가오면 유난히 배가 고픈 법이다. 직장
에도 간식을 좀 준비해서 식사 전에 갑자기 허기가 지면 하나 정도
먹는다. 길거리에서 군것질하는 것보다 백 배 낫다. 돈도 굳고, 배가
아직 채워지지 않은 상태여서 식사를 맛있게 하는 데도 지장이 없을
것이다.

 외식

- 밖에서 식사할 일이 있거든 건강식 메뉴를 제공하는 식당을 택한다.
어쩔 수 없이 칼로리가 높고 기름진 음식을 먹으러 가야 하거든 주문
할 음식을 미리 생각해보고 가자. 샐러드를 주문할 때는 드레싱을 끼
얹지 말고 따로 달라고 하라. 감자 칩과 마늘빵에 대해서는 뭐라고
말해야 할지 모르겠다. 구더기가 잔뜩 붙어 있다고 생각하든지 아니
면 입맛을 떨어지게 할 만한 다른 것을 상상해보라.
- 대부분의 패밀리 레스토랑은 일인분의 양이 많은 편이다. 가족 수대
로 주문했다가는 절반 이상 남기게 될 것이다. 반씩 주문하는 것도 좋
은 방법이다. 우리 남편과 나는 외식할 때 대부분 일인분만 시켜 반씩
나누어 먹고 아이들도 그렇게 한다. 어른용을 혼자 다 먹기에는 버겁
고 어린이용을 시키기에는 양이 적은 아이들에게도 좋은 방법이다.
- 풀코스로 주문했다면 반만 먹고 반은 싸 가지고 온다. 아예 싸갈 수

있는 용기를 미리 달라고 해서 먹기 전에 반을 덜어 놓고 시작하라. 그러면 양을 초과하는 실수를 범하지 않을 것이다.
- 너무 바빠서 먹을 시간이 없다 해도 몸에 좋은 음식을 골라먹어야 한다는 법칙에는 변함이 없다. 채소가 듬뿍 든 샌드위치나 샐러드 종류를 택하여 운전 중에라도 먹는다.

가족을 위한 먹을거리

- 본인이 먹지 않겠다고 결정한 것이라면 아예 사지도 마라. 다른 식구들에게도 똑같이 적용하는 것이 좋다. 아이들의 간식을 사주려거든 될 수 있는 대로 엄마 자신이 좋아하지 않는 것으로 고른다. 그리고 영양간식은 눈에 잘 보이는 곳곳에 놓아두어 아이들의 손이 자주 가도록 유도한다. 아이들이 어려서부터 건강에 좋은 음식을 골라먹는 습관을 들이지 않으면 나중에 지금 우리가 하고 있는 고민을 되풀이하게 될 것이기 때문이다.
- 아이들이 먹다 남긴 것에는 손도 대지 않는다! 깨끗이 보관했다가 나중에 다시 주던지 그럴 수 없다면 미련 없이 버리자.
- 얼음과자는 엄마가 직접 만들어준다.
- 될 수 있는 대로 식탁에 채소가 가득하게 하고, 식단은 되도록 소박하게 짠다. 그리고 바다에서 나는 것을 많이 먹는다. 우리 몸에는 가공식품보다 자연식품이 훨씬 좋으며, 되도록 신선한 것을 먹어야 하는 것이다. 양념이 다 되어서 나오는 햄버거 고기를 사다 구워주느니 신선한 고기 한 점을 집에서 익히고, 현미밥에 감자반찬을 곁들이고, 채소와 함께 내주는 것이 훨씬 낫다. 걸쭉한 크림에 재워둔 닭을 사다 해주려거든 차라리 그냥 집에서 닭살과 채소 몇 가지를 함께 넣어

약간의 기름과 양념을 넣고 볶아주자. 생선도 미리 가시를 발라내서 튀겨 나오는 것 말고 싱싱한 것을 사다가 직접 요리해보자. 잡곡밥과 신선한 채소를 곁들이면 훌륭한 한 끼 식사가 된다.

 절제의 미덕

- 그때 그때 유행하는 식이요법을 다 따라한다 해도 부질없는 짓이다. 식습관을 고치고, 규칙적인 생활습관이 몸에 배도록 노력하는 길만이 건강을 지키는 유일한 방법이다. 시간은 좀 걸리겠지만 제일 안전한 방법이기도 하다. 살을 빼는 것도 그렇다. 나는 열두 살 때부터 다이어트를 해보았지만 모든 다이어트가 요요현상이 일어났다. 그래서 그 때만 반짝 효과가 있을 뿐 시간이 지나면 다시 이전의 모습으로 되돌아가곤 했다. 대대로 물려줄 가족사진을 찍거나, 고등학교 동창회에 나가야 하거나, 수영복 대회에 나가는 일 이 있으면 몰라도 절대로 유행하는 다이어트라고 현혹되지 않기를 바란다. 시간 버리고 돈만 버릴 뿐이다.
- 무엇을 하든 절제가 필요하다. 몸에 좋은 것만 먹으려고 마음먹었다면 절제할 줄 알아야 한다. 결혼식에 가서 눈앞에 놓인 케이크를 그냥 지나칠 수 없거든 그것으로 배를 채우려 하지 말고 한두 입 정도만 먹으라. 그런 자리에 갈 일이 있거든 미리 무엇을 먹을 것인지 생각하고 음식을 대하는 법을 훈련하라. 음식을 선택하는 그 순간에도 주님이 지혜를 주시도록 기도하면서 신중히 고르라.
- 단 것을 보고 그냥 지나칠 수 없다면 양을 정해 놓고 실천해본다. 단 것을 하루에 '하나씩' 먹기로 결정했다면, 사탕 하나를 먹고 단 음료수는 그 날 먹지 않는다거나 아이스크림을 한 스푼 먹었으면 그날은

과자를 먹지 않기로 하는 등, 이런 식으로 절제를 익혀나가자. 무엇이 간절히 생각나더라도 몸을 생각해 한두 번씩 참아내면 앞으로는 점점 쉬워질 것이다.

- 위의 방법은 다른 음식에도 적용할 수 있다. 정말 좋아하는 음식이어서 도저히 끊을 수 가 없다면 점점 줄여가는 방법을 쓰는 것이다. 예를 들어 으깬 감자를 일주일에 1회 먹기로 한다든지, 탄수화물 종류를 하루에 1회만 먹기로 한다든지, 고기는 일주일에 2회 먹는다는 식으로 미리 정해 두면 양을 조절하기가 훨씬 쉽다.
- 나는 '전부가 아니면 차라리 하나도 안 가진다' 는 주의기 때문에 나만의 방식을 만들어야 했다. 먼저 마음을 단단히 먹고 나쁜 식습관을 하나씩 고쳐나가기로 했다. 그 예로, 처음 한 달 동안은 단 것을 찾는 습관을 없애기로 하고 아예 입에도 대지 않았다. 한 달이 지나고 나서는 내 몸이 단 것을 원하면 아주 조금씩만 주어서 절제를 배우도록 했다. 그 다음 달에는 밀가루 음식을, 그 다음에는 청량음료를 끊는 식으로 범위를 넓혀갔다. 몸에 좋지 않은 독소를 제거하는 작업을 먼저 하고 나니까 영양가 있는 음식을 골라먹는 일이 어렵지 않았다.

식습관 추적

문제를 해결하려면 먼저 문제를 파악해야 한다. 건강한 식습관을 가지려면 반드시 짚고 넘어가야 할 것이 있는데, 자신과 가족의 식습관을 알아내는 것이다. 이것은 매우 중요한 작업이며 큰 효과가 있다고 믿는다. 한 번 해 보고 나면 얼마나 도움이 되는지 알게 될 것이다.

무척 단순한 작업이다. 노트를 한 권 사서 아침부터 저녁까지 그 날 먹은 것을 모두 다 적으면 되는 것이다. 칸을 몇 개 그어서 음식의 종류와

양, 먹은 시간, 그리고 그것을 먹게 된 특별한 이유가 있다면 그것도 함께 기록해두자. 단순히 '배고파서' 먹는 것 말고도 먹는 데 수많은 이유가 있다는 것을 알게 될지라도 놀라지 마라. 가족들의 식습관이 걱정된다면 가족들 식습관 기록표도 만들어보자.

　일주일 정도 기록하고 나면 식습관의 흐름이 보일 것이다. 허기가 지거나 영양분이 필요할 때 먹는 것 외에 어떨 때 어떤 것에 손이 가는지 유심히 살펴보라. 이것을 통해 주님은 음식 먹는 습관과 감정의 기복 사이에 밀접한 관계가 있다는 사실을 보여주실 것이다.

 체중감량 프로그램

최근에는 성경에 근거한 식단을 제시하면서 균형 잡힌 영양식을 꾀하고, 더불어 체중조절법까지 소개하고 있는 책들이 나와 있다. 체중감량에 관심이 있거나 실천하려 하는 분들이 있다면 비슷한 고민을 하고 있는 크리스천들과의 모임을 적극 활용해보기를 권한다. 친한 친구들과 함께 시작하는 것도 좋은 방법이다. 친구들과 함께 시작한 경우, 혼자 시작한 사람보다 성공할 확률이 훨씬 높다는 통계가 나와 있다. 시간과 장소를 정해 일주일에 한 번이든 한 달에 한 번이든 규칙적으로 만나서 서로 의견을 나누기도 하고 격려도 하라. 각자의 목표를 이루어가는 과정이 훨씬 재미있고 보람 있을 것이다. 여기, 요즘 사람들이 많이 사용하고 있는 책을 소개한다. 기독교 서점이나 인터넷에서 검색하면 더 많은 종류의 프로그램이 담긴 책들을 만나볼 수 있다. 다음에 소개한 책도 그런 종류의 것이다.

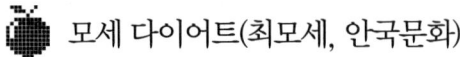 모세 다이어트(최모세, 안국문화)

기독교와 관련은 없지만 공신력 있는 전문가들에 의해 꾸준히 발전하고 있는 체중감량 프로그램들도 있다. 모든 것이 그렇지만 다이어트에 관한 논쟁도 늘 뜨겁다. 어떤 방법을 쓰든 자신에게 잘 맞는 것을 고르는 것이 제일 중요하다. 시작하기 전에 의사와 상의하는 것도 좋겠다.

지금 나는 식탁에 앉아 베이글에 크림치즈를 발라 먹으면서 컴퓨터를 들여다보고 있다. 몸이 얼마나 쑤시고 아픈지 컴퓨터를 하지도 못할 정도다. 손가락 마디마디가 저려서 자판기를 치는 게 영 어설프기만 하다. 어제 우리 딸 클랜시를 데리고 동네 헬스클럽에 갔었다. 평소에 얼마나 운동을 안 했는지 확실히 표가 난다. 이런 곳에도 근육이 있었나 싶을 정도로 안 쑤시는 데가 없다.

나는 운동을 좋아하는 사람은 아니다. 아니, 움직이는 것 자체를 싫어하는 사람이다. 그럼에도 불구하고 운동을 꼭 하라고 목청을 높이는 이유는, 사실 나 자신이 도전하기 위해서다. 운동은 단순히 몸에만 좋은 것이 아니라 여러 가지 이점을 동시에 얻을 수 있다. 이러한 사실을 잘 알고 있기 때문에 몸을 움직이는 것이 때로는 고통스럽지만 그래도 노력한다. 최근에는 트레이닝 볼과 저항케이블을 사용하기 시작했는데 운동은 꼭 해야 한다는 사실을 다시 깨닫고 있다.

우리 딸이 하도 졸라대서 지난 주부터 헬스클럽에 같이 다니기 시작했다. 딸이 원하는 것을 함께 하면서 시간을 보내면 얘기도 많이 나누고 좋을 것 같아서 흔쾌히 응했다. 쉽지는 않지만, 아무튼 새로운 것을 시작한 것은 잘 한 것 같다. 여러모로 좋은 영향을 미치고 있다. 그런데 이상한 일이다. 몸은 쑤시고 아픈데 왜 기분은 그런대로 괜찮은 걸까?

10

체력단련

에너지가 넘치는 사람

앞에서 잠깐 언급했지만 운동은 딱 질색이다! 운동할 시간도 없거니와 재미는 더더욱 모르겠다. 엔돌핀이 생기거나 말거나 그런 데는 관심도 없고 몸을 움직이는 일은 가급적이면 피하고 싶은 게 내 마음이다. (운동하라는 소리만 들어도 소름이 끼친다. 귀신이나 상어가 나타났다고 하는 것보다 더 싫다.) 운동을 남보다 어려서부터 시작해서 그런지 빨리 그만두고 싶은 마음뿐이다. 뉴 미키마우스 클럽(The New Mickey Mouse Club)에 출연했을 때 나는 겨우 12살이었다. 그 때부터 살을 빼기 위해 고된 훈련을 받았으니 질릴 만도 하다. 그 후로 생긴 병이다. 움직이는 것은 가급적이면 피하고 싶고, 살을 빼기 위해서 하는 운동이라면 절대 사양이다.

'뉴 미키마우스 클럽'은 디즈니랜드에서 촬영이 진행되었다. 내가 자꾸 살이 찌기 시작하니까 PD님이 매일 일정량을 뛰도록 정해주었다. 그 정해진 양을 채우려고 밤마다 그 넓은 디즈니랜드를 입구에서부터 끝까지 달려오곤 했다. 캘리포니아 남부지방은 좀처럼 비가 오지 않는 지역이라 거의 매일 디즈니랜드를 돌았다. 그리고 비가 오는 날에는 숙소 건물 아래로 난 주차장 주위를 돌곤 했다. 할리우드에서 살아남기 위해서 얼마나 피나는 노력을 했어야 하는지 짐작이 갈 것이다. 그 치열한 경쟁체제에서 얼마나 많은 스트레스를 겪어야 했겠는가.

　어른이 되면서 연예계도 떠나고 전업주부가 되었다. 그 당시 즐겨 입었던 스포츠 브래지어와 각선미가 드러나는 패션 바지도 기쁜 마음으로 버렸다. 임신해서 배가 커졌으니 몸에 착 달라붙는 옷을 입을 수도 없고 폼 나는 브래지어도 더 이상 쓸모가 없었으므로 미련도 두지 않고 없앴다. 아이에게 젖을 먹이기 쉽게 디자인이 된 수유용 브래지어가 나에게는 어울렸다.

　그러면서 몇 년 동안은 헬스기구에 발을 올려놓는 것조차 피해왔다. 헬스장 밟는 일은 더욱 삼갔고 조깅화를 신는 것조차 마다했었다. 구두 대신 편해서 신기는 했지만 뛰는 용도로 사용하지는 않았다. 그렇게 몇 년을 살았더니 드디어 뭔가가 변하기 시작했다. 좋은 변화가 아니라 내가 점점 늙기 시작하고 조금만 피곤해도 축축 늘어지곤 하는 것이었다. 탱탱하던 젊음은 온데간데없고, 그 활기는 다 어디로 갔는지 알 수 없었다. 세월이 나를 버린 것이다. 내 몸은 탄력을 잃어갔고, 우리 아이들이 자라면서 하루 종일 아이들의 뒤꽁무니를 쫓아다닐 필요가 없어지자 긴장도 풀리기 시작했다. 그러자 내 몸은 임신중기 현상을 보이기 시작했다. 뱃속에 애도 없는데 말이다!

　그러다 러닝머신을 들여놓았다. 몇 년 만에 올라서보는 러닝머신인가. 그런데 절대 믿기지 않을 일이 생겼다. 내가 러닝머신을 사랑하게 된 것이다. 기계를 '사랑한다'는 표현이 어색하긴 하지만, 아무튼 내가 러닝머신 위에서 걷고 있다는 사실이 믿어지지 않았다. 게다가 이렇게 힘들게 걷는 것이 싫지가 않다니! 예전에는 거의 반강제로 운동을 했는데 지금은 내가 자원해서 한다. 요즘도 여전히 바쁘기 때문에 시간은 없지만, 내가 좋으니까 일부러 시간을 내서 한다. 운동을 하니까 에너지가 생기고, 몸도 가벼워지고, 피곤하다고 늘어지던 현상도 눈에 띄게 줄었다. 무엇보다 몸이 날

렵해지고 부지런해지니 시간을 훨씬 효과적으로 쓰게 된다.

사도 바울은 우리의 몸을 잘 관리하는 것이 영혼을 잘 관리하는 것 못지않게 중요하다는 것을 알고 있었다. 고린도전서 9장 27절에 이런 말씀이 있다. "내가 내 몸을 (운동선수처럼) 쳐 복종하게 함은 내가 남에게 전파한 후에 자기가 도리어 버림이 될까 두려워함이로라."

히브리서 10장 36절(쉬운성경)에서는, "인내를 가지고 하나님께서 원하시는 일을 해서 그분께서 약속하신 것을 받으시기 바랍니다"라고 기록하고 있다. 어떤 것을 이루려 하든지 그 과정에는 언제나 인내심이 필요하다. 하나님께 온전히 순종하려 할 때도 인내심이 필요하고, 우리에게 맡겨주신 어린 자녀들을 키울 때도 인내심이 필요하다. 책 서두에서 언급했던 바와 같이 인간은 영·혼·몸으로 구성되어 있으며, 이 세 부분이 함께 어우러져 한 인격을 형성하는 것이므로 어느 한 부분도 중요하지 않은 것이 없다. 우리는 영적으로 승리하는 법도 알아야 하고, 유혹을 이겨내야 하며, 질병에 걸리지 않도록 몸도 돌볼 줄 알아야 한다. 우리가 소망하는 영원한 면류관을 얻으려면 지금의 경주에 최선을 다해 달려야 하고(고전 9:24-25), 또한 오래도록 건강하게 살기 위해서 육신도 열심히 달려야 한다. 우리가 추구하는 것은 '나 자신'을 전인적으로 돌보아 영·혼·육 모두를 강건하게 만드는 것이라는 사실을 다시 한 번 기억하자.

운동을 강조하는 것은 장기적으로 유익하기 때문이다. 몸이 지금보다 건강해지면 더 행복해질 것이고, 더 오래 살게 될 것이고, 에너지도 더욱 넘칠 것이다. 이것은 누이 좋고 매부 좋은 것이다. 엄마는 기분이 상쾌해지고 건강해져서 좋고, 가족들은 더 밝아진 엄마의 사랑을 받을 수 있으니 얼마나 좋겠는가!

운동을 하면서 다른 것을 동시에 할 수도 있다. 한꺼번에 여러 가지 일을 할 수 있는 능력이 엄마들에게 있다는 사실을 아는가? 그렇다면 여기서도 적용해보라. 나는 러닝머신을 사용할 때 헤드폰을 꽂고 찬양을 들으며 걷는다. 온몸을 움직이며 찬양을 따라 주님을 경배한다. 찬양이 내 귀를 통과해 마음에 닿는 순간 하나님이 많은 생각들을 부어 주신다. 어떨 때는 묵상시간보다 훨씬 깊은 계시가 임하기도 한다. 직접 경험해보면 무슨 말인지 알게 될 것이다.

운동은 거르지 않고 꾸준하게 하는 것이 중요하다. 쉬고 싶은 날도 있겠지만 거르지 않도록 하라. 나는 이렇게 한다. 아침에 일어나면 제일 먼저 운동복으로 갈아입는다. 스포츠용 브래지어와 헐렁한 티셔츠, 조깅 팬츠에 운동화까지 갖춘다. 그리고는 나 자신에게 말한다. "자, 이제 러닝머신에서 딱 20분만 달리자. 20분은 투자할 수 있겠지? 준비는 다 되었으니까 이제 달리기만 하면 되는 거야. 준비, 땅!"

자기 암시라도 좋고, 세뇌라도 좋다. 그렇게 나 자신에게 얘기하고 나면, 내 몸은 금세 러닝머신 위에서 걷기도 하고 달리기도 한다. 20분만 달리려고 했는데 언제나 그보다 오래 달린다. (그렇게 오래는 아니지만 항상 20분은 넘는다.) 그렇게 20분을 넘게 운동을 하고 나서 샤워까지 하는 데도 하루를 사는 데 지장이 없다. 언젠가 더 바빠지면 운동도 샤워할 시간도 없게 될지 모르겠지만 지금은 적어도 20분은 달리자고 내 자신과 약속했기 때문에 그렇게 하고 있다. 짧게라도 할 수 있으니 오늘부터 당장 시작해보자.

또 한 가지 좋은 방법은 누군가와 함께 하는 것이다. 한동안 친정어머니와 함께 헬스클럽에 다닌 적이 있다. 어머니와 함께 하는 시간은 무엇을 해도 즐겁다. (숨이 차서 오래 얘기할 순 없었지만) 아령을 들어올리며 정답게 얘기했던 시간들이 좋은 추억으로 남아 있다. 요즘은 우리 아들 헤이븐과 라켓을 치면서 행복한 시간을 보내고 있다. 나중에 아이들이 어른이 되어서도 우리 부부와 함께 취미생활이나 운동 등을 하게 해달라고 주님께 기도하고 있다.

성경에 이런 말씀이 있다는 것을 기억할 것이다. "육체의 연습은 약간의 유익이 있으나 경건은 범사에 유익하니 금생과 내생에 약속이 있느니라"(딤전 4:8). 그런데 나에게는 육체의 연습이 약간의 유익이 아니라 큰 유익을 주고 있다. 건강에 자신이 생겼고 보기에도 좋아졌다. 무엇보다 규칙적인 생활과 운동을 하기 시작하면서 사람들을 대하는 것이 훨씬 여유로워졌다. 더 좋은 사람이 되었다고나 할까.

내가 그랬던 것처럼, 운동하기를 끔찍하게 싫어하는 사람이라면 생각을 바꿔야 할 필요가 있다. 운동하는 시간을 아까워해서는 안 된다. 왜냐하면 운동이야말로 우리에게 꼭 필요한 것이기 때문이다. 더 나은 시간을 위해 투자하는 것이며, 삶의 질을 높이고 건강하게 하루하루를 살 수 있는 길이다. 게다가 몸이 건강해서 힘이 넘치면 우리 가족들을 위한 봉사도 얼마든지 할 수 있을 것이다.

우리 모두가 헬스클럽에 모여 함께 운동할 수는 없지만 쉼터에서 다시 만나자. 운동하는 시간을 어떻게 재미있게 만들어가고 규칙적인 생활의 일부로 정착시킬 수 있을지 함께 머리를 모아보자.

> 쉼터 **체력단련** 즐겁고 신나게

 즐거운 시간으로 만들자

- 운동은 지루한 것이라는 생각이 들지 않도록 매일 다른 운동을 해본다. 월요일에는 수영, 화요일에는 저녁산책, 수요일에는 러닝머신을 사용하는 식으로 매일 새로운 것을 시도해보자. 운동을 억지로 하려 하지 말고 새로운 것에 대한 흥미가 생길 수 있도록 더 많은 아이디어를 찾아보자.
- 운동할 때 기분전환이 될 수 있는 환경을 만든다. 옷장에 갇혀서 운동하라면 누군들 재미있겠는가? 날씨가 좋다면 정원이 잘 보이는 창쪽이나 현관 밖으로 러닝머신을 옮겨보자. 상쾌한 공기를 마시며 계절마다 바뀌는 배경을 즐길 수 있을 것이다.
- 책이나 잡지를 읽을 수 있을 정도의 속도로 천천히 걷는다. 나는 스크랩 전문잡지를 좋아하는데 집으로 배달되어도 읽고 싶은 걸 꾹 참고 한다. 헬스 자전거를 발로 구르는 동안 읽으려고 아껴두는 것이다.
- 좋아하는 텔레비전 프로그램 시간대에 러닝머신을 사용하는 것도 좋은 방법이다.
- 평소에 보고 싶었던 영화 비디오나 DVD를 빌려다가 운동할 때마다 조금씩 본다. 운동량이 많아지면 영화도 오래 볼 수 있다.

심리전

- 운동하는 시간을 계산하지 않는다. 대신에 운동이 끝나고 나면 얼마나 후련하고 몸과 마음이 상쾌해질지 생각하라. 정해진 양을 끝내고 난 뒤 느낄 수 있는 성취감을 미리 맛보라. 무엇보다도 운동하는 시간을 즐길 수 있는 마음을 달라고 주님께 기도하라. 모든 것은 우리의 태도에 달려 있다. 싫어하고 좋아하는 것은 다 마음에 달린 것이어서 우리가 스스로 선택할 수 있다. 체력을 증진시킨다는 것에 대해 긍정적인 생각을 가지자. 우리의 그러한 태도가 어떤 영향을 미치는지 금방 경험할 수 있게 될 것이다.
- 낮잠이 쏟아질 때 잠을 청하는 대신 몸을 움직여본다. 낮잠을 자야 피곤이 풀릴 때도 있긴 하지만 어떨 때는 도리어 몸이 무거워지기도 한다. 그럴 때는 10분 정도 힘차게 뛰어보라. 비록 한 자리에서 뛰는 것이라도 기분은 좋아질 것이다.

시간절약형 운동

아무리 생각해도 운동할 시간이 없는가? 그런 분들을 위해 자투리 시간 활용법을 알려주려 한다.

- 직장 근처에 있는 헬스클럽을 이용한다. 점심시간에 잠시라도 짬을 내어 다녀오자.
- 아이들이 야구나 축구를 하고 있을 때는 옆에 있는 운동장을 한 바퀴 돌던지 하다못해 주차장이라도 한 바퀴 돈다.

- 남편이 출근하기 전에 잠깐이라도 운동을 한다. 남편에게 출근 준비 시간을 15분 정도 늘려 아침시간을 조금 여유 있게 갖자고 제안해보자. 남편에게 여유가 있어야 아내가 운동하는 시간에 아이들을 도와줄 수 있을 것이다.
- 장을 보고 나서 장바구니를 아령 삼아 여러 번 들어본다.
- 백화점이나 마트에 장을 보러 갈 때 가급적이면 입구에서 제일 먼 곳에 주차한다. 아이들은 카트에 태워주면 좋아할 테고 엄마는 많이 걸으니 따로 시간 내서 걷지 않아도 된다.

동시다발

너무 바쁜 나머지 운동의 중요성을 알면서도 미루고 있는가? 그렇다면 운동하는 시간을 생산적으로 사용할 수 있는 몇 가지 아이디어에 귀를 기울여보라.

- 오후산책을 교제의 시간으로 만든다. 남편과 아이들에게 함께 걷자고 제안하라. 가족들과 함께 동네를 돌면서 못다 한 얘기도 나누고, 열심히 걸으며 다리에 힘도 기르자. 어떤 날은 친구와 함께 걷기도 하고, 또 다른 날은 이웃집 아주머니에게 함께 산책하자고 제안하자. 일부러 시간을 내서 이웃과 교제하기도 할 텐데 서로 운동하면서 담소도 나눌 수 있으니 이보다 더 좋은 투자가 어디 있겠는가?
- 유모차 부대를 조성한다. 갓난아이가 낮잠 잘 시간을 이용해 유모차를 밀면서 동네를 산책하자. 아기들은 행복하게 잠들어서 좋고, 엄마들끼리 살아가는 얘기도 오순도순 나누고, 운동도 하고 일석삼조다.
- 운동하는 시간에 설교 테이프나 성경통독 테이프 등을 듣는다.

- 자녀들과 함께 밖에서 몸을 움직이며 재미있게 논다. 자전거나 롤러스케이트를 타거나, 트램펄린(trampoline, 그물처럼 짜인 탄력성이 있는 매트 위에서 균형을 잡고 튀어오르는 놀이기구) 등을 이용해 함께 운동도 하고 놀기도 하자.
- 아침뉴스를 보면서 운동한다. 남편이 퇴근해 돌아오면 사회문제며, 정치문제며, 온갖 주제들로 할 얘기가 넘쳐날 것이다.
- 정원이 있다면 잔디 깎는 기계를 직접 사용한다. 근육강화에 그만이다. 햇빛도 쏘이고 정원도 깔끔하게 정돈할 수 있다.
- 오늘 밤 남편과 사랑을 나눈다! 아이들 맡길 사람을 구한 후 운동복을 입고 일주일에 세 번씩 장거리를 뛰는 것이 나을까, 아니면 아이들을 재우고 옷을 벗은 후 남편과 일주일에 여섯 번 사랑을 나누는 게 나을까? 이 두 가지가 똑같은 양의 체지방을 연소시킨다. 그런데 후자의 경우에는 부부관계를 결속시키고 건강도 증진시킬 수 있다.

운동하는 습관 기르기

아무리 운동의 중요성을 강조해도 몸을 움직이지 않는다면 무슨 소용이 있는가. 그럴 때는 좀더 강도 높은 동기부여가 필요하다.

- 개인 코치를 둔다. 주로 돈이 많거나 유명한 사람들이나 개인 코치를 둔다고 생각할 것이다. 그러나 이제 막 코치가 된 신입코치나 개인 코치에 입문하려는 훈련생들도 연습할 대상이 필요할 것이다. 그래도 비용이 부담이 된다면 친구들과 그룹을 만들어 코치를 두는 것은 어떨까? 헬스클럽이나 스포츠 센터 같은 곳에서도 짧은 시간에 저렴한 비용으로 개인 트레이닝을 시켜주기도 한다.

- 헬스클럽 회원이 된다. 나는 최근에 '커브'라고 하는 헬스클럽에 가입했다. 이곳의 장점은 내게 필요한 코스를 30분 안에 끝낼 수 있다는 것이다. 시간을 얼마 들이지 않고도 심폐지구력 강화, 근력 강화 등 체력증진을 위해 필요한 코스는 다 할 수 있다. 이곳에 가는 게 즐거운 또 하나의 이유가 있다. 이곳에서 열심히 운동하고 있는 아줌마들은 다 나와 비슷한 사이즈라 부담스럽지 않다는 사실이다. '44 사이즈'는 한 명도 오지 않는다.
- 체조법이 실린 비디오 가운데 최근에 나온 것 하나를 장만한다. 나와 절친한 스토미 오마샨(Stormie Omartian)은 좋은 비디오테이프를 꽤 가지고 있다. (내가 출연한 것도 있는데 자세히 보니 20년 전에는 20kg은 덜 나갔던 것 같다.)

새로운 도전

낡은 것은 과감히 버리자! 시대는 변하고, 새롭고 좋은 것은 계속 쏟아져 나오고 있다. 체력을 단련하는 것도 예외가 아니다. 체력을 증진시키기 위해서 사고방식을 바꿔야 한다면 그만한 투자 정도는 해야 하지 않겠는가. 여러 가지 다양한 방법을 동원해서라도 운동하는 삶으로 정착할 필요가 있다.

- 태보(Taebo) – 태권도와 권투의 동작을 혼합해서 만들어낸 에어로빅댄스의 하나다.
- 카라테(Karate) – 태권도 비슷한 일본의 호신술로, 목표에 이르는 성취감을 즐기는 사람에게 알맞다.
- 킥복싱(Kickboxing) – 주먹, 발, 팔꿈치, 무릎을 사용하여 상대편을

공격하는 태국 특유의 변형 권투다.
- 웨이트 트레이닝(Weight training) – 근육강화 운동으로 집에서 혼자서도 할 수 있다. 웨이트 트레이닝에 관련된 비디오를 보면서 따라 하기만 하면 된다. 아령을 살 필요도 없이 통조림을 이용해도 된다.
- 저항훈련(Resistance training) – 웨이트 트레이닝과 비슷한 운동이며 좀더 가벼운 무게를 사용하고, 세트 사이의 쉬는 시간을 짧게 잡는 것이 특징이다.
- 스텝 에어로빅(Step exercise) – 긴 상자 모양의 도구를 이용해 계단을 오르내리는 방식의 운동이다.
- 미니 트램펄린(mini-trampoline) – 아이들과 함께 마음껏 뛰어올라 보자!
- 공 체조(Exercise ball) — 커다란 공을 이용한 저항운동으로 근육단련에 좋다.
- 아쿠아로빅(Aquarobics) – 허리에서 겨드랑이 사이가 되는 물 깊이에서 하는 운동으로 걷거나 달리기, 에어로빅댄스, 근력운동, 유연성 체조 등이 있다.
- 재즈 체조(Jazzercise) – 재즈 음악에 맞추어 추는 격렬한 미용 체조의 하나다.
- 마라톤 – 카라테와 마찬가지로 지구력이 강한 사람들에게 좋다.
- 자전거타기 – 아이들과 함께라면 기쁨이 두 배!
- 춤 – 반드시 정해진 틀이 있는 것이 아니다. 그냥 춤추기 좋은 음악을 틀어놓고 아이들과 함께 흔들어보자.
- 줄넘기 – 제일 간단하면서도 손쉽게 할 수 있는 운동이다.
- 롤러브레이드
- 등산

이제껏 우리는 영과 육을 강건하게 하는 법들에 대해 이야기를 나누었다. 이제 다음 장에서는 혼의 영역에 대해 이야기하겠다. 이 부분은 내가 살아오면서 오랫동안 고민했고 많은 문제를 일으킨 부분이었으며 동시에 많은 것을 배웠던 부분이다.

우리는 영적 세계와 육신 못지않게 혼의 영역에 대해서도 관심을 가질 필요가 있다. 그러므로 하나님이 우리에게 분별의 영을 허락하시고, 알아야 할 것을 깨닫게 해주시기를 기도하자.

3

혼의 영역을 돌보라

11 _ **혼** 생각을 붙들라
12 _ **생각** 두뇌에도 관심을
13 _ **취미** 하나님이 주신 창조성
14 _ **즐거움** 우리에게 양약과 같아

11

혼

생각을 붙들라

서두에서 '혼'에 대해 정의할 때, 인간은 혼이 있기 때문에 의지를 표현하고 감정을 느낄 수 있으며, 정의도 내리고 판단할 수 있는 것이라고 했다. 이제부터는 인간의 사고력을 바탕으로 한 성경적 재정관리법, 올바른 결단력, 취미와 그 밖의 활동을 통해 감정을 해소시키는 법, 논리적인 사고력을 증진시키는 법 등 실제적인 부분에 대해 배우게 될 것이다. 혼의 영역을 세우는 일은 우리의 영적인 생활뿐만 아니라 감정과 정신세계, 육신의 건강에 이르기까지 중요한 영향을 끼치게 할 것이다.

이 책은 우리의 영·혼·육 세 영역에 초점을 맞추어 그 중요성을 부각시켰기 때문에 엄마들의 삶이 균형 잡힌 단계로 나아가도록 도울 것이다. 이제부터는 우리 가족의 사생활을 몇 가지 나누려 한다. 그것은 우리 남편의 흔쾌한 허락이 있었기에 가능했던 일임을 덧붙이고 싶다.

결혼한 뒤 세 아이들을 낳은 후, 내가 그 동안 연예계에서 모았던 돈을 다 날렸던 때가 있었다. 그 때는 아이들도 어려서 다 기저귀를 차고 있었다. 집은 월세로 옮겼고 얼마 되지 않는 목회자의 사례금으로 어렵게 살아가고 있었다. 게다가 결혼생활도 평탄하지 않아서 남편과의 사이가 좋지 못했다. 그 때 나는 모든 것이 남편 탓이라고 생각했다. 하지만 남편은 전혀 자신을 변화시킬 기미를 보이지 않았다.

내 마음은 분노와 오기, 불신과 용서하지 못하는 마음으로 가득해지면서 절망의 늪으로 빠져들기 시작했다. 속이 썩기 시작하자 불만족과 비교의식이 싹을 틔우기 시작했다. 남편과의 관계가 소원한 틈을 타서 다른 남성이 내 마음을 차지하기 시작한 것이다.

이 책의 서두에서 내면세계를 잘 돌보는 것이 얼마나 중요한 일인지 언급한 것도 이 때문이다. 나는 하나님이 당신의 영을 우리에게 불어넣어 주실 때 풍성한 생명을 얻는 것이라고 믿는다(창 2:7). 그렇게 얻은 생명력 넘치는 삶을 유지하는 방법은 오직 하나, 속사람을 잘 돌보는 길밖에 없다. 우리의 내면에 독소를 퍼뜨려 죽음의 그늘을 확장하려는 세력을 조심하고 그것으로부터 우리 자신을 지켜야 한다.

야고보서 1장 14절부터 15절에서는 "오직 각 사람이 시험을 받는 것은 자기 욕심에 끌려 미혹됨이니 욕심이 잉태한즉 죄를 낳고 죄가 장성한즉 사망을 낳느니라"고 말씀하셨다. 사망은 인간이 그 마음 속에 무엇을 품느냐로부터 시작된다. 하나님의 약속 외의 것에 눈을 돌리고 우리의 생각과 감정, 의지를 빼앗길 때 사망은 뿌리를 내리기 시작하는 것이다.

'아, 이 사람하고는 말이 통하네. 오랜만에 말이 통하는 사람과 대화하니까 정말 좋다.' 이렇게 생각하는 것이 죄는 아닐 것이다. '이 사람을 언제 다시 볼 수 있을까?'라는 마음을 갖기 시작했다면 죄라고 보기는 힘들지만 위험한 정도에 이르렀다는 사실 또한 부인하기 어렵다. 처음에는 누구나 이 정도쯤은 죄가 아니라고 생각하기 때문에 마음의 문을 열어 준다. 나도 그랬다. 그런 생각이 내 마음 속으로 들어오도록 허락했던 것이다.

그런데 문제는, 아무리 이렇게 저렇게 따져보아도 뭔가 꺼림칙한 것이 있었다. 그런 생각을 하기 시작한 배경을 봐도 그렇고, 결과를 생각해 보아도 석연치 않았다. 그래서 내 마음을 자세히 관찰하기 시작했다. 결국 남편이 채워 주지 못하는 내 욕구를 다른 남자를 통해 채워보려고 했다는 사실과, 하나님만이 채워주실 수 있는 온전한 만족감을 그 남자를 통해 얻으려 했다는 사실을 깨달았다. 만약 그때 그토록 위험한 상태가 지속되었다면 결혼생활이고, 신앙이고, 고결함이고 뭐고 다 풍비박산이 났을 것이다.

어느 찬양시간이었다. 하나님을 묵상하며 찬양해야 하는 그 시간에 그 사람을 생각하고 있는 나를 보면서 충격을 받았다. 그 즉시 내 영혼의 상태에 빨간불이 켜졌다는 것을 깨달았다. 두려웠다. 내가 너무 연약하고 무지한 나머지 전쟁이 일어났는지도 몰랐고 이 전쟁에서 우리 부부가 살아남으려면 어떻게 해야 하는지도 몰랐다. 우리가 연약하다고, 전쟁 중인지 몰랐다고 원수가 조금이라도 봐줄까? 천만의 말씀이다. 사탄은 주님과 나 사이에 끼어들어서 우리 관계를 끝내려고 안간힘을 쓰고 있는 세력이다.

전쟁을 선포할 때가 되었다는 사실을 알았다. 하나님은 에베소서 6장 11절에서 17절(우리말 성경)을 통해 무엇을 어떻게 할지 분명히 보여주셨다. "마귀의 계략에 대적해 설 수 있도록 하나님의 전신갑주를 입으십시오. 우리의 싸움은 혈과 육에 대한 것이 아니라 권력들과 권세들과 이 어둠의 세상 주관자들과 하늘에 있는 악한 영들에 대한 것이기 때문입니다. 그러므로 하나님의 전신갑주를 입으십시오. 이는 여러분이 악한 날에 능히 대적하고 모든 것을 행한 후에 굳건히 서기 위한 것입니다. 그러므로 여러분은 굳건히 서서 진리로 허리띠를 띠고, 의의 가슴받이를 붙이고, 예비한 평화의 복음의 신을 신고, 모든 일에 믿음의 방패를 가지고 이것으로 악한 자의 모든 불화살을 소멸시키며, 구원의 투구와 성령의 검, 곧 하나님의 말씀으로 무장하십시오."

이 전쟁에서 내가 한 것이라고는 진리의 허리띠를 띠고, 구원의 투구를 쓰고, 성령의 칼을 휘두른 것뿐이었다. 그 때 나의 목표는 분명했다. 내가 하나님의 말씀인 성령의 칼로 싸우는 동안 내 머릿속의 생각을 지켜 줄 구원의 투구가 벗겨지지 않도록 단단히 여며 쓰는 것이었다.

전시(戰時)임을 깨닫고 혈전을 벌이고는 있었지만 아직도 나는 미끼를 문 상태였고 끌려가지 않으려고 버티는 형세였다. 그래서 나를 도와줄 만한 성경말씀은 모두 찾아서 카드로 만들었다. 그 가운데 내게 가장 큰 힘을 주신 말씀은 베드로후서 2장 9절(쉬운성경) 말씀이다. "하나님께서는 경건한 사람을 어떻게 구원해야 할지 아시고, 큰 어려움이 닥칠 때 구원해 주십니다."

하나님이 이 상황에서 구해주실 것을 믿으며 내가 할 수 있는 부분들에 최선을 다했다. 우리가 싸우는 상대는 인간이 아니라고 하신 사도 바울의 말씀을 기억하면서 원수와 대적했다. 그 사람과 부딪히지 않으려고 애를 썼지만 꼭 만날 일이 있을 때는 말씀 카드를 읽고 또 읽으면서 나를 무장했다. 주 앞에서 금식하며 기도로 힘을 얻었다. 내가 신뢰할 수 있는 분들에게 기도를 부탁하기도 했다. 마침내 전쟁은 끝났고 여러분에게 승리의 소식을 나눌 수 있어서 기쁘다. 원수는 참패했고 전쟁이 끝난 지 10여년이 지났지만 이제는 절대로 '진리의' 허리띠를 풀지 않을 것이다.

어린 아이들을 키울 때는 잠도 모자라고 힘든 일도 많이 생긴다. 그럴 때 다가오는 유혹을 특별히 조심하라. 하나님은 신명기 25장 18절 말씀을 통해 이렇게 경고하신다. "곧 그들이 하나님을 두려워하지 아니하고 너를 길에서 만나 너의 피곤함을 타서 네 뒤에 떨어진 약한 자들을 쳤느니라." (꼭 엄마들을 두고 하시는 말씀 같다.)

이 책을 읽으면서 하나님 나라를 위해 나 자신을 잘 돌보는 것이 얼마나 중요한 일인지 깨닫기 바란다. 가끔은 쉬기도 하고 재충전도 해야 한다. 그러려면 친구들과 가족들 간에 서로 도울 수 있는 시스템을 만들라. 더불어 내적으로도 강해질 수 있도록 충분히 삶에서 연습하라. 우리 속에 있는 '예수 힘줄'이 더욱 질겨지도록 영혼을 단련하라.

반드시 이성문제만이 아니더라도 갑자기 엄습하는 두려움, 걱정, 근심, 탐식, 고통스러운 기억들, 죄책감 등으로 우리 내면세계는 전쟁터로 변한다. 이런 것들이 내면으로 들어와 똬리를 틀기 전에 잘 쳐낼 수 있는 곳이 바로 '생각'이라는 영역이다. '생각'은 영적전쟁의 최전방이다. 그리고 이 전쟁은 우리의 마음이 어느 쪽에 붙어 있느냐에 따라 승패가 좌우된다.

리차드 포스터(Richard Foster)가 쓴 『영적훈련과 성장』(*Celebration of Discipline*, 생명의 말씀사 역간)은 시간이 지날수록 더욱 아끼게 되는 책이다. 수 년 전에 이 책을 통해 처음으로 묵상의 중요성에 대해 깨달았다. 이전에는 묵상이란 촛불이나 향 같은 것을 피워놓고 뭔가를 속으로 웅얼대는 것이라고 알고 있었다. 그런데 사실은 그보다 훨씬 간단한 일이었다. 웹스터 뉴 포켓사전을 찾아보니 묵상이란 "깊이 생각하는 것"이라고 정의되어 있다. 정말 간단하지 않은가!

하나님의 제사장 직분을 맡고 있던 이사야는 이렇게 말했다. "주께서 심지가 견고한 자를 평강에 평강으로 지키시리니 이는 그가 주를 의뢰함이니이다."(사 26:3) 묵상하는 자는 하나님을 가까이 하려 하기 때문에 심지가 견고해질 수밖에 없다. 또한 하나님이 인정하시는 것에 마음을 두고 있기 때문에 흐트러짐이 없다.

사도 바울은 빌립보에 있는 믿음의 형제들에게 편지를 보낼 때, 하나님이 인정하시는 것이 무엇인지 깊이 생각해 보라고 충고했다. "형제 여러분, 선함을 추구하며 가치가 있는 것들에 마음을 쏟기 바랍니다. 참되고, 고상하고, 옳고, 순결하고, 아름답고, 존경할 만한 것들을 생각하십시오."(빌 4:8, 쉬운성경)

이번 쉼터에서는 묵상하는 법에 대해 알아보자. 묵상이 얼마나 쉬운 것인지 깨닫게 될 것이다.

 **혼** 이것을 묵상하라

 말씀 묵상하기

이 율법책을 네 입에서 떠나지 말게 하며 주야로 그것을 묵상하여 그 가운데 기록한 대로 다 지켜 행하라. 그리하면 네 길이 평탄하게 될 것이라. 네가 형통하리라. _ 여호수아 1:8

- 아침에 일어나 말씀을 읽고 묵상하는 동안, 하나님이 나에게 들려주시려고 하는 말씀이 눈에 띄도록 기도하는 마음으로 성경을 대한다. 한 절 전체를 묵상해야 할 때도 있겠지만, 단어 하나를 묵상하게 될 때도 있을 것이다. 하루 종일 그 말씀을 생각하며 말씀의 의미와 가치를 되새기라. 묵상노트에 정리하면서 한 주, 혹은 한 달 전에 주신 말씀으로 되돌아가 현재의 말씀과 어떤 연관성이 있는지도 살펴보라. 이런 식으로 맥락을 잡아가면 하나님이 성경을 통해 하시는 말씀을 더욱 깊이 이해할 수 있을 것이다.
- 성경을 침대 가까이에 둔다. 더 깊이 묵상하기 원하는 말씀을 잠자리에 들기 전에 큰 소리로 읽으라. 눈을 감고 잠이 들 때까지 그 말씀을 묵상해보라.
- 한 가지 특정한 주제의 말씀을 선택해 하루 종일 부분적으로 나누어 묵상한다. 예를 들어, 빌립보서 4장 8절은 '덕목'으로 가득한 구절이다. 1~2주에 걸쳐서 하루에 한 가지 씩 구체적으로 살펴보라. 그러다 보면 말씀 속에 있는 덕목들이 내 것으로 자리잡는 것을 경험하게 될 것이다.

- 인터넷을 검색해보면 말씀 묵상을 도와주거나 묵상구절을 이메일로 전송해주는 곳을 찾을 수 있다. 묵상하는 습관을 들이는 데 이보다 더 좋은 방법은 없을 것이다. 하루 종일 다양한 시각에서 말씀을 묵상해보자.

♥ 하나님 묵상하기

주의 모든 일을 묵상하며 주의 행사를 깊이 생각하리이다. _ 시 77:12편

- 하나님의 성품과 특성을 공책에 적어본다. 신실하심, 인자하심, 전지전능하심, 놀라우심, 위대하심, 상담자, 평강의 왕, 유다의 사자, 여호와 이레, 여호와 라파 등등…. 하나님에 대한 것은 끝없이 적을 수 있다. 그러고는 하나님의 성품을 하루에 하나씩 묵상하면서 하나님의 이러한 성품이 나와 무슨 관계가 있는지, 나에게 어떠한 영향을 미치는지 생각해보자. 그 날 묵상하게 된 하나님의 성품과 관련된 찬양들을 찾아서 부르는 것도 묵상하는 데 크게 도움이 될 것이다. 하나님의 성품이 여러분의 내면 깊은 곳을 완전히 적실 때까지 구하고 생각하면서 찬양하라. 시작부터 끝까지 일관된 마음으로 가사에 집중하여 부르라. 그리고 시간이 허락한다면 동일한 주제의 찬양에 인용된 성경구절을 찾아 모으는 것도 좋겠다.

♥ 신앙의 선배들로부터 배우기

내가 갈 때까지 열심히 성경을 읽고 사람들을 권면하며 잘 가르치십시오. 그대가 받은 은사를 잊지 말고 잘 사용하십시오. 그것은 교회의 장로들이

그대의 머리에 손을 얹고 기도할 때, 예언을 통해 그대에게 주어진 것입니다. 온 맘을 다해 충성하여, 그대가 발전하는 모습을 사람들에게 보여 주십시오. _ 디모데전서 4:13-15 (쉬운성경)

- 성서적 강의나 설교를 자주 접한다. 한 번 듣는 것으로 끝내지 말고 여러 번 반복해 들어보라. 나에게 어떤 말씀이 필요하며, 어떤 말씀을 더욱 깊이 상고해야 할지 하나님이 보여주실 것이다. 반복을 통해 전에 미처 보지 못했던 부분을 발견할 수도 있다. 같은 말씀인데도 반복해서 들으면 첫 번째 다르고 두 번째 다르다. 들을 때마다 새로운 것을 발견하게 될 것이다. 요즘은 컴퓨터를 통해 필요한 말씀을 구하기가 쉬워졌다. 공신력 있는 단체나 교회의 홈페이지를 방문해보라. 필요한 교재를 구입할 수도 있고 무료로 내려 받을 수도 있을 것이다.
- 좋은 가르침으로 새롭게 존경받고 있는 목사나 강사, 저자는 어떤 분들이 있는지 알아본다. 어떤 분들에게 마음이 가는가? 그런 분들의 설교와 강의 또한 인터넷을 통해 구할 수 있다. 이런 분들은 개인 홈페이지를 운영하기도 하고 교회나 단체에 연결되어 사역하기도 하신다.
- 시대의 변천에 상관없이 존경과 사랑을 받는 설교자의 말씀이나 글을 읽고 묵상하라. 그런 분들의 말씀은 집중하여 읽으면서 오랫동안 되새겨야만 이해할 수 있는 것들이 많다. 왜냐하면 뜻이 깊은 말씀들이 많기 때문이다. 쉽게 읽어내려갈 수 있는 가벼운 출판물에 익숙해져 있는 우리 세대가 읽기에는 부담스러운 면이 있긴 하지만 조금만 수고를 들이면 그에 대한 노력의 대가는 충분히 보상받고도 남을 것이다.
- 신앙서적은 영성의 기본이다. 좋은 도서를 통해 깊은 통찰을 얻을 수

있다. 신앙생활을 윤택하게 하고 영감을 불어넣어주는 교계 지도자들의 책을 많이 읽자. 다음과 같은 작가들의 책에 관심을 두라.

* 오스왈드 챔버스(Oswald Chambers)
* 찰스 콜슨(Charles Colson)
* C.S. 루이스(C. S. Lewis)
* A.W. 토저(A. W. Tozer)
* 잭 헤이포드(Jack Hayford)
* 엘리자베스 엘리오트(Elisabeth Elliot)
* 프란시스 쉐퍼(Fancis Schaeffer)
* 제임스 패커(J. I. Packer)
* 론 멜(Ron Mehl)
* 필립 얀시(Phillip Yancey)
* 존 파이퍼(John Piper)
* 조나단 에드워즈(Jonathan Edwards)

 부정적인 말과 생각을 버려라

종말로 형제들아 무엇에든지 참되며 무엇에든지 경건하며 무엇에든지 옳으며 무엇에든지 정결하며 무엇에든지 사랑할 만하며 무엇에든지 칭찬할 만하며 무슨 덕이 있든지 무슨 기림이 있든지 이것을 생각하라. _ 빌립보서 4:8

생각의 수위를 조절할 수 있는 능력을 키우는 것만큼 중요한 일이 있을까. 부정적이고 인간적인 생각, 원수의 속임으로부터 오는 것들을 걸러낼

줄 알아야 한다. 우리의 감정이 건강하지 못한 쪽으로 치우쳐 판단을 흐리게 하거든 하나님의 진리를 떠올리며 우리의 생각이 진리에 합당하게 반응하도록 훈련할 필요가 있다. 말씀 안에서 그 일이 가능하다.

💜 분노

내 사랑하는 형제들아 너희가 알거니와 사람마다 듣기는 속히 하고 말하기는 더디 하며 성내기도 더디 하라. 사람의 성내는 것이 하나님의 의를 이루지 못함이니라. _ 야고보서 1:19-20

💜 걱정, 근심, 초조함

아무것도 염려하지 말고 오직 모든 일에 기도와 간구로, 너희 구할 것을 감사함으로 하나님께 아뢰라. 그리하면 모든 지각에 뛰어난 하나님의 평강이 그리스도 예수 안에서 너희 마음과 생각을 지키시리라. _ 빌립보서 4:6-7

💜 쓴 뿌리, 원한

너희는 돌아보아 하나님 은혜에 이르지 못하는 자가 있는가 두려워하고 또 쓴 뿌리가 나서 괴롭게 하고 많은 사람이 이로 말미암아 더러움을 입을까 두려워하고. _ 히브리서 12:15

💜 자기연민

여호와를 기뻐하라. 저가 네 마음의 소원을 이루어 주시리로다. 너의 길을

여호와께 맡기라. 저를 의지하면 저가 이루시고. _ 시편 37:4-5

♥ 낙심

우리가 사방으로 우겨쌈을 당하여도 싸이지 아니하며 답답한 일을 당하여도 낙심하지 아니하며 핍박을 받아도 버린 바 되지 아니하며 거꾸러뜨림을 당하여도 망하지 아니하고. _ 고린도후서 4:8-9

♥ 두려움

너희는 다시 무서워하는 종의 영을 받지 아니하였고 양자의 영을 받았으므로 아바 아버지라 부르짖느니라. _ 로마서 8:15

♥ 증오

빛 가운데 있다 하며 그 형제를 미워하는 자는 지금까지 어두운 가운데 있는 자요 그의 형제를 사랑하는 자는 빛 가운데 거하여 자기 속에 거리낌이 없으나 그의 형제를 미워하는 자는 어두운 가운데 있고 또 어두운 가운데 행하며 갈 곳을 알지 못하나니 이는 어두움이 그의 눈을 멀게 하였음이니라. _ 요한일서 2:9-11

♥ 자기중심적 사고

누구든지 자기의 유익을 구치 말고 남의 유익을 구하라. _ 고린도전서 10:24

묵상을 뉴에이지 사상에서 강조하는 명상과 같다고 생각하여 멀리하는 사람들도 봤는데 이것은 명백한 원수의 속임이다. 하나님께 가까이 나아갈 수 있는 방법을 도용해 마치 자신의 것인 양 속임으로써 믿는 자들이 꺼리도록 한 것뿐이다.

나는 아이들을 키우느라 한창 바쁜 이 시기야말로 묵상이 절대적으로 필요한 때라는 것을 깨달았다. 하루 종일 시끌벅적하게 지내며, 내 이름(엄마!)을 시도 때도 없이 불러대고 치근대는 소리에 둘러싸여서 그런지 하나님의 음성을 즉시로 분별하는 것이 참으로 어렵다. 그래서 하나님의 뜻을 분별하고자 할 때는 마음을 가라앉히고 그분의 말씀을 한참동안 묵상해야만 조금 이해가 된다. 이렇듯 나에게 묵상이란 마음의 귀를 주님을 향해 쫑긋 세우고 그분이 하시는 말씀을 듣고 이해하려고 애쓰는 것이다.

기도에 관한 책은 시중에 출판되어 있는 것만도 수백 가지가 넘는다. 귀한 책들이지만 일방통행 기도에 초점이 맞추어졌기에 안타까운 면이 없지 않다. 이런 것은 반쪽짜리 기도 밖에 되지 않는다. 기도란 하나님과 인간 사이에 오고 가는, 쌍방이 나누는 대화가 아니던가. 진정한 관계 속에서 대화가 오고 가는 것만큼 중요한 것이 또 있을까? 그리고 대화라는 것은 서로가 상대의 이야기에 귀 기울여주는 배려가 있을 때 최고의 아름다움을 발하게 된다. 그러기에 쌍방 간에 서로 경청하는 기술을 발휘하는 것이 무엇보다 중요하다. 하나님과의 관계에서도 마찬가지다. 그분의 음성을 듣고자 한다면 마음의 귀를 기울여 무슨 말씀을 하기 원하시는지 기다릴 줄 알아야 한다. 말씀의 뜻을 깊이 상고하는 연습을 해야 한다. 더 자세히 알기를 원한다면 짐 다우닝(Jim Downing)의 저서 『묵상』(*Meditation*, 네비게이토 출판사 역간)을 읽어보라.

이번 장에서 다룬 주제가 여러분의 삶의 새 지평을 여는 출발이 되기를 바란다. 여러분은 영적전쟁에 능한 용사가 되어야 한다. 거짓 진리와 부정적인 생각이 밀려올 때 능히 싸워 이길 수 있도록 무장해야 한다. 진리가 우리의 삶이 되어야 한다. 빌립보서 4장 8절에서 살펴본 것처럼 무엇을 하든지 주님의 진리를 붙들라. 진리의 허리띠를 굳게 띠고 생각과 마음을 지키라. 그리하면 결혼생활이나 가정, 공격받기 쉬운 연약한 부분들도 보호할 수 있을 것이다. 삶 속에서 불협화음이나 잡음이 심해질수록 더욱 주님을 가까이하며 마음을 모으라. 고요한 가운데 주님의 음성을 들으라. 주님의 선하심을 묵상하며 진리 가운데 머물라.

인간의 내면을 보호하는 것은 이토록 중요하다. 무엇을 생각하고 어떤 것을 마음에 품느냐에 따라 인생의 방향이 결정되므로 주님 앞에서 내면세계를 훈련할 필요가 있다. 그 가운데 합리적인 사고능력을 키우는 일이 최우선이다. 앞에서 잠깐 보았듯이 사람의 마음이 무뎌지면 머리도 덩달아 회전이 안 된다. 우리의 내면은 복잡하면서도 긴밀하게 서로 연결되어 있어서 그럴 것이다.

현대는 정보의 홍수시대라고 한다. 건강요법, 다이어트, 체조에 관한 책 등, 겉표지나 광고만 봐도 금세 몸이 건강해질 것만 같은 간행물들이 수도 없이 나와 있다. 그런데 우리 몸에서 제일 중요한 부분인 '두뇌'는 사람들의 관심을 충분히 받고 있을까? 두뇌도 다이어트가 필요하고 근육강화 운동을 해야 하는 것은 아닐까? '뇌'에도 관심을 보여야 할 때임은 분명하다!

12

생 각

'두뇌'에도 관심을

나는 최고의 교육을 받으며 자란 사람은 아니다. 어렸을 때는 우리 집 근처에 있던 학교들 가운데 그리 수준이 높지 않은 데서 병설유치원과 초등학교를 졸업했다. 학교 다니는 것이 즐겁기는 했지만 거기서 대학을 꿈꿀 만큼 실력을 다졌다고는 말할 수 없다. 그러고는 중학생이 되자마자 '뉴 미키마우스 클럽'에 출연하게 되어 로스앤젤레스에서 살게 되었다. 그 곳에서 따로 학교를 다니지는 않았고, 촬영을 쉬는 시간에 개인교사가 교과목을 지도해 주었다. 교과서도 있었고 교사도 있었지만 그 수업이라는 것이 거의 장난 수준이었다. 수업은 엉성했고 우리는 시간만 나면 샨테가 가져온 주디 블룸(Judy Blume)의 책을 읽으며 대부분의 시간을 보냈다.

'뉴 미키마우스 클럽'의 촬영이 끝난 뒤에도 나는 한동안 할리우드에 남아 다른 기회를 찾으며 오디션도 보고 영화나 비디오에 게스트로 출연하기도 했다. 그 당시에는 거의 공부와 담을 쌓고 살았다. 우리 어머니가 나를 쉽게 포기하지 못하셨음에도 불구하고 시간을 정해놓고 공부해본 적이 없다.

그러다 포트워스(Fort Worth)에 있는 한 기독교학교에서 대안교육을 시작한다는 소문을 들으신 우리 어머니가 나를 그 학교에 넣으셨다. 거기에 모인 학생들 가운데 고등학생이 60명 정도 있었는데, 우리는 커다란 교실에 앉아서 각자 알아서 교재를 보면서 공부했고 질문이 있을 땐 선생님이 답변해 주셨다. (나중에 알고 보니 홈스쿨링 프로그램의 한가지였다.)

그런 후에 다시 캘리포니아로 돌아올 때는 그 교재들을 다 가지고 와서 일 년 가량 독학했다. 그러는 가운데 '삶의 진실'과 인연을 맺게 되었고, 다시 개인교사를 불러 휴식시간에 틈틈이 공부했다. 그것이 내 교육과정의 전부였다. 미국에서는 학생연예인의 경우 하루에 3시간은 교과과정을 학습하도록 법으로 정해져 있는데, 우리는 하루에 4시간씩 학습활동을 했다. 학습시간을 저축해 나가는 식으로 해서 학기를 빨리 끝내고, 나머지 시간을 촬영에 몰두하기 위해 그런 방법을 쓴 것이다. 최소한의 시간만 학습활동에 투자할 수밖에 없었던 상황이었다.

'삶의 진실' 두 번째 이야기를 막 찍기 시작했을 무렵에 출연진들이 파업을 선언하는 바람에 촬영이 장기간 취소되었다. 약 6개월 동안이나 촬영할 수가 없었는데, 나는 그 긴 시간을 이용해 텍사스 집으로 돌아가 오랜만에 평범한 사춘기 시절을 만끽했다. 기독교학교에 다니면서 친구들도 사귀고, 교회에서 고등부 활동도 열심히 했다. 남자친구도 만나고, 미식축구 관람도 가고, 피자 파티에도 참석하면서 오랜만에 인간다운 생활을 영위했다.

집에 있는 동안 실컷 놀기도 했지만 그 동안 소홀했던 공부도 꽤 열심히 했다. 캘리포니아에서 텍사스 집으로 돌아오기 바로 전부터 목표를 세우고 열심히 공부하기 시작했는데, 대본을 연습할 때나 최종연습을 할 때를 제외하고는 숙소에 남아서 혼자 학습시간을 채우기도 했다. 또한 교장선생님을 만나 두 학년의 교과과정을 한꺼번에 이수할 수 있는 방법이 있는지 여쭈어보았다. 파업이 길어지는 동안 그 시간을 이용해 고등학교 과정을 마치고 싶었던 것이다. 교장선생님의 허락으로 고등학교 2, 3학년 과정을 6개월 만에 끝냈다. 그 후 캘리포니아로 다시 돌아왔을 때는 학교에 대한 부담을 갖지 않고 가벼운 마음으로 촬영에 몰두할 수 있었다.

솔직히 교과과정을 통해 배웠던 것들은 생각이 잘 나지 않는다. 여태껏 내가 인생을 살면서 배우고 깨달았던 것들은 경험을 통해서였고, 여행과 독서를 통해서였다. 책은 정말 많이 읽었다. 대본연습을 다 같이 할 때도 책을 손에서 놓지 않을 정도였다. 하루는 같이 연습하던 친구가 나를 분장실로 데려가더니 마구 화를 냈다. 연예인이면 연예인이지 그렇게 도도해서 쓰겠느냐는 것이었다. 듣고 보니 이해가 갔다. 어찌나 책에 빠져 있었던지 연습할 때도 내 차례 때 말고는 시종일관 책 속에 고개를 파묻고 있었으니 오해를 살만도 했다.

그토록 책읽기에 미쳐 있던 사람이었는데 아이들을 낳으면서부터 상황이 심각하게 바뀌었다. 책을 손에 들 시간도 없을 만큼 바빴던 것이다. 어쩌다 한 번씩 틈이 나서 책을 들고 자리에 앉을라치면 한 문단을 끝내지도 못한 채 잠들어버리곤 했다. 내가 그렇게 좋아하던 단어퍼즐이나 퀴즈놀이 같은 것은 꿈도 꿀 수 없었다. 시간도 없거니와 힘도 따라주지 않았기 때문이다. 아이들을 낳을 때까지 즐겨 구독하던 〈게임〉(Games)이라는 잡지는 이제 받아보지 않는다. 대신 〈크리스천의 자녀양육〉(Christian Parenting)이 배달되고 있다. 오랫동안 아껴왔던 『오만과 편견』은 책꽂이에서 밀려나고 대신 우리 아이들 책인 『클리포드』(Clifford, the big Red Dog)가 그 자리를 차지하고 있다. 이제 내 머리는 단어를 하나씩 말하는 데 익숙해졌고 그것도 짧은 단어밖에 기억하지 못한다. (어떤 때는 아예 짧은 단어도 기억나지 않으니, 원….)

애써 문장을 만들긴 했는데 이렇게밖에 나오지 않으면 얼마나 비참한 줄 아는가? "여보, 거기 있잖아요. 그게 뭐더라? 바로 그거요. 그거 옆에 있는 거, 그거라니깐요." 그리고 언제부터인지 모르겠지만 우리 아들 녀석과 스크러블(어구의 철자 바꾸기와 십자말풀이 게임을 혼합한 놀이)을 하면 내가 밀린다. 더 녹슬기 전에 뇌 활동을 재개할 때가 되었음은 분명하다. 그렇지 않으면 내 두뇌는 말라비틀어져서 죽게 되지나 않을까? 이제는 머리에 기름칠을 좀 해야겠다. 나 자신과 가문의 명예를 위해서!

잠언 24장 3절을 보면 이런 말씀이 있다. "집은 지혜로 말미암아 건축되고 명철로 말미암아 견고히 되며." 그렇다면 '지혜'와 '명철'은 어떻게 다를까? 궁금해서 단어의 뜻을 찾아보았더니 '지혜'는 영적인 계시를 통해 깨닫게 되는 것이며, '명철'은 지식이 해박한 이로부터 가르침을 받아 전수받는 것이라고 나와 있다.

그 다음에는 '건축되고'(built)와 '견고히 되며'(established)의 차이점을 살펴보았다. 전자는 '무엇인가를 만들거나 창조한다'는 뜻이고, 후자는 '갈고닦다, 제공하다, 준비하다'와 같은 뜻이 포함되어 있다. 이 말씀에서는 '집'에 비유하여 풀어가고 있는데 그냥 집이 아니라 '완벽한 집'을 의미하고 있다. 즉 우리가 집을 지을 때 견고한 기초 위에 세우듯이, 가정도 주님의 지혜 위에 이루어야 한다는 뜻이다.

그 다음 절을 보자. 내가 무척 좋아하는 말씀이다. "또 방들은 지식으로 말미암아 각종 귀하고 아름다운 보배로 채우게 되느니라"(잠 24:4). 이 말씀을 보면 우리 가정이 받을 축복이 분명히 기록되어 있다. 지식과 명철 가운데서 지속적으로 하나님께 지혜를 구하면 계속 성장하는 축복을 받을 것이다. 잠언 4장 7절(쉬운성경)에서 분명히 말씀하셨다. "지혜가 최고이니, 지혜를 사거라. 네 모든 소유를 가지고 총명을 사거라."

누구든지 나처럼 기억력이 감퇴하고 있는 분이 있다면 이번 쉼터를 통해 격려를 많이 받게 될 것이다. 녹슬어 가는 뇌에 기름칠을 할 수 있도록 도와줄 아이디어들을 많이 실어두었다. "슬기로운 마음은 지식을 추구하나"라고 하신 잠언 15장 14절(쉬운성경) 말씀을 붙들고 쉼터로 가보자.

> 쉼터 **생각** 뇌를 자극하는 법

엄마들에게는 심각한 고민이 있다. 자신이 점점 재미 없는 사람이 되어가는 것을 느낄 때면 마음이 괴로운 것이다. 아이들이 나와 함께 있는 시간을 지루해 하지 않을까, 남편에게 매력 없는 사람으로 보이지 않을까를 생각하면 앞이 깜깜하다. 무엇보다 분위기 깨는 데 선수가 되어가는 모습을 보면 본인 스스로 괴로움을 느낀다. 이런 모습이 싫지만 거기에서 벗어날 방법을 모른다. 어떻게 하면 여유 있는 사람이 될까? 어떻게 하면 상식과 유머가 넘치는 사람이 될까? 어떻게 하면 재치 있는 사람이 될까? 어떻게 하면 삶을 모험을 즐기듯 신나게 살아갈 수 있을까? 여기에 내가 즐겨쓰는 몇 가지 간단한 '탈출 방법'을 제시한다.

- 시립도서관은 자녀들과 함께 할 수 있는 좋은 장소다. 특히 아이들을 위한 여러 가지 행사들이 열리고 있어, 아이들이 프로그램에 참가하는 동안 도서관의 다른 시설들을 이용할 수 있다. 요즘은 컴퓨터실이 따로 마련된 도서관이 많으므로 이용할 수 있는 폭이 훨씬 넓어졌다. 그 동안 읽지 못했던 책도 읽고, 컴퓨터를 통해 관심 있는 분야도 검색해보자. 취미생활 및 건강상식 등 필요한 정보들을 얻을 수 있다.
- 자녀들을 직접 학원에 데려다 주어야 한다면 책을 한 권씩 들고 다닌다. 기다리는 동안 차창을 열고 통풍이 잘 되는 곳에서 독서삼매경에 빠져보자.

- 직장생활을 하는 엄마라면 쉬는 시간이나 점심시간을 두뇌를 회전시킬 수 있는 시간으로 만들어라.
- 실내에서 헬스 자전거나 러닝머신을 이용할 때도 책을 읽을 수 있다. 책 받침대를 이용해 책을 꽂아두면 운동하면서도 책 읽는 즐거움을 만끽할 수 있다.
- 텔레비전을 보지 않기로 기간을 정한다. 텔레비전을 보지 않는 대신 책을 읽어보라. 재미난 책을 골라 가족들을 위해 큰 소리로 읽어주기도 하자.
- 소파에 앉아서 쉬려고 텔레비전을 켰는데 이미 한 번 봤던 것을 재방송한다면 책 읽을 시간이라는 사인이라고 생각하라. 책을 읽든지 머리를 써야 하는 게임을 하라.
- 큰 가방이나 운전석 옆 등, 잡지와 신문을 넣어 둘 수 있는 공간을 이곳 저곳에 마련해두자. 짬짬이 읽기에 좋은 리더스다이제스트가 단연 으뜸이다. 부피는 작지만 내용은 알차다. 가이드포스트도 괜찮다. 손에 딱 쥐어지는 작은 사이즈라서 어디든 들고 다니면서 읽을 수 있다. 마트에서 계산하려고 줄 서 있을 때, 은행이나 우체국에서 차례를 기다리며 앉아 있을 때, 차들이 막혀 도로에 정체되어 있을 때, 학원 앞에서 아이들을 기다릴 때 이 조그만 책을 꺼내 읽어보라. 기다림이 초조하지 않을 것이다.

 독서

뇌를 발달시키기 위한 방법 가운데 내가 가장 선호하는 것이 바로 독서다. 그런데 아이들이 어렸을 때는 도저히 책 읽을 시간을 갖지 못해 안타까웠다. 시간의 문제를 해결할 수 있는 몇 가지 아이디어를 살펴보자.

- 한 달에 한 번 정도 모이는 독서클럽에 가입한다. 다양한 활동을 하는 독서클럽도 늘고 있다. 한 달에 한 번 정도 같은 책을 읽고 토론하는 등 독서에 유익한 정보들도 얻을 수 있다. 독서와 토론의 기술을 단계별로 소개하는 곳도 있다. 인터넷에서 '독서클럽'을 찾아보자.
- 일 년에 한 번 쯤은 소설이나 희곡을 읽는다. 시대를 초월해 사랑받고 있는 명작이나 어렸을 때 즐겨 읽었던 책을 다시 읽어보는 것도 좋다. 분량이 적고 재미있는 책들이라면 단숨에 읽을 수 있을 것이다. 『샬롯의 거미줄』(Charlotte's Web), 『초원의 집』(Little House on the Prairie), 『낸시 드루의 추리 소설』(Nancy Drew mysteries), 『나니아 연대기』(The Chronicles of Narnia) 등 수없이 많은 종류의 책들이 기다리고 있다. 이런 책들은 아이들이 그림을 그리거나 조용히 놀고 있을 때 옆에서 읽어 주어도 좋은 책들이다.
- 소설이나 일반서적, 잡지 등을 읽는 시간이 아깝다고 생각되거든 재테크, 컴퓨터, 건강상식, 영양정보, 휴가철 정보 등 실용적인 분야의 책을 읽자.
- 독서에 탐닉하는 성격이 아니라면 오디오북(audio book)을 이용한다. 인터넷 사이트를 검색해보면 많은 정보를 얻을 수 있을 것이다.

 텔레비전

텔레비전 프로그램이라고 모두 흥미위주인 것은 아니다. 일반 방송국뿐만 아니라 케이블 방송국에서 역사물이나 다큐멘터리 혹은 과학 프로그램 등 지식을 더할 수 있는 것들을 많이 제작하고 있다.

- 요리 프로그램도 활용할 수 있다. 전문 요리사들이 만드는 음식이라

따라 할 엄두가 나지 않더라도 새로운 양념을 만드는 법이나 전혀 다른 재료를 섞어쓰는 법, 조리준비를 쉽게 하는 법 등 실생활에 활용할 수 있는 아이디어를 얻을 수 있다.

 퍼즐

퍼즐은 어떤 종류이든 두뇌활동에 도움이 된다. 인터넷을 통해 더 많은 정보를 얻을 수 있다.

- 〈게임〉(*Games*)이라는 잡지는 내가 제일 좋아하던 잡지다. '삶의 진실'에 출연할 때도 촬영할 때마다 가지고 다니면서 틈틈이 단어퍼즐을 즐겼다. 이렇게 가방 속이나 차 안에 넣어두기 좋은 사이즈의 잡지들도 많다. 짬이 날 때마다 머리를 쓰자!

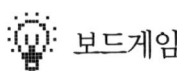 보드게임

나는 보드게임(장기 혹은 체스와 같이 판 위에서 하는 게임)과 카드놀이의 열렬한 팬이다. 그런데 우리 남편은 게임과 카드놀이라면 질색하는 사람이다. 아이들하고 하자니 너무 어려서 상대가 되어 주지 못할 때 '엄마모임'을 만들었다. 이 모임의 엄마들과 함께 어울리면서 좋았던 것 중 하나는 게임을 같이 즐길 수 있었다는 것이다.

게임 중에서도 생각을 많이 하게 하고 머리를 쓰게 만드는 약간 어려운 게임이 좋다. 좀 까다롭지만 스릴이 있고 재미도 있기 때문이다.

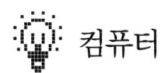 컴퓨터

- 인터넷과 친해져라. 검색하고자 하는 것들의 목록을 만들어 컴퓨터 옆에 붙여놓고 시간이 날 때마다 조금씩 찾아보자. 차를 새로 구입해야 한다면 어떤 차가 나와 있는지 검색할 수 있고, 관절이 아파서 치료법을 알아내야 한다면 그것도 검색이 가능하다. 오래 앉아 있지 않아도 잠시 시간을 투자해 우리의 궁금증을 풀 수 있다.
- 온라인상에서 할 수 있는 게임도 있다. 게임에 빠지지 않고 절제할 수 있는 능력만 있다면 컴퓨터상에서의 게임도 권할 만하다. 체스(미식 장기), 백개먼(판 위에서 흑·백 또는 적·백 두 색의 주사위로 하는 게임), 스페이드 카드게임 등 다양한 게임을 즐길 수 있다. 머리 회전을 할 수 있는 게임들을 찾아보라.
- 수수께끼나 기발한 퀴즈 등을 할 수 있는 사이트도 찾아보자.
www.gamesforthebrain.com

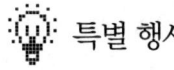 특별 행사

- 지역신문사나 공공기관에서 발행하는 무료신문에 관심을 갖자. 다 읽지 못하고 주요기사 제목만 훑어본다 해도 괜찮다. 각종 행사의 일정을 보내주는 등, 유익한 정보의 제공처가 되어줄 것이다.
- 구글 뉴스(Google news)를 비롯한 각종 포털 사이트는 최신 뉴스와 시사정보를 알아내기에 좋다.
- 주간 간행물들은 두께가 얇아서 엄마들이 읽기에 딱 좋다. 세상이 어떻게 돌아가고 있는지도 알게 되고 남편과 나눌 대화 주제도 풍부해진다.

- 크리스천 뉴스와 행사들, 새로운 이슈들에 대한 최신정보를 얻을 수 있는 홈페이지들을 검색하라.

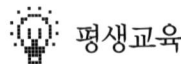 평생교육

앞에서 제시한 것들 가운데 몇 가지에 관심을 갖다보면 더 깊고 넓은 지식을 얻고 싶다는 생각이 들 것이다. 그렇다면 장래를 위해 구체적인 계획을 세워보자. 아래에 나온 제안들 가운데 내 마음을 끄는 것이 있다면 한번 부딪쳐보자. 일 년에 한두 가지 정도는 할 수 있을 것이다.

- 평소에 관심이 많았던 과목을 수강한다. 문화센터나 학원 등에서 쉽게 배울 수 있다. 이런 시간을 통해 사고의 폭을 넓힐 수 있을 뿐만 아니라 기대하지 못했던 것들도 배울 수 있다. 거기다 새로운 친구들도 만나고 그들에게 복음을 나눌 수도 있을 테니 당장 시작해보자.

  * 외국어
  * 컴퓨터
  * 재테크
  * 창업
  * 그래픽 디자인
  * 실내 디자인
  * 영양사
  * 웹 디자인
  * 동화구연
  * 독서와 논술지도

- 대학 때 전공했던 분야에서 완전히 손을 떼지는 말자. 무엇을 배우든지 무엇을 하든지 관심 있는 분야와 관계된 것에 투자하라. 나중에라도 다시 공부하고 싶어서 진학해야 할 때 큰 부담 없이 시작할 수 있으리라. 아이들이 많이 커서 엄마의 손길이 덜 필요한 나이가 되었다면 온라인상에서 운영하는 대학에 입학하라. 한 학기에 최소한의 과목만 수강한다 해도 머리가 녹슬지는 않을 것이다.
- 고전문학이나 예술을 즐길 줄 아는 감각을 잃지 않으려면 지속적으로 접해야 한다. 지방에서 열리는 문학축제나 대학의 연극제작에 참여한다면 계속해서 문화에 깨어 있게 될 것이다.
- 자녀들을 홈스쿨로 키우는 가정은 엄마가 더 많이 배워야 하기 때문에 지식습득에 도움이 된다. 우리 가정도 홈스쿨을 운영하고 있는데 아이들이 배우는 만큼 나도 함께 배우고 있다.
- 자녀들의 숙제 봐주는 것을 소홀히 하지 말자. 숙제를 도와주는 동안 엄마의 두뇌도 열심히 운동을 하기 때문에 엄마의 머리도 발달한다.

 영적인 부요함

영성을 키우는 동시에 사고력을 증진시킬 수 있는 방법도 적극 활용하자.

- 말씀묵상의 수준을 한 단계 높여본다. 말씀을 읽고, 묵상하고, 거기다 배경지식을 더해가면서 좀더 깊은 내용의 성경공부로 들어간다. 어디서부터 어떻게 시작해야 좋을지 모르겠다면 목사님이나 사역자들에게 자문을 구하자. 기독교 서점에 들러서 성경공부에 관련된 자료들도 살펴보고, 앞에서 나온 '말씀' 부분에서 아이디어도 몇 가지 따오자.

- 사이버 신학대학, 혹은 일반 신학대학의 온라인 강의를 찾아본다. 강의를 통해 영적으로 성장할 수 있는 기회도 얻고 동시에 지식을 더할 수도 있을 것이다.
- 양질(良質)의 크리스챤 소설을 읽는다. 내가 좋아하는 작가들은 프랜신 리버즈(Francine Rivers), 테드 데커(Ted Dekker), 랜디 알콘(Randy Alcorn), 그리고 브로크와 보디 소오엔(Brock and Bodie Thoene) 등이다. (세속적인 애정소설은 가급적 피하라. 너무 극단적인 예들이 많이 나오는 데다 현실과 맞지 않는 잘못된 기대감을 갖게 하며, 결혼생활에 대해 오해하게 만든다. 이런 소설은 두뇌활동에 도움이 되기는커녕 오히려 정신건강을 해친다.)
- 자서전이나 위인전 등을 읽는다. 기독교인들 가운데는 자신의 삶을 불태워 세상을 변화시킨 믿음의 선배들이 많이 있다. 그분들의 삶을 그린 책들은 언제나 깊은 감명을 준다. 이러한 영적 거장들의 발자취를 통해 우리의 삶에 적용할 만한 놀라운 교훈을 얻게 될 것이다. 이미 잘 알려져 많은 사람들의 사랑과 존경을 받고 있는 분들부터 시작해보자.

* 주는 나의 피난처 (*The Hiding Place*, 생명의 말씀사) / 코리 텐 붐
* 예기치 못한 기쁨 (*Surprised by Joy*, 홍성사) / 씨 에스 루이스
* 거듭나기 (*Born Again*, 홍성사) / 찰스 콜슨
* 십자가와 깡패 (*The Cross and the Switchblade*, 보이스 사) / 데이비드 윌커슨
* 영광의 문을 지나 (*Through Gates of Splendor*, 전도 출판사) / 엘리자베스 엘리엇
* 잔인한 자비 (*A Severe Mercy Sheldon*, 복 있는 사람) / 쉘던 베너컨

* 칠층산 (*The Seven Storey Mountain*, 성바오로 출판사) / 토마스 머튼
* 올리버 스토리 (*Power of the Powerless*, 요단 출판사) / 크리스토퍼 드 빙크
* 불구를 딛고 선 조니 (*Joni*, 생명의 말씀사) / 조니 에릭슨

누군가 나에게 제일 좋아하는 취미가 무엇이냐고 묻는다면 독서와 스크랩북 만들기라고 대답할 것이다. 이 두 가지를 통해 내 깊은 내면의 갈증이 해갈되는 것을 확실히 느꼈다. 이제부터는 취미생활을 통해 얻을 수 있는 영적인 유익함에 대해 말하려 한다.

13

취미

하나님이 주신 창조성

우리 어머니는 옷을 만드는 게 취미였다. 내가 어릴 때 입었던 옷들은 거의 어머니가 직접 만들어준 것이었다. 어머니와 내가 세트로 입을 수 있는 두 벌의 옷을 만들기도 하고, 사촌들이 입을 것까지 똑같은 것으로 만들어서 단체복처럼 입고 다니기도 했다. 내 바비 인형들까지도 나와 세트로 옷을 입었다. 내 인생의 최초의 기억도 어머니가 내 침대맡에서 밤이 새도록 재봉틀과 씨름하던 장면이었다. 잠을 자다가 한밤중에 눈을 떠보면 그 곳에 꼼짝 않고 앉아서 내 옷을 만들고 있는 어머니가 보였다.

 딸은 엄마를 닮는다더니 정말 그런가보다. (샤워하고 나오면서 거울에 비친 내 모습을 보면 영락없는 우리 어머니다.) 모전여전(母傳女傳)인지, 첫아이를 낳고부터는 자식 욕심이 머리끝까지 차올랐다. 필시 우리 어머니로부터 받은 DNA가 내 몸 구석구석 퍼졌기 때문이리라. 자꾸만 낳고 싶으니 이 일을 어쩌리.

 내가 존경하며 가깝게 지내는 글로리아라는 분이 있는데, 연세가 많은데도 불구하고 항상 뭔가를 하고 있다. 그분은 뭐든지 잘하고 또 뭐든지 반드시 해내는 억척스러운 분이다. 한 번은 글로리아 할머니 댁에 갔다가 오전 내내 재봉틀 사용법을 배운 적이 있다. 그리고 나서 재봉틀을 사버렸다. 그 때부터 나는 재봉틀의 매력에 흠뻑 빠졌다. 강좌를 신청하고 재료들도 사와서 정신없이 많은 것을 만들어댔다. LA에서 열린 박람회까지 가서 재봉틀을 사오는 열정을 보이기도 했다.

달력에는 우리 동네의 한 옷감가게에서 일 년에 두 번 열리는 40% 세일 행사일정을 기록해두곤 했다. 세일 하루 전에 미리 가서 둘러보고 필요한 재료들을 점찍어 두었다가 세일 당일에는 문을 열기 전에 가게 앞에서 기다렸다가 첫손님이 되곤 했다. 옷감과 핀, 끈, 단추 등 잡화들을 잔뜩 안고 뿌듯한 마음으로 집으로 돌아오곤 했다.

한번은 그 가게에 갔다가 강도를 만난 적도 있었다. 헤이븐을 임신해서 8개월이 되었을 때였는데, 어린 동생 케이시가 함께 갔었다. 계산대에서 기다리고 있는데 바로 내 앞에 있던 남자가 갑자기 총을 꺼내드는 게 아닌가. 나는 재빨리 천이 진열되어 있는 곳을 가리키면서 동생에게 귓속말로 말했다. "빨리 저 뒤에 숨어." 동생은 달아났고 강도는 내게 총을 들이대면서 꼼짝 말라고 협박했다. 나는 그냥 그 곳에 얼어붙은 채로 손을 배에 얹었다. 하나님께 우리 아기를 지켜 달라고 기도할 수밖에 없었다. 감사하게도 그 남자는 돈만 챙겨 달아나 버렸다.

자, 다시 본론으로 돌아가자. 그 때는 정말 뭐든지 꿰매고 재봉틀을 돌리며 열심히 만들어댔다. 커튼이며, 쿠션, 가방, 식탁용 접시받침 등 집안에 소용되는 것은 만들지 않은 것이 없었다. 아마 누군가 탁자며 의자까지도 재봉틀로 만들 수 있다고 했다면 벌써 법석을 떨었을 것이다. 그렇게 한참을 홈패션에 빠져서 살고 있을 때 사촌 낸시가 결혼을 하게 되었다. 내친김에 결혼식에 입고 갈 우리 가족들의 옷을 죄다 만들고 내가 입을 임산부용 드레스까지 만들었다. 남편이 극구 말리는 바람에 남편이 입을 양복은 포기해야 했는데, 지금 와서 그 때 사진을 꺼내보니 확실히 남편의 생각이 옳았음을 알 수 있다.

아이들이 어렸을 적에 우리 가족은 작은 집에서 월세로 살았다. 그런데 나는 그 집에 대한 향수를 갖고 있다. 안방에서 마당으로 통하는 미닫이문 옆에 재봉틀을 놓아 두었는데, 작업하는 동안 아이들이 뛰어노는 모습을 지켜볼 수 있었다. 아이들은 맑은 공기를 마시며 신나게 뛰어놀았고 나는 몇 시간이고 재봉틀에 앉아 나의 꿈을 수놓았다. 그 때가 내 인생에 있어서 가장 행복했던 순간들 가운데 하나로 남아 있다.

지금은 아이들이 사춘기라서 아이들의 옷을 내 마음대로 사주지 못한다. 내가 옷을 만들어 준다고 하면 아마 아이들은 질색할 것이다. 그래서 나의 열정을 쏟을 만한 또다른 취미를 찾다가 스크랩북 만들기를 시작하게 되었다. 스크랩북 안에는 아이들이 어렸을 때 세 명에게 똑같이 만들어 입혔던 옷으로 꾸민 페이지도 있다.

어떤 분이 이메일로 질문을 남겼다. "취미생활은 꼭 해야 하나요?"

반드시 취미가 있어야 한다고 말할 수는 없지만, 취미를 통해 많은 것을 얻을 수 있다는 것은 분명한 사실이다. 나의 경우를 보더라도 취미생활이 건전한 정신상태를 유지할 수 있도록 많은 도움을 준다. 화가 나더라도 뭔가 좋아하는 일에 열중하다 보면 분노가 사그라지곤 한다. 그 자리에서 잔소리를 퍼부어댈 것도 참을 수 있게 되고 감정을 차분하게 가라앉힌 뒤 대화할 수 있도록 도와준다. 결과적으로 우리 가정의 평화를 유지하는 데 한 몫을 하고 있는 것이다. 취미생활은 또한 스트레스 해소에 특효가 있다!

내 마음을 솔직히 표현하자면, 어떤 것에 취미를 가지고 손으로 무언가를 만드는 작업은 하나님으로부터 온 것이라고 말하고 싶다. 성경의 기록을 봐도 하나님이 최초로 하신 일이 세상을 '만드시는 작업'이었지 않은가. 하나님은 우리를 만드셨다. 그리고 인간에게도 하나님의 그 창조성을 부어주셨다. 인간이 자꾸 새로운 것들을 만들어내는 이유는 하나님의 창조성이 우리 안에 품어져 있기 때문이라고 믿는다. 우리가 그 창조성을 발휘해 무엇을 만들어내고 에너지와 정열을 쏟을 때 성취감과 확신을 얻게 되는 것이다.

나는 베스 모어의 성경연구 시리즈를 공부하면서 우리가 하나님의 성품과 천성을 드러낼 때 영광 받으신다는 것을 깨달았다. 취미생활을 꼭 해야 할 필요는 없지만, 내 손을 통해 하나님이 영광을 받으신다면 이 또한 멋진 일이 아닌가! "무릇 내 이름으로 일컫는 자 곧 내가 내 영광을 위하여 창조한 자를 오게 하라. 그들을 내가 지었고 만들었느니라"(사 43:7).

자르고 붙이고 만드는 창조의 과정에 몰두하며, 완성된 작품으로 인해 기쁨과 만족감을 얻는 우리의 모습을 생각해보라. 그 속에 하나님의 모습이 보이지 않는가? 우리는 확실히 하나님을 닮았다. 그런데 하나님이 천지만물을 지으신 이유는 무엇일까? 골로새서 1장 16절을 보면 "만물이 다 그로 말미암고 그를 위하여 창조되었다"는 말씀이 나와 있다.

취미활동을 위해 시간을 내는 것이 내키지 않거든 하나님을 기억하라. 하나님도 당신 자신을 위해 뭔가를 만드시면서 기뻐하셨다. 사실 우리가 뭔가를 만들 때는 다른 사람을 위해 작업하는 경우가 많다. 작품을 만들면서 기쁨을 얻는 것, 우리가 하나님의 DNA를 받았다는 또 하나의 증거다.

이번 쉼터에서는 취미로 가질 만한 아이디어들을 모아놓았다. 취미활동을 위한 시간을 어떻게 확보하면 좋을지도 빼놓지 않았다. 하나님의 취미는 무엇인지도 알려줄 생각이다. 힌트는 시편 139편이다.

쉼터) 취미 뭐든지 만들어 보자

취미생활은 우리에게 많은 유익을 가져다준다. 창조활동에 몰입하는 동안 스트레스에서 벗어나 마음에 여유를 갖게 되며, 자신을 표현해냄으로써 내면세계는 이전보다 풍요로워진다. 그 뿐만이 아니다. 정성과 시간을 들여 만든 작품을 다른 사람들과 나누는 기쁨도 누릴 수 있다.

시간 확보하기

- 뭐든지 '저절로' 되는 것은 없다. 무엇을 하기 위해서는 첫째로 시간이 확보되어야 한다. 우리 가족은 일과표를 만들어 취미활동 시간을 표시해둔다. 지난 몇 년 동안, 우리 남편이 생일선물로 뭘 원하느냐고 물으면 한결같이 '스크랩북 만들기 강좌'에 보내 달라고 했다. 평소에는 너무 많은 것들에 시간을 빼앗기기 때문에 차분히 앉아서 제대로 된 스크랩북을 만들 수가 없다. 집에 있으면 이메일에 답장 해야지, 세탁기 돌려야지, 아이들 돌봐 줘야지, 스크랩북 만들기보다 더 중요하고 급해보이는 돌발 상황에 나의 취미는 늘 뒷전으로 밀리기 마련이다. 그럼에도 불구하고 창조적인 활동을 위해 시간을 확보하려고 최대한 노력한다.

- 아이들과 함께 할 수 있는 것을 택해 자녀들로 하여금 동참하게 한다. 완성된 작품을 군인들에게 위문품으로 보내거나 가까운 양로원에 가지고 가서 선물해보자. 다른 이들을 기쁘게 해서 좋고, 냉장고 위에 잔뜩 쌓아두지 않아서 좋고, 아이들의 작품을 버리지 않고 활용

할 수 있으니 좀 좋은가.
- 취미활동을 하면 가족들에게 할애할 시간이 부족해질까봐 걱정이 되는가? 그렇다면 축구중계를 보고 있는 남편 옆에 앉아서 작업해보라. 아이들이 잠자리에 든 시간이라면 더 좋을 것이다.
- 같은 취미를 공유할 수 있는 친구를 사귄다. 매달 한 번씩 정기적으로 만나 취미활동에 관한 정보도 나누고 공동작품도 구상해보자. 혼자 할 때보다 능률도 오르고, 약속을 지키기 위해서라도 그 시간만은 창조활동을 위해 온전히 쓰게 될 것이다.
- 뜨개질, 레이스 만들기 등은 자투리 시간을 활용하기에 가장 좋은 취미다. 부피가 얼마 되지 않아 어디든 가지고 다니면서 시간이 날 때마다 꺼내들 수 있다는 장점이 있다.
- 일주일에 한 번 정도는 친구들과 모여 취미생활을 나눈다. 각자 아이들을 학교에 보내고 난 뒤에 자신의 도구와 재료를 가지고 한 집에 모이자. 서로 살아가는 얘기를 나누면서 작품을 완성하다보면 시간 가는 줄 모를 것이다. 돌아가면서 집을 개방하고 약간의 간식도 준비한다면 훨씬 즐거운 시간이 될 것이다.
- 한 달에 한 번은 '취미의 날'을 정해 취미활동에 필요한 문제들을 한꺼번에 해결한다. 반드시 달력에 기록해두고 자신과의 약속을 지키자.

생산성 높은 취미

취미활동이 비생산적이라고 생각하는 남편 때문에 시도하지 못하고 있다면 생산성 높은 취미를 내세워보자. 가족들의 만족도도 높이고 나의 성취감도 높일 수 있다.

- 요리야말로 실용성을 중요시하는 가정주부에게 알맞은 취미가 아닌가 싶다. 어느 정도 큰 아이들이라면 요리할 때 동참하도록 기회를 제공하자. 요리하는 과정을 통해 많은 것을 배울 수 있다.
- 케이크 만들기도 재미만점이다. 영양을 고려한 케이크를 직접 굽고 꾸미기도 할 수 있으니 유익함이 이만저만이 아니다. 그러나 조심하라! 우리 어머니가 케이크 만들기를 배웠을 때 내 몸무게가 7kg이나 늘었던 적이 있다.
- 사랑하는 사람들에게 줄 성탄절 선물을 미리 만든다. 한 달에 하나씩 만들면 연말이 되기 전에 다 만들 수 있을 것이다.
- '조경'도 좋은 취미가 될 수 있다. 예쁜 꽃과 나무를 가꾸면서 자연을 만끽할 수 있는 취미 아닌가. 한쪽에는 자연식 식단을 위한 싱싱한 채소도 키워보자.

축복을 나누는 취미

내가 받은 은사를 다른 이들과 나누는 것도 복된 일이다. 취미를 살리면서 다른 사람들에게 축복을 전할 수 있는 아이디어들이 여기 있다.

- 신앙전집(faithbooking)을 만들어보자. 신앙전집은 스크랩북 만들기와는 전혀 다른 새로운 차원의 단계라고 할 수 있겠다.
- 수제 카드를 만들어보자. 자신이 직접 예쁘게 장식한 카드에다 감사의 말, 사랑의 말을 써서 보내자. 시간과 공을 들여 만든 그 정성이 전달될 것이다.
- 생일선물, 특별 기념품, 결혼기념일 선물 등 다양한 것에 창의성을 발휘하자. 자신이 직접 만들고 집에서 꾸밀 수 있는 아이디어들이 듬

뿍 담긴 책들도 많이 나와 있다.

저렴한 취미활동

취미들 가운데는 비용이 거의 들지 않는 것들도 많다. 저렴하면서도 재능을 드러내고, 기쁨의 향기를 전할 수 있는 취미활동에는 어떤 것들이 있을까?

- 뜨개질은 종류를 막론하고 누구에게나 인기 있는 취미 가운데 하나다. 비용은 얼마 들지 않지만 수준이 높아지면 상당히 복잡해지기 때문에 정신을 집중해야 한다. 간단한 것에서부터 대대로 물려줄 수 있는 소장용에 이르기까지 다양한 수준이 있기 때문에 오랫동안 작품에 몰입할 수 있다.
- 홈패션에 몰입하는 것도 좋다. 비용만 감당할 수 있다면 가정에 필요한 것들을 직접 만들 수 있기 때문에 매우 바람직한 취미라 할 수 있겠다. 옷, 커튼, 베개, 테이블보 등 집안을 통째로 같은 톤으로 장식할 수도 있다.
- 벼룩시장에 참여하는 것도 권장할 만한 취미생활이다. 특히 쇼핑벽이 있는 주부라면 반드시 고려해 보라고 권하고 싶다. 벼룩시장에서 직접 물건을 팔아보는 것도 자녀들에게 훌륭한 경제수업이 될 것이다.

자르고 붙이는 것만이 창조활동은 아니다!

- 작가가 되어보자. 짧은 에세이, 동화, 자서전, 가족사 등을 기록으로 남겨보는 것은 어떨까?

- 계보를 정리해본다. 이전에 알지 못했던 조상들에 대한 정보도 모아 보자.
- 그림을 그린다. 그림에 사용되는 여러 가지 재료들로 예술적 감각을 표현해낼 수 있다.
- 악기를 배운다. 피아노나 기타, 바이올린, 하모니카 등 배우기에 늦었다고 생각하지 말고 일단 시작하자.
- 우리 엄마모임의 한 멤버는 자신의 졸업을 기념하기 위해 무엇인가 도전해보고 싶어했다. 마침 지역 연극동호회에서 샤도우랜드(Shadowlands, C.S. 루이스의 일대기를 그린 희곡)를 무대에 올릴 것이라는 소식을 듣고 지원했다가 주연을 맡았다. 매우 멋진 공연이었고 그 엄마에게는 더없이 귀한 경험과 추억이 되었다.

취미활동이라고 할 만한 것이 하나도 없는 엄마라면 지금부터 하나라도 시작해보기 바란다. 문화센터나 수제품을 취급하는 가게에서도 강좌에 참여할 수 있다. 평생교육원이 있는 대학도 알아보자. 여러분의 창의성을 자극할 만한 것을 찾게 될 것이다.

- 미술강좌
- 액세서리 공예
- 꽃꽂이
- 악기연주
- 사진촬영
- 서예
- 댄스
- 도자기 공예

- 선물포장
- 뜨개질은 최고의 취미생활이다. 재료를 가지고 다니기 쉬울뿐더러 적은 비용으로 다른 사람을 위해 근사한 것을 만들어줄 수 있으니 참 좋다. 하나님도 뜨개질(Knitting)을 취미로 삼으실 정도였으니….

주께서 내 장부를 지으시며 나의 모태에서 나를 조직(Knitted)하셨나이다. _ 시편 139:13

이제 페이지를 넘기면 나의 새로운 이론을 만나게 될 것이다. 하나님은 우리가 신나게 노는 것을 좋아하신다고 나는 믿는다. 즉 삶의 즐거움 또한 하나님이 허락하신 것이고, 신나게 놀며 웃을 줄 아는 것도 인생에 있어서 매우 중요한 요소라는 뜻이다. 진정으로 기쁨이 충만하다면 저절로 웃게 된다. 그리고 웃는 사람은 행복한 사람이다. 자, 나와 함께 여행을 계속하면서 하나님이 주시는 즐거움에 동참하자.

14

즐거움

우리에게 양약과 같아

결혼생활에 충실하고 아이들을 직접 키우고자 연예계를 떠나기로 결심했을 때 얼마나 기뻤는지 모른다. 아이들과 하루 종일 함께 지내는 것이 그렇게 행복한 일인지 몰랐다. 순간순간 감사의 연발이었다. 그렇게 행복했지만, 일도 하지 않고 아이들을 직접 키우는 행복을 누렸음에도 불구하고 가끔은 외로웠다. 세상과 동떨어진 생활을 하고 있다는 생각이 물밀듯 밀려올 때면 등골이 시릴 만큼 쓸쓸하기도 했다. 아이를 셋이나 데리고 있었으니 갈 데도 없고 오라는 데도 없었다.

  대화할 상대가 간절히 그리워졌다. 나와 말이 통하는 어른들과 모여서 얘기라도 실컷 했으면 싶었다. 그래서 몇 명의 친구들에게 전화해서 금요일에 점심을 먹으러 오라고 초대했다. 친구들은 아이들을 데리고 왔는데, 마침 점심시간과 아이들 낮잠시간이 맞았으므로 다들 한방에 모여서 애들을 재우고 우리는 점심을 먹었다. 2시간이 넘도록 먹고 놀고 웃고 떠들었다. 몇 년 만에 그렇게 신나게 웃고 얘기를 나누었는지 모른다. 사실 별것도 아니었는데, 웃기지도 않은 것들이었는데 그렇게 신났었다. 아마 그렇게 웃을 수 있는 시간이 필요했었나 보다. 배꼽을 잡고 웃다보면 옆구리가 아파오고 어떨 땐 오줌을 찔끔거리기도 하지만, 눈물이 날 정도로 웃다보면 어느새 모든 시름은 사라져 버렸다.

우리는 마치 사춘기 소녀로 돌아간 것 같았다. 그래서 그런 시간을 더 자주 가지기로 의견을 모으고 즉시 다음 주에 다시 만나기로 약속을 정했다. 한 엄마는 점심을 준비하겠다고 자원했다. 그것이 시작이 되어 엄마들의 모임을 만들게 된 것이다. 처음에는 "마음의 즐거움은 양약"이라는 잠언 17장 22절의 말씀을 따라 '굿 메디슨 클럽'(The Good Medicine Club)이라고 불렀다.

우리의 모임이 즐거웠던 이유는 매주 다른 음식을 먹을 수 있었기 때문이다. 그것도 평소에 잘 먹어보지 못했던 음식들로 배를 채웠다. 집에서 가볍게 먹던 통조림식품도 아니고, 애들이 먹다 남긴 치킨너겟도 아니고, 땅콩잼·딸기잼을 바른 빵도 아닌, 뭔가 색다른 것을 먹을 수 있다는 그 기쁨이 컸다. 우리는 주로 남편이 잘 먹지 않아서 해먹지 못했던 것들, 아이들이 싫어해서 별로 하지 않았던 음식들을 만들어 먹었다. 그리고 일주일에 한 번씩만 돌아가면서 요리를 했기 때문에 차례가 돌아올 때까지 다른 사람이 해주는 음식을 받아먹을 수 있었다. 그것도 또 하나의 즐거움이었다.

그 가운데 가장 나를 기쁘게 했던 것은 우리가 모일 때마다 함께 놀 수 있었다는 사실이다. 특히, 게임을 할 수 있는 상대가 있다는 사실이 얼마나 좋았는지 모른다. 서로 내기를 하면서 상대방에 대해서 몰랐던 부분도 알게 되는데 그것도 은근히 즐거웠다. 진짜 성격이 드러날 때는 아무도 말릴 수 없다는 것도 그 때 알았다. 심하게 웃을 때는 눈물이 흐를 때까지 웃어댔기 때문에 주사위의 점도 제대로 볼 수 없을 정도였다. 모일 때마다 얼마나 재미있게 보냈던지 다음 모임 때까지 일주일을 기다리기가 힘들어서 하루하루 날짜를 세기도 했다.

시편 16편 11절을 보면 "주께서 생명의 길로 내게 보이시리니 주의 앞에는 기쁨이 충만하고 주의 우편에는 영원한 즐거움이 있나이다"라는 말씀이 있다. 또 시편 27편 6절에서는 "이제 내 머리가 나를 두른 내 원수 위에 들리리니 내가 그 장막에서 즐거운 제사를 드리겠고 노래하여 여호와를 찬송하리로다"라고 기록되어 있다.

요한계시록 4장 11절에서는 우리가 하나님의 기쁨을 위해 지어졌다고 말씀하신다. 뿐만 아니라 하나님은 우리의 순전한 기쁨을 예배로 받으신다고 하신다. 인간이 느끼는 기쁨과 즐거움, 이를 통해 터져나오는 웃음은 하나님이 우리를 창조하실 때 우리 안에 넣어주신 특성이다. 하나님은 우리가 인생을 살아가는 동안 기쁘게 살기를 원하신다. 왜냐하면 이 삶은 하나님이 우리에게 주신 큰 선물이기 때문이다. 우리가 하나님이 선물하신 이 인생을 즐기며 감사함으로 살아가는 것, 이것 또한 주님께 큰 기쁨을 안겨드리는 일이다.

인생을 즐기는 데도 지혜가 필요하다. 즐거움이 향락으로 치우쳐서는 안 될 것이다. 잠언의 말씀이 이를 잘 보여주고 있다. "연락을 좋아하는 자는 가난하게 되고 술과 기름을 좋아하는 자는 부하게 되지 못하느니라." (잠 21:17)

그렇지만 나는 여러분이 타락할까봐 걱정하지는 않는다. 지금 이 책을 붙들고 있을 정도라면 향락에 빠지고 정력을 낭비하는 사람은 아닐 것이기 때문이다. 오히려 우리가 풀어야 할 숙제는, 상쾌한 웃음을 되찾아서 스트레스를 푸는 것이다. 그러려면 어떤 방법을 취하는 것이 좋을까?

건전하고 즐겁게 놀 줄 아는 사람은 이것이 정서적으로나 신체적으로 중대한 영향을 끼친다는 것을 아는 사람이다. 참인생을 즐길 줄 아는 사람이다. 과학자들은 인간이 한 번 웃을 때마다 혈압이 내려간다는 사실과 스트레스로 인해 형성되는 악성 호르몬이 차단되고 면역성이 올라간다는 사실을 발견했다. 그리고 사람이 웃을 때 심장과 폐에 미치는 영향이 에어로

빅을 해서 얻는 것과 같다고 한다!

웃는 것이 나한테만 좋은 것은 아니다. 온 가족에게 미치는 엄마의 웃음, 그 영향력은 대단한 것이다. (그러나 아직도 재미있게 놀라고 하면 망설일 엄마들이 많다는 것을 안다. 즐겁게 사는 것에 죄책감을 느껴서는 안 된다. 우리가 기쁨을 가득 안고 살 때 그 기쁨이 가족들에게도 전염된다는 사실을 기억하기 바란다.)

집안의 분위기는 엄마에 의해 좌우된다. 엄마가 인생을 즐겁게 살 줄 안다면 집안 전체가 밝고 명랑해지며 웃음이 떠나지 않는 분위기가 만들어질 것이다. 긴장할 만한 상황이 닥쳐도 실수한 사람을 몰아붙이고 깎아내리지 않는다. 대신 지혜로운 유머 한 마디를 통해 주님의 사랑을 가르칠 수 있는 기회로 사용할 것이다. 엎질러진 우유를 보면서 대성통곡하는 대신 박장대소할 수 있는 분위기 말이다. 이제 우리의 사명은 정해졌다. 집안을 웃음바다로 만드는 것이다!

아이들을 훈계할 때조차 즐겁게 가르칠 수 있다는 사실을 발견했다. 잔소리는 반드시 심각해야만 효과가 있다고 했던 사람이 누구인가? 아이들을 데리고 즐겁게 살아보자. 유머감각을 발휘하면 야단맞는 아이들에게도 좋고 야단치는 엄마에게는 더욱 좋다. 정신없이 살다보면 엄마라는 자리가 얼마나 큰 행복을 주는 자리인지 종종 망각한 채 신경질을 부려서 분위기를 망치는 일도 있다. 이제부터는 아이들과 재미있게 지내도록 노력하자. 서로 웃는 얼굴로 대하면 말썽꾸러기조차 사랑스럽게 보이는 법이다!

자, 이제 다시 쉼터에 다다랐다. 이번 쉼터에서는 다 같이 신나게 놀아보자.

 **즐거움** 화기애애한 분위기 조성하기

마음의 즐거움은 양약이라도 심령의 근심은 뼈로 마르게 하느니라. _ 잠언 17:22

웃으면 심장이 튼튼해진다. 웃으면 건강해진다. 웃으면 정신도 맑아진다. 남편과 아이들과 신나게 웃을 일을 만들어보자. 웃을 일이 많다는 것은 추억거리가 많아진다는 얘기다. 추억은 함께 웃는 순간들의 결정체다. 가족들과 잊지 못할 추억을 많이 만들자. 돈을 들이지 않고도 신나고 재미있게 살 수 있는 방법이 있다.

웃음을 창조하라

새로운 것을 시도해보라. 집안이 웃음바다가 되도록 하기 위해서는 새로운 것에 대한 두려움을 극복해야 하리라. 이런 아이디어들은 어떤가?

- 아이들과 꼭두각시 인형극을 해본다. 의자에 헝겊 하나를 덮으면 무대 완성! 대본도 아이들과 머리를 맞대어 직접 써보자. 아빠가 퇴근하면 최고의 관객이 되어줄 것이다.
- 거실을 정글이라고 생각하여 사파리 여행을 떠나는 것은 어떨까. 큰 텐트 하나면 치면 정글모험이 시작된다. (텐트를 치기 어려우면 의자 몇 개에다 담요를 뒤집어씌운다.)
- 말타기 놀이를 한다.

- 서로 간지럼 태우기를 한다.
- 베개 싸움을 한다.
- 코믹물을 본다.
- 조각이 많은 퍼즐을 함께 완성해본다. 상이나 탁자를 퍼즐용으로 지정해놓고 다 완성할 때까지 그 위에 펼쳐두자. 온 가족이 모여서 완성해도 좋고, 시간이 되는 사람이 그 앞을 지나칠 때마다 몇 조각씩 맞추고 지나가도 좋다.
- 살림도구나 부엌집기를 이용해 악기를 만든다. 아이들과 함께 신나게 연주도 하고 행진도 해본다.
- 종이비행기를 날려본다.
- 아이들과 함께 신나게 놀자! 지점토도 만들고, 그림도 그리고, 소꿉장난도 하고, 가게놀이도 하는 등 아이들의 눈높이에서 놀자. 엄마가 꼭 가르치기만 하고 설교만 늘어놓는 사람은 아니다. 아이들과 방바닥에 쪼그리고 앉아서 인형놀이도 하고, 블록쌓기도 하고, 자동차 경주도 하고, 레고로 도시를 만들기도 하라. 아이들이 재미있어 하는 것을 함께 즐겨보라.

보드 게임

남편이 게임을 좋아하거든 특별히 '게임의 날'을 정해서 온 가족이 둘러앉아 게임을 즐기자. 온 가족이 텔레비전 앞에 앉아 있는 것보다 훨씬 즐거운 시간이 될 것이다.

가끔은 사람들을 초대해 우리 집에서 '게임의 밤'을 연다. 처음에는 게임을 싫어한다고 했던 사람들도 시간이 흐르면 얼마나 게임에 열중하게 되는지 모른다. 특히, 우리 게임 마니아들은 진 사람에게 맛보일 따끔한 벌칙을 두루 알고 있는 덕분에 다른 사람들이 모르는 재미가 두 배!

식사시간도 즐겁게

식사시간도 즐거운 시간으로 만들자.

- 팬케이크를 만들 때 예쁜 모양으로 만든다. 미키마우스 모양이든지 초콜릿을 넣어 변화를 주자.
- 디저트를 먹을 때도 아이들에게 '예쁘게 꾸며보기' 시합을 하게 한다.
- 아이스크림도 생크림이나 초콜릿 시럽 등을 뿌려서 예쁘게 만들어 먹는다.
- 세일 시기를 알아 두었다가 파티용품을 미리 장만한다. 그리고 중요한 일이 있을 때마다 집안을 화려하게 장식한다.
- 레스토랑 놀이를 한다. 식사시간에 아이들에게 레스토랑에서 음식을 날라 주는 종업원 역할을 하게 한다.
- 두꺼운 종이상자를 이용해 동굴을 만들고 그 안에서 음식을 먹는다.
- 가끔은 특별한 날이 아니어도 케이크를 산다. 케이크 위에 '즐거운 월요일'이라고 크게 써달라고 하라. 평범한 일상을 파티 때처럼 즐겁게 만들 수 있다.
- 밥을 먹을 때 매일 사용하는 수저나 젓가락, 포크 대신 주걱이나 국자 등 조리기구를 사용해본다. 국을 먹을 때는 국자를 사용하고, 수저 대신 주걱을 사용해보자. 아이들이 무척 재미있어 할 것이다.

차 안에서도 신나게

온 가족이 함께 차를 타고 이동할 때는 차 안에서도 간단한 게임이나 놀이를 할 수 있다. 남녀노소 즐길 수 있는 간단한 게임을 소개한다.

- 아이들이 잘 아는 동요를 큰 소리로 부른다. '반짝반짝 작은 별' '떴다 떴다 비행기' '곰 세 마리가 한 집에 있어' 등 온 가족이 함께 부를 수 있는 노래들을 부르자.
- 차가 막힐 때면 주변에 있는 차 속의 사람들을 위해서도 기도한다.
- 아이들과 함께 '스무고개' 놀이를 하자.

야외놀이

아이들은 바깥 공기를 자주 쐬며 놀아야 한다. 육체적인 움직임이 성장발달에 좋을 뿐 아니라 정서에도 좋다. 그리고 자주 안아주고 쓰다듬어 주자. 아이들이 사랑받는다는 느낌을 충분히 가질 것이다.

- 술래잡기
- 숨바꼭질
- 피구
- 농구
- 물풍선 싸움
- 보물찾기
- 손전등으로 술래잡기

엄마는 공짜를 좋아해!

주위에서 무료로 제공되는 것은 최대한 활용한다.

- 공원
- 놀이터
- 도서관
- 공공장소에서 제공하는 무료강좌
- YMCA, YWCA
- 백화점이나 마트의 무료 놀이방
- 박물관의 무료입장 시간대 활용

동네를 샅샅이

자기가 살고 있는 지역에도 갈 곳도 많고 할 일도 많다. 방학이나 휴가를 이용해 평소에 해보지 못했던 일, 가보지 못했던 곳을 찾아본다.

- 아이스크림 가게
- 가까운 곳에 있는 동물원
- 공원
- 유명한 음식점
- 영화관
- 수영장을 즐길 수 있는 호텔

고정관념을 깨라!

- 자녀들과 함께 점심 도시락을 준비해 아빠를 사무실 근처에 나오게 한다. 오랜만에 온 가족의 소풍을 즐겨보자.
- 레스토랑에서 음식을 주문할 때 평소와 다른 목소리를 내본다. 그리고 음식을 먹을 때는 아무 일도 없었던 것처럼 평소대로 행동한다. 아이들이 재미있어할 것이다.
- 동네 귀퉁이에 간이 테이블을 가져다놓고 레모네이드나 주스를 만들어 아이들과 팔아보자.
- 아직 잠에서 깨어나지 않은 아이들을 차에 싣고 아침식사를 제공하는 식당에 데려가자. 아이들 잠옷을 갈아입히지 않은 채로 말이다.
- 애견을 키우는 동네 사람들과의 모임을 갖는다. 공원 같은 곳에 모여 강아지들이 좋아하는 먹을거리를 준비하자. 그러면서 강아지의 주인들과 교제하자. 이 때 강아지의 배설물은 반드시 주인이 처리한다.

'아니, 이 분은 매일 책만 읽고, 스크랩북이나 만들고, 놀기만 하고 이상한 것들만 하시네.'

혹시 이렇게 생각하는 분들이 있을까봐 짚고 넘어가야겠다. 내가 정말 이런 소일거리만 찾는 사람이라면 지금 이 책을 쓰고 있지 않았을 것이다. 우리 딸하고 포켓볼을 치고 있지 않았을까? 나는 일만 아는 사람이 되어서는 안 된다는 사실을 말하고 싶은 것이다. 바쁜 가운데서도 가끔은 마음을 유쾌하게 만들 수 있는 소일거리를 즐길 줄 알아야 한다.

가끔 사람들로부터 어떻게 그 많은 역할을 감당하느냐는 질문을 받는다. 집에서 아이들 홈스쿨을 하면서 목사 사모로서의 역할도 감당하고, 책도 쓰고, 강의도 하고, 스크랩북도 만들고, 언제 그런 일을 다 하느냐는 것이다. 하지만 내가 이 많은 것을 항상 잘 하는 것은 아니다. 한 부분에 초점을 맞추어 살다가 어느 정도 시기가 되면 다른 것을 시작하는 식으로 조금씩 옮겨다니는 것이다. 그러면서 삶의 균형을 잃지 않으려고 애쓰는 것뿐이다. 균형 잡힌 삶을 사는 것은 쉽지 않다. 한쪽이 기울면 얼른 쫓아가서 세우고 또다른 한쪽이 기울면 또다시 달려가 맞춰놓는다. 그러다가 떨어뜨리기도 하고 망치기도 한다.

그러면서도 많은 일을 감당할 수 있는 건 아이들도 어느 정도 자랐고, 남편이 집에 있을 때는 도와 주기도 하고, 가까이 사는 친정어머니가 오시기 때문이다.

또 한 가지를 꼽자면 미리 세우는 계획 덕분이다. 치밀한 계획은 바쁜 스케줄을 관리하는 데 큰 도움이 된다.

이제 실제로 자기관리 기술에 들어가보자. 자기관리 기술 가운데 시간관리야말로 가장 중요한 기초 작업이다.

# 4

삶을 돌아보라

15 _ 자기관리 나는야 '미시즈 플랜'
16 _ 집안일 먼지는 쌓이라고 있는 것?
17 _ 요리 손수 만든 빵을 쪼개며
18 _ 재정관리 늙고 힘없을 때 내가 너를 돕지 않겠느냐
19 _ 직업 잠언 31장의 주인공은 일하는 여성

■ ■ ■ ■ ■ ■ ■ ■ 15 ■ ■ ■ ■ ■ ■ ■ ■

자기관리
나는야 '미시즈 플랜!'

백문이 불여일견(不如一見)이라고, 백 마디로 떠드는 것보다 확실하게 보여 주는 것이 좋을 것 같아서 내가 수 년 동안 사용해온 몇 가지 도표를 실었다. 이 도표들은 아이들에게 치이며 정신없이 살 때 도움이 많이 되었다. 내가 실어둔 도표를 바탕으로 각자에 맞는 스케줄 관리를 생각해내기 바란다. 처음에는 일일이 계획을 세운다는 것이 시간을 잡아먹는 게 아닐까 생각되겠지만 일단 몸에 배고 나면 훨씬 많은 시간을 절약할 수 있다.

내가 사용하고 있는 도표 중에는 우리 남편이 어머니날(미국은 어머니날과 아버지날을 따로 기념함) 기념으로 만들어준 것도 있다. 이것은 내가 제일 아끼는 도표이며, 실생활에 가장 많이 쓰고 있기도 하다. 컴퓨터로 모든 것을 해결하는 우리 남편의 눈에는 아침마다 종이에 줄을 그어가면서 계획표를 짜는 내가 안쓰러웠던 모양이다. 나는 매일 아침, 전날의 스케줄을 보면서 줄이 그어져 있지 않은 것은 새 계획표에 옮겨적었다. 전화해야 할 곳, 해야 할 일, 가야 할 곳 이렇게 세 부분으로 간단하게 분류해 만들었다.

날마다 해야 할 일은 많고 시간에 늘 쫓기니 그 날 계획했던 대로 하는 것은 반도 못 되었다. 계획을 열심히 세워도 그러니, 기록조차 하지 않는다면 도대체 얼마나 제대로 하고 살았을까. 아래에 있는 도표가 바로 우리 남편이 만들어준 것이다. 매우 간단해 보이지만 매일매일 훌륭한 비서 역할을 톡톡히 하고 있다.

오늘의 할 일

전화할 곳	확인	해야 할 일	확인	가야 할 곳	확인

내가 이 표를 열심히 사용했더니 남편이 감명을 받았는지 그 다음 해 어머니날에는 멋진 '장보기' 표를 만들어 주었다. 우리 부부는 이 표를 만들기 전에 마트 조사를 나갔다. 우리는 자주 다니는 마트로 가서 빵을 파는 곳이 있는 제일 왼쪽부터 한 칸씩 이동하면서 어떤 물건이 어디에 배치되어 있는지 적어갔다. 그 마트의 제일 마지막 부분에 있는 채소 진열대까지 가서야 우리의 작업이 끝났다. 조사가 끝나자 아래의 표가 만들어졌다.

빵 종류	조리 식품	유제품	냉동식품	청소도구	화장실용품	육류

간식	시리얼	음료수	제빵 재료	통조림	면 종류	채소·야채

　이 표를 만든 후로는 일주일에 한 번씩 프린트를 해서 냉장고 옆에 붙여 놓고 그때 그때 필요한 것이 생각날 때마다 각 항목에 맞도록 기록했다. 장을 볼 때 이 종이를 가져가면 무엇을 살까, 혹은 어디에 무엇이 있나 헤매고 다닐 필요 없이 마트 왼쪽에서부터 오른쪽 끝까지 한 바퀴 돌기만 하면 된다. 시간절약도 되고 무엇을 사야 할까 고민할 필요가 없어서 편하다.

　요즘은 먹을거리가 걱정이다. 가족들 건강을 생각하면 식사준비를 대충 할 수가 없다. 영양배합도 생각하면서 신중하게 음식을 선택해야 한다. 나도 수년 간 가족들을 위해 영양식을 만들기 위해 노력해왔다. 가족들이 먹을 것을 생각하면 힘든 것도 잊고 기쁘게 음식을 만들게 된다. 식사를 준비할 때 일주일 정도의 분량을 미리 생각해서 계획을 세우면 여유 있는 마음으로 준비할 수 있다. 남은 재료와 새로 구입해야 할 품목을 정리해 두면 장을 한꺼번에 볼 수 있는 이점도 있다. 이 정도로 준비가 되었으면, 오후에 냉장고 문을 열고 비어 있는 칸을 바라보며 참치 캔하고 만두피만 가지고 뭘 만들까 걱정하지 않아도 된다. 아래에 나와 있는 표는 한 예로서, 한 달 분량의 식단이다. (영어와 숫자로 표기된 부분은 내가 애용하고 있는 요리책 제목의 약자와 페이지다. 응용해서 만들어보자.)

우리 가족을 위한 식단

월	화	수	목	금	토	일	아침식사	스티브 도시락
어와나 외식	FF-165 이태리식 샐러드	성가연습 남은 음식	닭요리 밥 야채 롤빵	엄마모임 에서 남은 음식	BCC-146 마이클의 갈비 바비큐	BCC-181 칠면조 요리밥 BCC-99 치즈 얹은 옥수수	시리얼 팝 타르 과일 주스 필스버리 롤빵 체리&엔젤 빵 호밀빵	남은 음식 햄 샌드위치 땅콩 잼& 바나나 샌드위치

월	화	수	목	금	토	일	아이들 점심	도시락
어와나 외식	브로콜리& 크림 치즈스프 머핀	성가연습 분석	CP-84 간단 스튜 이스트 롤	엄마모임 에서 남은 음식	피자 가족의 시간	할머니댁	콩요리 치킨너겟 생선전 PB&J 델리 샌드 위치 남은 음식	사과 얼린 과일 육포 애플소스 땅콩 잼 얹 은 샐러리 렌치 소스 & 당근

월	화	수	목	금	토	일	급할 때	요리책
어와나 외식	DH-121 쇠고기 요리 브로콜리 찜 롤빵	성가연습 남은 음식	파티	엄마모임 에서 남은 음식	DH-62 동양식 치킨 샐러드 얼린 달걀 롤빵	교회 식당	냉동 피자 시리얼 구운 치즈 빵	MM=Make A Mix C=Cauble Book CP=Crock Pot. PC=Pr. Cooker DH=Deep in Heart BCC=Best of Cook H=Holland Grill
어와나 외식	DH-39 간단 칠리 옥수수 빵	성가연습 분석	FF-63 독일식 감자스틱 치즈 빵	엄마모임 에서 남은 음식	피자 가족의 시간	CC-19 폭찹&그레 이 비소스 CC-94 사과 오븐 요리	치킨 샐러드	

우리 아이들이 더 어렸을 때 사용했던 '집안일 돕기' 표를 보관했더라면 좋았을 텐데, 지금 찾아보니 없다. 글자를 모르던 아이들의 이해를 돕기 위해 칫솔도 그려넣고, 욕조도 그려넣고, 성경도 그려넣곤 했다. 아이들이 아직 어리긴 했어도 바른 습관을 배우기 시작할 때라는 생각이 들어서 일찌감치 시작했다.

아래에 실린 표는 몇 년 전에 쓰던 것이다.

아이들의 집안일 돕기

	클랜시	확인	터커	확인	헤이븐	확인
월	작은 화장실 청소 쓰레기통 대문 밖에 내놓기 재활용품 버리기 식후 식탁·조리대 닦기		우편물 챙기기 작은 쓰레기통 비우기 식기세척기 정리 주방용 쓰레기통 비우기		집안 정리정돈 바닥 쓸고 닦기 커피 테이블 치우기	
화	집안 정리정돈 싱크대 컵 가져다 놓기		바닥 쓸고 닦기 작은 화장실 청소 식후 식탁·조리대 닦기		우편물 챙기기 식기 세척기 정리 커피 테이블 치우기	
수	우편물 챙기기 식기세척기 정리 커피 테이블 치우기		집안 정리정돈 바닥 쓸고 닦기 식후 식탁·조리대 닦기		작은 화장실 청소 화장지 챙기기	
목	세탁기 돌리기 집안 정리정돈 바닥 쓸고 닦기		세탁물 분류하기 작은 화장실 청소 식후 식탁·조리대 닦기		빨래 바구니 엎어 두기 식기세척기 정돈 우편물 챙기기	
금	정원청소 식후 식탁·조리대 닦기		자동차 청소 식기세척기 정리		방·벽장 청소 우편물 챙기기	
토	우편물 챙기기 식기세척기 정리 감사카드 만들기		집안 정리정돈 식후 식탁·조리대 닦기		작은 화장실 청소 바닥 쓸고 닦기 감사카드 만들기	
일	요리하는 날		큰 쓰레기통 버리기		요리하는 날	

우리 집은 아이들에게 용돈을 주지 않는다. 집안일을 돕는 대가로 돈을 주는 일도 없다. 집안일은 서로 나누어서 하는 것이며 가족들을 돕는 길이라고 가르치고 있다. 돈으로 그 가치를 매기는 대신에 함께 일하며 얻는 '보람'을 느끼며 만족하는 법을 가르치고 싶었기 때문이다. 자발적이며 부지런한 태도로 자신이 맡은 일에 최선을 다하면 그 날을 마무리할 때 확인란에 '자랑스러운' 체크 표시를 해준다.

그러나 특별한 목적이 있어서 돈이 필요할 때는 돈을 벌 수 있는 기회를 주기 위해 정해진 일 외에 다른 임무를 부여한다. 추가업무를 부여받는 것이다. 이는 아이들의 연령이나 맡은 임무를 고려해 인센티브를 주는 등 조금씩 차등을 두고 적용한다. (어려운 일을 잘 해냈을 때는 인센티브를 부여하고, 맡은 일을 제대로 수행하지 못했을 때는 훈련차원에서 '감점'을 하기도 한다.)

매주 토요일은 정산하는 날이다. 각 도표에 표시된 추가업무를 계산해 그 수만큼 50원씩 쳐서 주는데, 힘든 일을 해냈을 경우 조금 더 준다. 그렇게 해서 계산이 끝나면 그 금액에서 십일조를 떼고 저축할 금액을 정한다. 다음에 제시된 표는 현재 우리 아이들이 맡은 임무를 보여준다.

주간계획

매일할 일	월	화	수	목	금	토	일
정시 기상 (평일 7시, 주말 8시)							
이부자리 정돈							
매일 맡은 임무							
비타민 챙겨 먹기							
홈스쿨 학습							
악기 연습(30분)							
방 · 화장실 청소							
성경 읽기, 묵상, 기도							
정시 취침 (평일 10시, 주말 12시)							
홈스쿨 과제							
맡은 일	월	화	수	목	금	토	일
클랜시 – 강아지 털 빗기기							
클랜시 – 강아지 산책시키기							
클랜시 – 강아지 밥 주기							
터커 –							
터커 –							
터커 –							
헤이븐 –							
헤이븐 –							
헤이븐 –							

이 밖에도 '조건부 허락' '우리 가족의 약속' 등 다른 용도의 도표들도 있다. 이 책에 싣지 못한 도표들은 내 홈페이지에 실어두었다.

이쯤 되면 리사 웰첼이라는 사람이 계획을 세우고 표를 만드는 데 얼마나 심혈을 기울이는지 다 알았을 것이다. (남편과의 갑작스런 잠자리까지 미리 치밀하게 계획을 세운다고 생각하시는 분들이 있을까봐 이쯤에서 마무리를 하려 한다.) 마지막으로 하나만 더 이야기하고 '표' 이야기는 그만하련다. 이것은 우리 가족의 계획표 가운데 하나일 뿐이다. 몇 년에 걸쳐 수많은 시간표를 만들어왔다. (홈스쿨링을 하지 않는 가족들을 위한 시간표, 편모·편부 가정을 위한 시간표, 일 때문에 늦게 귀가하는 아빠를 위한 시간표 등 다양한 시간표들이 있다.)

이처럼 우리 가족은 여러 가지 도표와 시간표를 만들어 사용하고 있다. 그렇지만 우리가 계획한대로 한 치의 오차도 없이 살아가고 있는 것은 아니다. 완벽하게 지키지 못할 것을 알면서도 굳이 계획을 세우는 것은 무엇 때문일까? 이것이 우리 삶에 틀을 마련해주고 방향을 잡아주기 때문이다. 하지만 이런 그림을 따라 살고 싶은 것이지 이것만이 최고라고 우기고 싶은 마음도 없고, 반드시 이렇게 살아야 한다고 생각한 적도 없다. 언제라도 필요하다면 융통성을 발휘할 준비가 되어 있으며, 하루 종일 드라이브를 하며 쏘다니기만 해도 가족이 한마음이 된다면 그렇게 할 수도 있어야 한다고 생각한다.

'아니, 그렇게 융통성을 발휘할 거라면 그렇게까지 심혈을 기울여 계획을 세울 필요가 있을까요?' 라는 질문이 나올 법도 하다. 개인적인 성향이나 성격도 무시하지 못할 요인이 아닌가 싶다. 지금 나는 나에게 도움이 되었던 방법을 제시하고 있지만 엄마들은 이를 응용하여 각자에 맞게, 각 가정에 맞는 형태로 만들어가야 할 것이다.

나 같은 경우에는 계획을 세우고 그것을 기록으로 남기지 않으면, 우선순위도 잘 지켜지지 않고 목표도 곧잘 잃어버리곤 한다. 하나님이 맡겨주신 사명을 따라 살아가야 하는데 삶의 조류(潮流)에 휩쓸려 갈 곳을 모르며 흘러가는 게 내 성향이다.

여기서도 균형 잡힌 삶이 강조될 수밖에 없다. 이렇게 미리 계획을 세우고 표를 만드는 데 전혀 취미가 없는 분도 있을 것이다. '그냥 자연스럽게 사는 게 최고지. 꼭 종이에 뭘 만들고 그렇게 법석을 떨어야 하나?' 이런 생각을 할 수도 있을 것이다. 맞는 말이다. 인생을 살다보면 물 흐르는 대로 살아야 할 때가 있고 또 그런 태도가 필요할 때가 있다. 솔직히 말해서, 계획표를 만들어놓고 계획대로 살지 못하는 것만큼 화나는 일도 없다. 급한 일에 쫓겨 사느라 정작 성령님의 음성에 귀 기울이지 못하거나 아이들의 필요를 채워주지 못하고 내조도 제대로 되지 않는 등 중요한 일들이 우선순위에서 밀려나는 것을 볼 때 내 자신이 먼저 원망스러워진다.

간혹 계획을 성취하지 못한다 하더라도 일을 시작하기 전에 계획을 세우는 것은 지혜로운 일이라고 생각한다. 고린도전서 14장을 보면, "하나님은 어지러움의 하나님이 아니시요 오직 화평의 하나님이시니라"(33), "모든 것을 적당하게 하고 질서대로 하라"(40)는 말씀이 있다. 하나님이 창조하신 세계에 담긴 한 치의 오차도 없는 자연의 질서를 바라보라. 신비로울 정도로 질서정연하게 움직이는 대자연을 통해 창조주의 질서를 따라 사는 법을 습득하자.

"그렇게 살면 좋긴 할 것 같은데, 아무래도 그렇게 체계적이고 질서정연하게 사는 건 내 체질이 아닌 것 같아요"라고 하시는 분이 있다면 생각의 각도를 조금만 바꿔보자.

다른 사람들에 비해 유난히 조직적이고 체계적인 사람들이 있긴 하다. 태어날 때부터 그런 성향을 보이는 사람들도 있지만, 내 경험으로 볼 때 자기관리는 후천적 훈련의 영향이 크다.

자기관리 능력을 보강해줄 만한 좋은 책들과 세미나, 시스템, 테이프 등은 수없이 많다. 이 분야에서는 텔레비전 프로그램도 둘째가라면 서러워한다. 전문가들이 고정출연해 자기관리 능력을 향상시키도록 도와주는 자기개발 전문 프로그램도 있다.

그렇다고 자녀를 양육하고 가정사를 돌보는 일마저 체계적일 필요가 있을까? 가장 지혜로웠던 인물, 솔로몬을 예로 들어보자. 솔로몬은 자신의 일상이 순조롭게 흘러가기를 원했다. 그러기 위해서는 계획을 세워야 하고, 계획대로 살기 위해서는 시간조절을 할 수밖에 없다는 것을 깨달았다. "솔로몬은 모든 일을 마쳤습니다. 여호와의 성전의 기초를 놓을 때부터 시작해서 (계획을 따라) 성전 짓는 일을 다 마칠 때까지 모든 일이 솔로몬의 말대로 이루어졌습니다"(대하 8:16, 쉬운성경). 가정은 하나님이 우리에게 맡겨주신 책임이며, 우리가 지어나가야 할 하나님의 성전이다. 그렇다면 주님의 성전 건축을 잘 마친 솔로몬에게서 그 지혜를 배워야 하지 않을까?

계획을 세운다는 것은 얼핏 시간을 낭비하는 것처럼 보이기도 한다. 처음에는 그렇게 생각할 수 있으나, 일이 끝나고 돌아보면 분명히 시간은 절약되었고 스트레스도 훨씬 덜 받았다는 사실을 알 수 있다. 엄마들이여, 계획을 세워 시간을 절약하자. 그리고 절약한 그 시간을 유용한 데 써보자. 자, 이렇게 아껴 모은 시간을 어디다 쓸까? 머뭇거리지 말고 자신 있게 말하자. "나를 위해 쓰겠습니다!"

엄밀히 따지면 이미 가족들을 위해 뭔가를 해낸 셈이다. 엄마 자신을 위해 시간을 쓰기로 한다지만 그런 계획의 발상 자체가 벌써 가족을 위한 길이기 때문이다. 결과적으로 자신의 필요를 충족함으로써 스트레스를 해결하고 이전보다 평화로운 모습으로 가정을 지킬 수 있다면, 바로 그것이 가족에게 유익한 것이다. 지금보다 약간의 여유를 삶에 보태는 것만으로도 내 모습이 훨씬 부드럽고 온화하게 변한다고 생각해보라. 새로워지고 재충전되어 신선한 모습으로 가족들을 대한다면 가정이 얼마나 더 화목해질까.

이미 많은 것을 나누었지만 쉼터를 통해 조금 더 나누어보려고 한다.

 **자기관리** 무엇을 하든지 계획부터 세우라

가정사라면 지나칠 정도로 치밀하게 계획을 세우려 한다고 나를 몰아치는 친구가 하나 있다. 내가 그 정도로 병적인가 싶기도 하지만 어쩔 수 없는 노릇이다. 정리정돈을 잘하는 것은 게을러서 그렇다는 소리까지 들었다. 다음에 다시 필요할 때 찾는 수고를 줄이기 위해 미리 선수치는 것이라나? 이번 쉼터에서는 그렇게 말하는 사람들에게 유익한 정보가 가득 담겨 있다.

달력 활용법

새로운 달로 넘어가기 전에 앞으로 한 달 동안 해야 할 일을 정리해본다. 메모지를 이용해 목록을 만들어 달력 여백에 붙이든지, 컴퓨터로 프린트해서 만들면 된다. 그렇게 한 달 동안 해야 할 일을 정리해두면 스케줄을 짤 때 도움이 된다.

매달 해야 할 일의 목록을 작성할 때 빼놓지 말아야 할 것들을 모아보았다. 이것들을 토대로 해서 각자의 상황에 맞게 빼고 더해서 자신의 것을 만들면 좋을 것이다.

- 우리 가족이 참석하는 교회모임
- 남편이나 본인의 활동
- 자녀들의 활동
- 목록을 작성했으면 우선순위와 목표, 목적하는 것이 제대로 반영이 되었는지 다시 한 번 살펴본다. 달력에 적어 넣으면서 너무 과하거나

빈약한 부분은 없는지 눈여겨보라. 예를 들어, 손님을 너무 자주 초대해서 다른 일들에 지장이 있을 정도는 아닌가? 아니면 사람들과의 교제가 너무 없는가? 아이들의 과외활동이 너무 많아 학교생활에 지장이 될 정도인가? 시험기간과 겹치는 것은 없는가? 남편이나 본인의 개인시간을 충분히 가지고 있는가?

- 통합이 가능한 부분은 과감히 합치고, 줄일 필요가 있는 부분은 과감하게 줄이자!
- 계획을 세울 때 세부사항도 미리 생각해두자.

* 자녀들이 같은 시간에 서로 다른 장소로 이동해야 한다면 엄마와 아빠 중 누가 누구를 데려다 줄지 미리 생각해둔다.
* 아이를 돌볼 사람이 필요한 날이 있는지 확인한 뒤 미리 사람을 구해둔다.
* 불가능해 보이는 일이 있으면 표시했다가 새로운 방향을 모색해본다. 우선순위에 부합하는가를 보고 조정가능한 일이라면 양보하거나 절충해본다.
* 선물을 가져가야 할 곳이라면 그것도 표시해둔다.
* 확인 전화를 해야 하는 곳인가?
* 준비물이 필요한 활동이라면 각종 재료, 파티용품, 요리 등 준비물 목록도 꼼꼼하게 기록해둔다.

가능한 많은 부분들을 미리 생각하고 계획을 세우는 습관을 들이면 나중에 편하다. 다음 달 계획을 한 달 앞서 세워보고 세부사항들도 염두에 두면서 최종안을 만들어 눈에 잘 띄는 곳에 붙여두자. 아무리 완벽하게 계획을 세웠다 해도 그대로 시행하지 못할 경우가 발생한다. 그래서 나는 매주 지난 주의 계획을 평가하고 조금씩 수정하기도 한다. 완전히 빼버리는 것도 있고, 미처 생각하지 못했던 좋은 아이디어가 떠오르면 첨가하기도 한다. 계획을 세우고 그대로 실천하는 것도 중요하지만 융통성을 발휘하는 것도 중요하다. 우리는 훈련담당 조교가 아니라 엄마라는 사실을 잊지 말자.

- 나는 마이크로소프트 아웃룩을 선호한다. 일단 계획표를 만들어 놓으면 내년 달력으로 자동적으로 넘어가도록 되어 있어 편리하기 때문이다. 특히 생일은 한 번 표시해두면 내년에도 사용할 수 있도록 자동 입력되기 때문에 다시 일일이 입력하는 수고를 하지 않아도 된다. 마우스로 클릭만 하면 내년 스케줄까지 쉽게 만들어진다.

계획은 미리미리

- 아이들이 매주 규칙적으로 하는 활동이 있다면 그에 필요한 준비물을 따로 마련해 각기 다른 가방이나 바구니에 분류해둔다.

  *수영장 – 수영복, 수건, 선크림, 아이들 수영하는 동안 엄마가 읽을 책 몇 권, 선글라스, 물놀이 장난감, 모자, 여벌 옷, 물안경, 튜브
  *할머니 댁 – 여벌 옷, 기저귀 가방, 간식, 의료보험증, 이불, 인공젖 꼭지, 장난감
  *교회 – 어린이용 성경, 헌금, 색칠공부책
  *외식 – 장난감, 게임기, 크레파스, 놀이책, 스티커, 여벌 옷, 크래커
  *차 트렁크 – 쿠션, 책, 음악 테이프, 장난감, 게임도구

- 연초에 한 해를 계획하면 좋은 점이 또 있다. 필요한 물건들을 앞서

생각할 수 있기 때문에 선물도 미리 준비할 수 있다. 누구에게 어떤 선물이 좋을지 머릿속에 생각하고 있다가 그 종류의 품목을 세일할 때 사두자. 그리고 따로 보관했다가 일 년 내내 필요할 때마다 꺼내 쓰는 것이다. 생일파티가 있거나 다른 가정을 방문할 때마다 선물을 사려고 상점으로 달려갈 필요가 없어진다.

- 카드도 여러 가지 종류별로 마련해두자. 각 상황에 맞게 사용할 수 있도록 이것 저것 준비해두면 필요할 때 꺼내쓰기만 하면 된다. 중요한 기념일별로 한꺼번에 들어 있는 세트도 유용하다.

목록 만들기

계획표를 일일이 만드는 것이 너무 힘들 것 같으면 생각나는 것을 즉시 메모하는 습관이라도 기르자. 메모지를 항상 가까이 두고 뭔가가 떠오를 때마다 적어둔다. (애를 하나씩 낳을 때마다 뇌세포가 줄어드는 모양이다. 머리에 남는 게 없으니 적어두지 않으면 깜빡하기 쉽다.) 주의할 점은 메모지를 일정한 곳에 두어야 한다는 사실! 어떨 때는 너무 잘 숨겨놓아서 정작 필요할 때 찾을 수가 없다. 컴퓨터 옆이나 냉장고 문, 싱크대 서랍 등 한 군데를 정해 언제나 같은 장소에 메모지를 두어 잊어버리는 일이 없도록 하자. 시간을 아껴보려고 애써 만들어둔 메모지를 어디다 두었는지 몰라 헤맨다면 이 또한 낭패가 아닌가. 잡다한 것이라도 생각나는 것은 모두 메모에 포함시키자.

- 시장을 봐야 할 품목
- 환불 품목
- 전화해야 할 곳

- 부탁받은 일들
- 남편에게 부탁할 일
- 모아 둔 물건 목록
- 기도제목
- 감사카드 보내야 할 곳

유유상종?

비슷한 종류의 일을 함께 묶어 정리해놓는 것도 시간절약의 지름길이다. 물건도 같은 종류대로 모아두자. 나중에 훨씬 쉽게 찾을 수 있다. 집안일을 할 때도 비슷한 일을 묶어서 하면 시간도 에너지도 훨씬 절약할 수 있다. 다음의 예를 보자.

- 시장을 보러 나갈 때, 오고 가는 길에 할 수 있는 일을 미리 계획하여 한 번 갔던 길을 다시 가지 않게 한다. 세탁소에 들러서 옷을 찾고, 세차장이 있으면 들러서 세차도 하고 옷가게에 들러 필요한 것들도 둘러보는 것이다. 한 번 집을 나섰을 때 할 수 있는 만큼 처리하자. 시간 뿐 아니라 차의 기름도 절약된다. 우왕좌왕하지 않기 위해서는 집을 나서기 전에 목록을 만들어야 한다는 사실을 잊지 말자. 어디에서 무엇을 해야 하는지 출발하기 전에 자세히 알아두면 오고가는 길이 훨씬 짧아진다.
- 집안일도 마찬가지다. 다림질할 일이 있으면 필요한 옷을 한꺼번에 다려둔다. 필요할 때마다 한 벌, 두 벌 다리면 다리미를 꺼냈다 넣었다 하는 데 더 많은 시간을 쓰게 된다. 청소할 때도 아예 계획을 세워 한 번에 하자. 준비하느라 보내는 시간을 절약할 수 있다.

파일 만들기

새해가 시작될 때 파일을 구해 해마다 가정사에 필요한 자료들을 분류해 넣어두자. 각 가정의 상황에 맞도록 구성하여 만들면 훨씬 유용할 것이다.

- 생명보험
- 손해보험
- 의료보험
- 연락처가 바뀐 사람들 명단
- 자녀들 학습자료
- 진료카드 및 예방접종 카드
- 애완견 자료
- 애프터서비스 보증서
- 출생신고서, 각종 증명서, 수료증, 주민등록등본 등 주요서류들
- 이메일, 편지, 좋은 글, 격려가 되는 글 등 기타 자료모음

보다 효과적으로 시간을 관리하려면

- 전자수첩이나 PDA(Personal Digital Assistant)와 같은 초소형 컴퓨터를 구입하는 것은 어떨까. 인터넷을 통한 중고시장이나 이월상품 가운데 저렴하면서도 최고의 성능을 가진 것으로 쉽게 구할 수 있다. 손에 잡힐 만큼 크기는 작지만 용도는 다양하다. 스케줄 관리, 전화번호부, 메모는 물론이고 필요한 목록도 만들어 저장해서 두고두고 사용할 수 있다.
- 다음 날 입힐 아이들 옷을 미리 꺼내서 걸어놓는다.

- 메모지를 늘 가까이 두고 갑자기 구입해야 할 것이 생각나거든 즉시 메모한다. 자녀들에게도 이같이 훈련시키자.
- 수첩과 펜을 항상 지니고 다닌다. 가방 속에, 컴퓨터 옆에, 주방 등 내 동선이 닿는 곳이면 어디든 메모할 수 있는 도구를 마련해두자. 생각날 때 얼른 기록으로 남기면 해야 할 일을 놓치는 일이 훨씬 줄어들 것이다.
- 자녀들의 그림이나 공예작품은 사진을 찍든지 스캔을 해서 보관한다. 버릴 수도 없고 그 많은 것을 다 모아둘 수도 없는 곤란한 상황이 해결된다. 그리고 멋진 작품들은 혼자서 간직하지 말고 아이들에게 사인을 남기게 하거나 간단한 인사말을 적게 하여 친지나 국군장병, 혹은 양로원 같은 곳에 보내자.

간결한 삶

성공적인 삶을 원한다면 군더더기를 제거할 필요가 있다. 사실 우리에게는 너무 많은 것들이 있고, 너무 많은 것을 하며 산다. 지울 수 있는 것은 지우고, 버릴 수 있는 것은 버리자. 남에게 나눌 수 있는 것은 나누고, 팔 수 있는 것은 필요한 이에게 팔자. 그리고 거절해야 할 때는 정중히 거절할 줄도 알아야 한다.

- 일정표를 자세히 보고 그 가운데 빼도 괜찮은 것이 있다면 과감히 포기한다.
- 옷장정리나 찬장정리를 자주 해서 입지 않는 옷이나 식기는 즉시 처분한다. 아이들과 함께 가난한 사람들에게 전달하거나 재활용품 취급하는 곳에 가져다주자. 아이들이 그러한 삶을 보고 배울 수 있는

기회가 될 것이다.
- 하루에 서랍을 한 칸씩 정리해보는 것도 좋다.
- 자녀들 앞으로 '보물함'을 만들어준다. 아이들이 창조해낸 작품을 버리기에는 너무 아까울 때가 많다. 그렇다고 집을 박물관으로 만들 수도 없는 일 아닌가. 간직하고 싶은 그림이나 공예품들을 각자의 '보물함'에 넣어주면 보관하기도 쉽고 나중에 아이들이 커서 어른이 되었을 때 좋은 추억거리가 될 것이다. 각자의 보물함에는 이름도 예쁘게 도안해주는 센스도 발휘하자.
- 필요 없는 광고 전단지는 절대 남겨두지 않는다. 그런 것을 받았을 때 즉시 처리하는 것을 연습하자. 우편물도 마찬가지다. 미루지 않고 바로 분류한다. 공과금 고지서는 받는 즉시 한 장소에 모아두고, 보험사에서 온 서류도 한꺼번에 해당 파일에 넣어둔다. 할인세일 광고문을 받았다면 날짜를 확인한 뒤 사용할 가능성이 없는 것은 바로 처리한다. 받는 즉시 분류하면 쌓아 두었다가 다시 정리해야 하는 수고를 덜 수 있다.

컴퓨터에 대한 한마디

나의 삶과 컴퓨터는 떼려야 뗄 수 없는 밀접한 관계를 갖고 있다. 특히 시간관리나 각종 표를 작성할 때에는 최신 스타일을 선호하는 편이다. (부부는 일심동체라더니 컴퓨터광인 남편과 살면서 나도 많이 세련되어졌다.)
 컴퓨터가 현대인의 실생활에 아주 유용한 반면, 나쁜 면도 갖고 있다. 컴퓨터로 할 수 있는 것이 다양해지면서 컴퓨터 앞에 한번 앉으면 일어설 줄을 모르는 컴퓨터족이 늘고 있다. 컴퓨터가 우리의 영혼까지 지배하지 않도록 절제할 필요가 있다. 컴퓨터 사용시간을 정해놓는 것도 지혜로운 일이다.

좋은 것도 지나치면 해가 되는 법이다. 컴퓨터 없이 어떻게 살았던가 싶을 만큼 우리 삶에 밀접하게 가까워졌지만 그렇기 때문에 가끔은 거리를 둘 필요도 있다. 우리 교회 에드 영 주니어 목사님은 컴퓨터에게도 안식일이 필요하니 쉬는 날을 정해주라고 조언하기까지 하신다. 기계에도 안식일을 주어 쉬게 하고, 인간도 기계를 의존하지 않고 살 수 있다는 사실을 느껴야 하리라. 그 날은 특별히 자연만 만끽하는 것도 멋진 일이 되리라.

컴퓨터를 멀리하는 것이 생각보다 쉬운 일은 아니다. 그러나 확실히 유익한 시간을 보낼 수 있는 여유가 생긴다. 이메일로만 의사소통을 해왔던 사람과도 그 날만은 얼굴을 직접 보며 인간적인 대화도 나누어보자. 컴퓨터와 시간을 보내느라 챙기지 못했던 사람들도 오랜만에 찾아보자.

몇 년 전에는 우리 아이들이 사용하던 홈스쿨 교재를 인터넷에서 팔기도 하고, 다른 교재들을 신청하느라 바쁘게 보낸 때가 있었다. 그런데 어느 날 문득 헌 교재를 파는 것이 다른 교재를 구입할 수 있는 밑천이 되기는 하지만 시간이 너무 많이 걸린다는 사실을 발견했다. 시간과 수입 중에 시간을 아끼는 것이 더 낫다는 결론을 내렸고, 내 귀한 시간을 더 가치 있는 것에 쓰는 것이 지혜로운 일이라는 생각이 들었다. 결국 헌 교재 파는 일을 그만두었다.

컴퓨터 앞에 앉아 있는 시간이 길다고 생각되는가? 그렇다면 컴퓨터를 사용하는 시간을 정하는 게 좋다. 컴퓨터를 켤 때는 알람시계를 켜고 작업을 시작하자. 15분 간격으로 울리도록 맞추어놓고 시계가 울리면 곧 컴퓨터에서 일어나 다른 일을 시작한다. 그리고 정해진 시간이 되기 전까지는 컴퓨터 앞에 앉지 말기로 자신과 약속하자.

눈만 뜨면 컴퓨터 앞에 앉아서 홈쇼핑으로 물건을 사는 사람, 채팅하느라 시간가는 줄도 모르는 사람, 건전하지 못한 사이트를 자주 방문하는 사람 등 상태가 심각한 정도라면 컴퓨터중독이 되었을 가능성이 높다. 중독에서 벗어나려면 더 강도 높은 조치를 취해야 한다. 한동안 아예 전원 자체를 켜지 말자. 컴퓨터가 나를 조절하지 못하게 하는 것이다. 컴퓨터가 우리의 도구지 우리가 컴퓨터의 도구가 되어서는 안 된다.

비단 컴퓨터뿐만이 아니다. 현대인들은 기계문명 속에서 살고 있기 때문에 라디오며 텔레비전 같은 대중매체에 인간적인 삶을 살 수 있는 시간을 빼앗기고 있다. 가족과 함께 시간을 보내기 위해 모두 한 자리에 모여 앉지만 텔레비전이 주인공이 되지는 않는가? 절제할 수 없다면 차라리 없애는 것도 한 방법이다. 텔레비전 없이 살아보는 것도 꽤 멋진 일이다. 몸에 해로운 것은 먹지 않기로 했던 것처럼 우리 내면에 해로운 것도 과감히 끊어보자.

🖥 한 단계 위로!

이번 쉼터에서는 우리 삶 속의 여러 영역들을 질서정연하게 가꾸고, 적극적인 시간관리를 통해 바쁜 일상 속에서도 여유를 가질 수 있는 방법들을 나누었다.

자, 이제 다음 장으로 넘어갈 차례다. 이번에 나눌 주제는 나로서는 부담이 큰 부분이다. 나는 계획을 세우고 도표를 만드는 부분은 잘하는 편이다. 집안일, 식단 짜기, 재정관리 등을 구체적으로 조직화하는 것이 완전히 몸에 밴 사람이다. 그런데 이것을 실행하는 데는 좀 약하다. 실천에 옮기는 것에 있어서는 나보다 오히려 우리 남편이 더 잘하는 편이다. 나는 요리도 못하고 (주로 태우는 것이 내 전공이다.) 재정관리도 서툴다. (우리 가족은 파산신청을 두 번이나 낸 전적이 있다.) 그러다보니 어떻게 얘기를 풀어가야 할지조차 감이 잡히지 않는다.

완벽주의자인 내가 여러분에게 이러한 사실을 솔직하게 알리는 데는 이유가 있다. 여러분의 도움이 절실히 필요하기 때문이다. 함께 머리를 맞대면 뭔가 결론이 나지 않을까.

16

집안일

먼지는 쌓이라고 있는 것?

　우리 집에는 예쁜 병이 하나 있다. 그 병에는 돌멩이, 자갈, 그리고 모래가 가득 담겨 있다. 나는 그 병을 컴퓨터에 앉았을 때 제일 잘 보이는 책꽂이에 놓아두었다. 이것을 볼 때마다 우리에게 주어진 귀한 시간을 어떻게 써야 하는지 잊지 않기 위해서 가장 잘 보이는 곳에 둔 것이다. 그 병은 몇 년 전에 우리 아이들과 함께 홈스쿨 과정의 하나로 만든 것이다. (홈스쿨을 하는 가족에게는 우체통까지 가는 그 짧은 길목도 학습의 장으로 사용된다.)

　우리는 동네에 있는 '하비라비'라고 하는 상점에 들러서 돌멩이, 자갈, 모래를 조금 사왔다. (로스앤젤레스 중심가에는 자연을 느낄 만한 곳이 없다. 대신에 조화가 잔뜩 멋을 내고 있는 것을 바라보며 짧은 생물수업을 해야 한다.)

　집에 돌아와서 아이들에게 병에 모래를 먼저 넣고 그 위에 자갈을, 마지막으로 돌멩이를 넣도록 했다. 그런데 모래를 넣고 자갈을 넣었더니 병이 가득 차서 돌멩이를 넣을 자리가 없었다. 그래서 병 속에 집어넣었던 것을 다 꺼낸 다음 이번에는 돌멩이를 먼저 넣도록 했다. 돌멩이 위에 자갈을, 자갈위에 모래를 넣는 식이다. 그랬더니 돌멩이와 자갈이 꽉 차 있는데도 모래는 그 사이사이에 난 빈 공간을 비집고 들어가기 시작했다. 이번에는 세 가지를 모두 병에 담을 수 있었던 것이다!

나는 아이들에게 그 이유를 다음과 같이 설명했다. 돌멩이는 인간이 하나님과 교제하면서 건강한 영혼을 소유하게 되는 것을 나타내며, 자갈은 다른 이들과의 관계를 맺으며 살아가는 것, 그리고 모래는 우리 일상의 잡다한 모든 것을 포함한다고 말해주었다. 유리병을 우리 인생이라고 비유할 때 모래와 같이 잡다한 것, 즉 세상살이에 무게를 두고 먼저 채운다면 이웃과 더불어 살 수 있는 기쁨을 얻지 못할 수도 있고, 나아가 하나님이 계셔야 할 자리를 내어드릴 수 없게 될지도 모른다고 말이다.

이와 반대로, 하나님과의 관계를 우선으로 생각하고 성경공부, 기도, 예배 등을 통해 우리 영혼을 채운 다음, 일보다 사람을 우선으로 하여 살면 나머지 일상의 것들은 자연스레 빈 공간을 채워가게 될 것이라고 말해주었다.

나는 언제나 이러한 것을 생각하면서 살려고 노력한다. 매일매일 노력하지 않으면 우선순위가 바뀌는 것은 시간문제다. 이 세상에는 외부적인 압력과 내부의 욕망, 다른 사람들의 필요와 나의 필요, 정해진 시간 안에 마쳐야 하는 것 등 우리를 휩쓸어가려는 것들이 너무 많다. 그리고 그런 것들은 대체적으로 좋아보이고 유익해 보이는 것들이어서 우리도 곧잘 마음을 빼앗기고 만다. 그렇게 우리 자신을 다 주어버리면 나중에는 이웃들, 친구들, 가족들, 그리고 하나님과의 관계까지 소원해져서 결국 돌이킬 수 없다는 상황에 이르는 것이다.

예수님이 설명하신 것을 보면 확실하게 그림을 그릴 수 있다. 성경에서는 이 부분에 대해 어떻게 가르치고 있는지 살펴보자.

"저희가 길 갈 때에 예수께서 한 촌에 들어가시매 마르다라 이름하는 한 여자가 자기 집으로 영접하더라. 그에게 마리아라 하는 동생이 있어 주의 발아래 앉아 그의 말씀을 듣더니 마르다는 준비하는 일이 많아 마음이 분주한지라. 예수께 나아가 가로되 주여 내 동생이 나 혼자 일하게 두는 것을 생각지 아니하시나이까. 저를 명하사 나를 도와주라 하소서. 주께서 대답하여 가라사대 마르다야 마르다야 네가 많은 일로 염려하고 근심하나 그러나 몇 가지만 하든지 혹 한 가지만이라도 족하니라. 마리아는 이 좋은 편을 택하였으니 빼앗기지 아니하리라 하시니라."(눅 10:38-42)

예를 들어 보겠다. 지금 설거지를 해야 하는데 아이가 함께 놀아달라고 보챈다. 그리고 성경도 읽어야 한다. 이 갈림길에서 무엇부터 해야 할 것인가? 나 같으면 내 자신에게 질문부터 던지겠다. "오늘 주님과 함께 시간을 보냈던가?"

아니라고 대답해야 할 상황이라면 마태복음 6장 33절을 기억하라. "너희는 먼저 그의 나라와 그의 의를 구하라. 그리하면 이 모든 것을 너희에게 더하시리라." 그리고 아주 잠시라도 주님 발 앞에 앉아 조용히 묵상하는 시간을 가지기 바란다.

이른 아침에 일어나서 세상에서 가장 귀한 친구이신 주님과 시간을 보낼 수 있었다면 정말 잘한 일이다. 그런 다음에는 부엌으로 들어가기 전에 먼저 아이들과 시간을 보내는 게 좋다. 어린 자녀들을 안아주기도 하고 사춘기 아이들과는 진지하게 대화도 나누고 함께 부대끼면서 시간을 보내자. (자녀들이 설거지보다 중요한 건 당연하다.)

잠언 14장 4절을 보라. "소가 없으면 구유는 깨끗하려니와 소의 힘으로 얻는 것이 많으니라"는 말씀이 있다. 나는 이 말씀을 내 임의대로 이렇게 해석하기도 한다. "자녀가 없으면 집은 깨끗하겠지만, 자녀는 깨끗한 집에서 사는 것보다 더 큰 축복을 가져다준다."

가족과 함께 있어서 느끼는 행복은 대단한 것이다. 그러니 가끔씩 한 번은 설거지통이 가득 찼더라도 아이들과 먼저 놀아주는 여유도 가져보자.

청소기를 돌리려다 아이들을 데리고 산책을 나가기로 마음을 바꾸었다면 잘한 일이다. 집에 돌아왔을 때 집안은 지저분하겠지만 그러면 어떠하리. 텅 빈 집보다는 백 배 나을 것이다.

집안을 엉망으로 해놓고 살아도 괜찮다고 말하는 것은 아니다. 청소도 해야 하고, 공과금도 잘 챙겨서 연체료를 물지 않도록 해야 하며, 하기 싫은 일도 최선을 다하는 것이 엄마의 책임이라는 사실은 알고 있다. 성경에서도 우리가 부지런해야 하고, 책임을 다하며, 손님접대에 힘써야 한다고 가르치고 있다. 내가 말하고 싶은 것은 무엇을 하든지 우선순위를 정해두고 그 때마다 상황에 맞도록 지혜롭게 결정하라는 것이다.

하루를 열심히 살아놓고도 아직 할 일이 남아 있다고 자신을 책망하지 말자. 해야 할 일은 언제까지나 '해야 할 일'일 뿐이다. 설거지를 했다고 하자. 설거지는 또 쌓이기 마련이다. 우편함에서 우편물을 챙겨왔다고 하자. 그 다음 날이면 새 우편물이 또 쌓이게 되어 있다. 어떨 때는 너무 바쁘고 피곤하게 하루를 지내는 바람에 저녁이 되면 오늘 낮에 아이들과 무슨 얘기를 나누었는지조차 가물가물할 때도 있지 않던가.

집안일이란 해도 해도 끝이 없다. 이렇게 끝없는 집안일을 해결할 방법은 없을까? 이 세상에서 사는 동안 일하지 않고 살 수는 없으니 조금이나마 쉽게 접근할 수 있는 방법 몇 가지를 알려주려 한다. 이번 쉼터에서 배우게 되는 몇 가지 방법을 사용하면 이전보다 깨끗한 집에서 살게 될 것이고 시간도 절약될 것이다. 시간이 절약되면 가족들과도 더 많은 시간을 가질 수 있으니 얼마나 좋은가. (우리는 이기적인 엄마가 아니다. 가족과 더 많은 시간을 보내려고 애쓰는 모습을 보라.)

 **집안일** 천국가면 누군가 내 시중을 들어주리

청소에 대한 내 생각은 이렇다. 조금씩 자주 하기! 집안 전체를 완벽하게 꾸미고 먼지 하나 없도록 깨끗하게 하고 살기란 쉬운 일이 아니다. 그런 삶을 꿈꾸는 것 자체가 어쩌면 비현실적일지도 모른다. 그런 헛된 기대가 있으면 나 자신은 물론 남도 피곤하게 만들기 쉬우니 좀더 현실적으로 살아가자. 하루에 할 수 있는 만큼 정리정돈하고 치우면 기본적인 깔끔함을 누릴 수 있다. 자신을 혹사하지 않을 만큼의 양을 정해두고 매일 꾸준하게 하자. 일을 한꺼번에 하려고 하는가? 그 '날'을 잡기란 여간 힘든 것이 아니어서 집은 언제나 지저분하고, 청소를 아예 포기하게 되는 경우도 생긴다. 조금씩 매일 꾸준히 하는 것이 키포인트다.

간단 청소

- 욕실은 샤워할 때 청소한다. 샤워하러 들어갈 때 아예 솔, 스펀지, 세제를 갖고 들어가자.
- 화장실 세면대 밑에 물뿌리개(물 3/4 +세제 1/4)를 준비해둔다. 큰 아이들이라면 충분히 욕실바닥이나 변기뚜껑을 닦을 수 있다. 매일 한 번씩은 닦고 나오도록 한다.
- 빨래 바구니나 그 비슷한 통이라도 훌륭한 청소도구가 될 수 있다. 이 방 저 방에 흩어져 있는 것들을 모두 담아서 한 곳에 놓고 정리한다. 분류한 다음에는 다시 제자리로 보낸다. 아이들과 함께 해도 재미있다.

대청소

- 기간을 정하여 한 번씩 각 방을 정리한다. 커다란 비닐백 3장을 준비하는데, 하나는 버릴 것, 또 하나는 다른 사람에게 줄 것, 나머지는 정리할 것들을 넣는다. 일이 끝나고 나면 비닐백 하나만 정리하면 된다.
- 한 달에 방 한 칸씩 대청소를 한다. 이 날은 평소에 손보지 못했던 부분까지 청소한다. 실내등은 물론이고 구석구석 먼지까지 제거하는 날이다. 가구도 다시 배치하고 장난감도 다시 진열한다. 집안 전체를 한꺼번에 청소하기는 힘들지만 이런 식으로 한 달에 방 한 칸씩 하는 것은 그런대로 할 만할 것이다.
- 대청소에 대해 연중계획을 세우는 것도 좋다. 실내등이나 형광등은 4월과 10월에 점검한다든지, 옷장정리는 계절에 따라 5월과 11월, 창고 정리는 2월과 8월에 하도록 미리 계획을 잡아두는 것이다. 이렇게 하면 곧 청소할 날이 다가온다는 것을 알고 마음의 준비를 할 수 있다.
- 아이들이 아직 어려서 청소를 도와줄 수 없거든 아이들을 다른 사람이나 탁아기관에 맡긴다. 남편과 함께 창고며 차고 등 그 동안 미루어 두었던 곳을 청소할 수 있다. 집안에 행사가 있거나 중요한 일을 앞두고 있을 때 이렇게 한 번씩 집안을 청소해보자. 아이들이 없으면 일을 효율적으로 할 수 있어서 훨씬 빨리 끝낼 수 있다.
- 경제적인 여유가 있다면 청소대행업체를 이용하거나 파출부를 부르는 것도 지혜로운 일이다. 한 달에 두 번 정도 사람을 불러 쓰면 웬만한 청소는 거의 완벽하게 해결할 수 있다. 그 날은 아이들을 데리고 나가, 청소하는 사람들이 효율적으로 일할 수 있도록 배려하자. 그러려면 아이들을 위한 이벤트도 미리 생각해보는 것이 좋겠다. 청소대행업체에 의뢰할 때는 사전에 준비해야 할 것을 파악해 두었다가 미

리 충분한 협의를 통해 차질 없이 진행되도록 하자. 청소가 필요한 부분을 꼼꼼히 기록해서 주면 최대의 효과를 볼 수 있을 것이다.
- 잡동사니는 정리정돈의 최대의 적이다. 이것도 한 번에 방 한 칸씩 정하고 스케줄을 만들어 달력에 표시해두자. 사용하지 않는 것은 과감히 없애고, 사용하는 물건은 제자리에 가져다놓자.

빨래하기

- 흰 빨랫감은 헷갈리기 쉽다. 가족별로 다른 색으로 표시해둔다. 발바닥 면에 표시를 해두면 쉽게 분류할 수 있다.
- 아이들 방에는 벽걸이를 부착해준다. 아이들 물건 정리에는 벽걸이가 유용하다. 특히 잠옷이나 수건, 모자 등 몇 번 더 사용해도 되는 것들을 걸어주면 찾기도 쉽고 정리도 쉽다.
- 침대커버나 이불세트 같은 경우에는 세탁 후 각 세트를 베갯잇에 넣어 보관한다. 이렇게 보관하면 부피가 얼마 되지 않아 자리를 많이 차지하지 않는다. 그리고 필요한 세트가 한꺼번에 들어 있으니 이것저것 구색을 맞추느라 시간을 보내지 않아도 된다.
- 욕실 안에 옷을 걸 수 있는 빨랫줄이나 행거 같은 것을 비치해둔다. 여기에 수영복, 젖은 수건, 젖은 행주, 젖은 걸레 등을 걸어둘 수 있게 한다. 젖은 빨랫감을 다른 빨랫감과 함께 두면 상하거나 냄새가 나기도 하는데 이를 방지할 수 있는 방법이다. 아이들에게도 젖은 옷은 말린 뒤에 세탁물 통에 넣도록 가르친다.
- 손세탁은 시간이 많이 걸리므로 가급적 피한다. 요즘 세탁기는 실크나 스타킹 같은 것도 돌릴 수 있도록 기능이 강화되었기 때문에 손세탁 시간을 훨씬 줄일 수 있다. 얇은 망사에 넣어 세탁기를 돌리면 세

탁물을 보호할 수 있다. 미리 담가 두었다가 한두 번 정도 돌리고 나서 헹굼기능을 사용하면 된다.
- 세탁실 옆이나 아이들 방에 빨래 바구니를 몇 개 놓아둔다. 옷을 갈아입을 때 아예 색깔을 분류해서 넣도록 표시해둔다. 각 방에서 나오는 빨래도 세탁실에 있는 색깔별 바구니에 나누어 넣기만 해도 된다.
- 가족 수대로 세탁물 바구니를 하나씩 마련하는 것도 좋은 아이디어다. 세탁이 끝난 뒤 옷을 개켜서 각 바구니에 담아 두면 각자가 자신의 방에 바구니를 가지고 가서 옷을 정리한다. 바구니는 각 방 구석에 비치해두고, 옷을 갈아입을 때마다 빨랫감을 바구니에 채운다. 바구니가 다 차면 세탁실로 가져가 빨래를 분류해 넣는다.
- 원래는 널어서 말려야 하는 실크나 울 종류도 빨래 건조기나 건조기능이 있는 세탁기를 이용하면 손쉽게 말릴 수 있다. 기능을 잘 익힌 뒤 효율적으로 사용하자.

자녀들을 훈련하라

- 자녀들에게 집안일도 돕도록 가르친다. 어려서부터 조금씩 하기 시작하면 10살 정도가 되면 어른 못지않게 많은 일을 해낼 수 있다. 가족의 일원으로서 자신이 할 일을 맡는다는 것은 가치를 인정받는다는 표시도 되니 자녀들이 자부심을 갖게 될 것이다.
- 아이가 어려도 할 수 있는 일이 있다. 놀던 자리를 정돈하고 장난감을 통에 넣는 정도는 능히 할 수 있고 아이들도 무척 재미있어 한다. 입었던 옷도 제자리에 두도록 가르치자. 아직 옷장을 열고 닫거나 높은 곳에 올려놓기 힘들 정도로 어리다면 의자를 하나 마련해서 아이가 정리정돈을 연습할 수 있는 기회를 주자.

- 일주일 정도를 정해 검열주간을 삼는다. 그 일주일 동안은 정해진 시간에 매일 아이들의 방을 방문해 정리정돈을 잘 하고 있는지 살피자. 마치 여름캠프에서 숙소 점검을 하는 것처럼 재미있게 진행하고, 잘 하는 아이에게는 상도 주자.
- 특히 잠자리를 정돈하는 것은 아주 어렸을 때부터 훈련하는 것이 좋다. 아침에 눈을 뜨면 잠자리를 먼저 정돈하도록 가르치자. 이불이 크면 아이들이 개키기 힘들 테니 어렸을 때는 아이가 감당할 만한 작은 크기의 이불을 마련해주자.
- 가지고 놀던 장난감 가운데 제자리에 가져다 놓지 않은 것은 아이들 방 근처에 모아둔다. 그리고 아이들이 방으로 들락날락할 때마다 하나씩 제자리로 가져다 놓도록 한다. 취침시간이 되었는데도 그 곳에 남아 있는 장난감이 있다면 그 장난감은 일주일간 가지고 놀지 못하도록 규칙을 정한다.
- 가족들이 매일 해야 할 일을 표시해 놓은 도표를 만들어 냉장고 문 혹은 세탁실 문 앞 등 모두가 잘 볼 수 있는 곳에 붙여둔다. 자녀들에게는 맡은 일을 어떻게 해내야 하는지 자세히 설명해주고 항상 점검을 해 주어야 한다. 상과 벌이 필요할 수도 있다. 벌을 줄 때는 좋아하는 놀이를 한동안 금하는 정도가 좋다. 아이들은 자신의 책임을 다해야 한다는 것을 배우게 될 것이며, 또한 협동정신을 배우게 될 것이다. 가족은 한 집에서 여러 명이 모여 사는 공동체다. 공동체의 한 팀원으로서 자신이 맡은 일을 해내는 것이 얼마나 중요한지, 다른 가족들에게도 얼마나 큰 영향을 미치게 되는지 가르치는 것은 매우 중요하다. 이것이 바로 사회성의 기초가 된다.
- 장을 보고 돌아왔다면 아이들의 도움을 받으라. 차에서 물건을 내리는 것부터 정리하는 과정까지 아이들을 참여시키자. 그러기 위해서

는 아이들에게 어떤 것을 부탁할지 미리 계획을 세워야 한다. 한 아이에게는 과일을 씻도록 하고, 다른 아이에게는 간식을 분류하는 일을 맡기자.

나는 오늘 이웃들을 초대했다. 우리 집에 와서 간단한 다과를 나누며 서로 인사하는 시간을 가지자고 했다. 우리가 이곳에 이사온지 벌써 2년이 되었는데 아직도 모르는 사람이 태반이다. 최근에 하나님이 계속 마음에 찔림을 주셔서 오늘 이웃들을 부른 것이다. (하나님이 나를 책망하신 것이 감사하다. 그것은 잠언 3장 12절 말씀처럼 하나님이 나를 사랑하신다는 사실을 증명한 셈이니까. 그 사실 하나만으로도 이웃과 함께 기쁨을 나눌 수 있지 않을까?) 나의 마음을 열어 주님의 사랑을 그들과 나누고 싶다. 우리 집으로 들어올 때 그들이 주님의 사랑을 경험할 수 있다면 좋겠다.

초대한 이웃들에게 대접하기 위해 우리 딸과 함께 쿠키를 직접 구웠다. 바바라 이모가 만들어준 호박 롤케이크도 좀 남았고, 남편이 집으로 오는 길에 새 케이크도 하나 사오기로 했다. 지난 주에 선물로 받은 견과류도 내놓을 생각이다. 커피와 음료수도 낼 생각인데, 이게 전부다.

손님들을 불러놓고 근사한 음식을 차리지는 못하지만 이렇게 해서라도 이웃과 함께하는 시간을 만들고 싶었다. 사람들에게 완벽한 무엇을 연출해 보여야 한다는 부담감이 생기면 아마 평생 가도 우리 집에 생쥐 한 마리도 들이지 못할 것이다. 왜냐하면 내가 만든 음식과 내 집안 살림살이 수준으로는 아무도 기쁘게 할 수 없다는 것을 알고 있기 때문이다.

여러분은 아마 나와는 달리 음식도 잘하고 집안도 예쁘고 깨끗하게 해놓고 살리라 생각한다. 그렇다 할지라도 다음 장에서 한두 가지 쯤은 건질 만한 것이 있지 않을까 소망해본다. 나와 함께 부엌으로 들어가 요리에 대해 이야기하는 것은 어떨까.

17

요리

손수 만든 빵을 쪼개며

터커, 헤이븐, 클랜시가 어렸을 때의 일이다. 우리 집에서 어머니날 특집 인터뷰를 찍고 있었다. 제작자가 아이들에게 몇 가지 질문을 해도 되겠느냐고 해서 나는 그러라고 했다. 아이들은 신이 나서 인터뷰에 응했다. 기자가 아이들에게 물었다. "엄마, 요리 잘하시니?" 그랬더니 세 아이가 이구동성으로 정말 잘한다고 큰 소리로 대답했다. 내 목에 힘이 들어가는 순간이었다.

아이들은 한층 들떠서 덧붙이기 시작했다. 헤이븐이 입을 열었다. "정말이에요. 우리 엄마가 만들어 주시는 에고스(아침식사 대용 냉동와플)는 세상에서 최고일걸요." 터커는 한술 더 떴다. "가끔 생선스틱(가공식품)도 만들어 주시는데 그건 제가 제일 좋아하는 거예요." 클랜시가 질세라 끼어들었다. "그런 것도 좋지만, 엄마가 만들어 주시는 것 중에서 진짜로 제일 맛있는 건요, 빵에다 땅콩잼 하고 딸기잼을 발라주시는 거예요!"

내 비밀이 온 천하에 공개되는 순간이었다. 정말이지 나는 요리를 너무 못한다. 요리를 하는 것도 싫어하지만 장을 보는 것도 억지로 하는 편이다. 채소를 손질하고 과일을 깎는 것조차 싫어하니 할 말이 없지 뭔가. 15분 정도면 죄다 없어질 것을 몇 시간씩 공들여 요리한다는 사실을 받아들

일 수 없는 사람이 바로 나다. 치우는 건 어떤가? 적어도 30분을 잡아야 하지 않는가.

가정주부 역할이 싫다는 얘기는 아니다. 온 가족이 함께하는 식사시간이 중요하다는 사실도 알고 있다. 엄마가 되어서 요리를 전혀 하지 않을 수는 없고, 그래서 생각해낸 것이 최소한의 시간을 들여 만드는 초간단 식사를 하자는 것이다.

여러 가지 방법을 동원해 보았는데, 가장 기억에 남는 것은 재료를 한 달에 한 번 왕창 준비해 냉동실에 얼려두고 사용했던 것이다. 우선 하루 정도 날을 잡아 그 달의 식단을 짠다. 햄버거, 닭 요리, 면 요리 등 몇 가지 음식을 나열해 놓고 그것을 반복하는 식으로 식단을 구성하는 것이다. 그러고는 마트, 건강식품 가게, 도매상을 돌며 필요한 재료들을 구입한다. 그리고 나면 어느 정도 요리할 준비가 된다. 내가 한 달에 한 번 요리하는 날이 되면 남편은 벌써 아이들을 데리고 사라진다. 친정어머니가 도와주러 오시면 우리의 작업이 시작된다.

내가 가지고 있는 요리책이란 요리책은 총출동하는 날이다. 햄버거는 노릇노릇 굽고, 닭살은 양념하여 잘 재워놓고, 양념장도 아는 대로 종류별로 만들고, 채소는 깨끗이 씻어서 손질해둔다. 음식재료 준비가 끝나면 캐서롤(요리한 채 식탁에 놓는 유리·도기제의 냄비)이나 지퍼백에 우리 가족의 한 끼 양만큼씩 골고루 나누어 담는다. 한 달 먹을 반찬을 하루에 만든다고 생각해보라. 보통 일이 아니다. 오후가 되면 허리가 쑤시기 시작하고 발에는 불이 난다. 손은 상처를 입어 쓰라리기도 하다. 그래도 기뻤다. 그 날 이후로 한 달 정도는 무엇을 만들까 고민하지 않아도 되니까!

그 날은 하루 종일 음식을 만드느라 지친 아내를 위해 우리 남편이 가족을 다 데리고 나가서 맛있는 것을 사준다. 그 다음 날부터 한 달 동안은 비교적 편하게 식사준비를 할 수 있다. 냉동고에 있는 것을 하루 전날 냉장실에 넣어 두었다가 저녁시간에 맞춰 데우고 싱싱한 채소 한 가지만 준비해서 빵과 함께 내면 훌륭한 저녁이 되었다. 거기다 아이스티까지 곁들이면 금상첨화다. 아이들도 풍성한 식탁을 대하면서 기뻐했다.

몇 해 전, 처음으로 텍사스로 옮겨왔을 때, 한 모임에 참여하면서 좋은 친구들을 사귈 기회가 있었다. 한 달에 한 번 모여 각자의 요리를 나누는 모임이었는데 모두 여덟 명이 참여했다. 한 사람이 한 가지 요리를 여덟 가족이 먹을 만큼 만들어서 모임에 가지고 오면 각자 나누어 먹는다. 그러면 한 달에 여덟 가지의 다른 요리를 맛볼 수 있는 것이다. 나 같은 경우에는 첫 번째 달에는 키시(치즈·베이컨 요리, 파이의 일종)를, 둘째 달에는 채소볶음을, 셋째 달에는 피자 샌드위치를 만들어 갔다. (더 이상 알려고 하지 마세요!)

모임에 오는 다른 분들도 같은 방식으로 자신의 요리솜씨를 뽐냈다. 한 가정씩 돌아가면서 만났는데, 교제와 맛난 음식이 우리를 즐겁게 했다. 집에 돌아갈 때도 양손 가득 여덟 가지 색다른 음식을 가지고 갔다. 모두 맛있었는데 내가 만들었던 그 '피자 샌드위치'가 문제였다. 어쨌든 그 모임을 통해 서로 서로 축복을 나눌 수 있었다. 귀한 사귐도 가질 수 있었고, 일주일 동안 반찬 걱정 없이 편하게 맛난 것을 먹는 행복도 누렸다. 색다른 음식을 먹을 수 있다는 건 좋은 일이다. 우리 가족들 모두 새로운 음식을 먹어보는 즐거움에 빠져 있었다.

또 지난 몇 해 동안은 여러 가지 요리법을 시도해보기도 했다. 15분에 완성하는 초스피드 요리에서부터 가공식품을 이용하는 간단 요리, 알레르기 방지 요리, 저칼로리 요리, 저탄수화물 요리, 저지방 요리, 저염분 요리 등 시도해보지 않은 분야가 없을 정도로 이것저것 만들어 보았다. 굽고 조리는 요리도 물론 빼놓지 않았다.

그렇게 다양한 방법을 동원해 새로운 요리를 시도했는데, 그 가운데 제일 좋았던 시간은 우리 딸들과 함께 요리하는 시간이었다. 토요일이 되면 두 딸과 함께 식탁에 앉아서 요리책을 뒤적이며 메뉴를 골랐다. 셋이 각기 다른 요리 하나씩을 골라 세 가지 음식을 만들었다. 하나는 주일을 위해, 다른 하나는 화요일을 위해, 나머지는 목요일에 먹을 것을 미리 만들어두는 것이다. 디저트까지 계획에 포함시켰다. 그러고 나서 시장도 다 같이 봤다.

주일 오후가 되면 낮잠을 자고 나서 딸들은 부엌에 모여 요리를 시작했다. 내가 맡은 일은 딸들을 감독하는 것. 양념 만드는 법, 양 조절하는 법, 모양내는 법, 간 맞추는 법, 노릇하게 굽는 법, 돌돌 마는 법 등 내가 아는 한도 내에서 알려주는 것이었다. 저녁이 될 즈음이면 우리 가족이 충분히 먹을 훌륭한 저녁식사가 만들어졌고, 화요일 저녁과 목요일 저녁 것까지도 완벽하게 준비가 되었다.

최근에는 또다른 요리법을 발견했다. 비용이 만만치 않지만 한 번씩 써먹을 수 있는 좋은 방법이다. 요리방(준비된 재료를 이용해 요리사의 지도를 받으며 자신이 직접 식사준비를 해서 집으로 가져감)을 이용하는 것이다. 드림 디너(Dream Dinner), 수퍼 서퍼즈(Super Suppers), 디너 스테이션(Dinner Station)등을 이용해 봤는데 생각보다 비용이 저렴하고 시간도 훨씬 절약할 수 있었다. 바쁜 직장여성들도 가족을 위해 직접 요리할 수 있다는 만족감을 심어주며, 잃어버렸던 단란한 저녁식사 분위기를 되찾을 수 있다는 장점이 엄마들에게 호감을 주고 있어 이용자도, 요리방도 늘고 있는 추세다.

요리방의 가장 큰 매력은 음식을 만들기 위해 따로 장을 보지 않아도 된다는 점이다. 상추, 닭고기, 감자 등 모든 재료는 껍질을 벗기거나 깨끗이 씻고 알맞게 썰어서 준비해주기 때문에 칼을 잡을 필요도 없다. 각자 기호에 따라 적당히 재료를 넣기만 하면 된다. 지금 이 글을 쓰고 있는 순간에도 요리방에서 만들어온 생선요리가 냉장실에서 기다리고 있다. 쌀도 꺼내놓았고, 미리 만들어온 빵 반죽도 제빵기에 넣었다. 내가 해야 할 일은 채소를 준비하고 밥을 안치고 오븐에 롤빵을 굽기만 하면 된다. 짜잔! 저녁준비 끝! (방송에 내보낼 만한 요리는 아니더라도 즐거운 마음으로 할 수 있는 식사 한 끼로는 거뜬하다.)

음식을 장만하고 정리하고 치우는 작업이 결코 만만치는 않다. 어떤 의미에서는 아이를 출산하는 것과 같은 과정을 거친다는 생각이 든다. 음식을 만드는 과정은 길고 힘들지만 온 가족이 한 식탁에 둘러앉아 담소를 나누며 맛있는 음식을 즐길 때면, 준비과정에 있었던 고통은 온데간데 없이 사라지고 맛있게 음식을 먹는 가족들을 바라보며 흐뭇함을 느낀다. 음식은 배만 채워 주는 것이 아니라 우리의 마음도 채워준다. 몇 주 전에는 말씀을 읽는 가운데 이를 증명이라도 해주는 듯한 말씀을 한 구절 발견했다. 창세기 18장 5절의 말씀이다. "내가 떡을 조금 가져오리니 당신들의 마음을 쾌활케 하신 후에 지나가소서." 맛있는 음식을 통해 마음의 위로를 받을 수 있다는 사실이 성경에도 나와 있는 것이다.

예수님은 제자들과 저녁을 함께 나누시면서 진리를 가르치곤 하셨다. 성경에 그러한 예가 얼마나 많은 줄 아는가? 여기 몇 가지 예를 보자.

예수께서 마태의 집에서 앉아 음식을 잡수실 때에…. _ 마태복음 9:10

그 후에 열한 제자가 음식 먹을 때에 예수께서 저희에게 나타나사….
_ 마가복음 16:14

예수님과 식사자리에 앉아 있던 사람들이 속으로 말했습니다.
_ 누가복음 7:49 쉬운성경

저희와 함께 음식 잡수실 때에 떡을 가지사 축사하시고….
_ 누가복음 24:30

너희는 내 나라에서 먹고 마실 것이며….
_ 누가복음 22:30 쉬운성경

모든 믿는 자들이 함께 모여 식사를 나누며 예배하던 것은 초대교회의 전통이었다. "날마다 성전에서 한마음으로 모이기를 힘쓰고 집집마다 빵을 떼면서 기쁨과 순수한 마음으로 음식을 나눠 먹었습니다"_ 사도행전 2:46 우리말성경

식탁에 둘러앉아 함께 음식을 나누는 행위에는 인간이 이해할 수 없는 뭔가가 분명히 있다. 예수님이 제자들을 양육하실 때 식탁에서 자주 말씀하셨던 것을 보면 식탁이야말로 가르침을 베풀기에 가장 좋은 곳이 아닌가 싶다. 집 안에서도 식사시간을 잘 활용하면 훌륭한 인생의 교실이 될 것이다.

이제 다 들통났듯이, 나라는 사람은 요리에는 문외한이다. 친구들도, 가족들도 내가 해내는 음식을 농담거리로 생각한다. 그렇다고 가족들과의 식사시간을 포기할 수는 없다. 앞으로도 계속해서 손님을 초대할 것이다. 그래도 내가 만든 음식을 먹으러 오라고 할 때 다들 또다시 나타나는 게 감사하다. 어쩌면 음식 맛을 보러 오는 것이 아니라 실컷 웃으러 오는지도 모르겠다.

여러분은 나보다 요리도 잘하고 손님접대도 잘해서 방문하는 분들마다 포만감에 기쁨까지 만끽하기를 바란다. 그러나 혹시 나와 같은 분이 있어서 가공식품을 전자레인지에 데워 먹는 게 고작이라 할지라도 사람들을

집으로 들이는 것을 망설이지 말자. 함께 모여 웃고 떠들며 사람 사는 정을 나누자. 차려놓은 상이 코미디 같다면 그것으로도 웃을 수 있지 않은가. 이렇게 웃든, 저렇게 웃든 웃음을 제공하는 것은 중요한 것이다. 그러면서 마음을 열어 친구를 사귈 수 있을 것이며 추억도 만들게 될 것이다.

이번 쉼터를 통해 요리하는 데 조금이라도 도움이 될 수 있다면 좋겠다. 그래서 더 많이 모이고 더 자주 모일 수 있다면 좋겠다. 모여서 함께 음식을 나누면서 배도 채우고 마음도 채우자.

[쉼터] 요리 지금 시작해 보세요

 초간단 요리법

음식 만들기는 나에게 영원한 숙제여서 빠르고 간단한 방법이 있다면 언제든지 대환영이다. (영양을 먼저 생각해야 한다는 걸 알지만 지금 나는 찬밥 더운밥 가릴 형편이 아니다.) 내가 즐겨 사용하는 간단한 요리법을 몇 가지 소개해본다.

- 대형 할인마트 같은 곳에서 갈아 놓은 육류를 다량 구입한다. 밑간을 해서 익힌 뒤 작은 지퍼 백에 넣어 냉동실에 얼려두고 필요할 때마다 꺼내 쓴다. 간 고기 양념한 것은 두루 유용하게 쓰인다.
- 닭고기, 돼지고기, 소고기를 대량 구입해 적당한 크기로 썬 다음 위와 같은 방법으로 나누어 보관한다. 온 식구가 한 끼 먹을 분량으로 나누고, 필요하다면 양념도 해두자. 겉에는 이름과 날짜를 표시하고 냉동실에 넣어 두었다가, 요리하기 하루 전에 냉장고에 내려두면 천천히 해동된다. 미리 양념해둔 고기는 굽기만 하면 되고, 밥하고 한두 가지 채소 반찬만 곁들이면 훌륭한 저녁상이 된다.
- 자주 사용하는 야채나 치즈도 미리 준비해둔다. 준비할 때 아예 넉넉하게 해두면 다음 번 식사를 준비할 때 훨씬 간편하게 요리할 수 있다. 특히 양파는 미리 다 썰어두거나 갈아두자. 썰 때마나 눈물나고 냄새나는 것을 한 번에 끝낼 수 있다. 집에 있는 양파는 다 썰어서 냉동실에 넣어두고 조금씩 사용하자. 금방 썰어 먹으나 냉동실에 넣었

다 먹으나 맛은 똑같다. 게다가 눈물 흘릴 일도 없다.
- 가공식품이나 통조림 등 어느 정도 준비된 재료도 제대로 활용하면 한 끼 식사로 거뜬히 먹을 수 있다.

냉동실을 적극 활용하라

- 요리할 때마다 두 번 먹을 양을 만들어서 한 끼 분은 그 날 사용하고 남은 분량은 냉동실에 넣어둔다.
- 내가 했던 것처럼 한 달에 한 번 요리하는 날을 정하는 것도 적극 권장한다. 처음이라 혼자 시작하는 것이 엄두가 나지 않거든 친구와 함께 상의해 같이 만들고 반으로 나누는 것도 좋겠다. 좀더 쉬운 방법을 원한다면 냉동실 활용법이 자세히 나와 있는 요리책을 구입해서 따라해보는 것도 괜찮다.

식단

식사 준비하는 시간을 절약하는 가장 좋은 방법은 식단을 짜는 것이다. 저녁을 준비하려고 재료를 꺼내고 있는데 가장 중요한 재료가 없다는 사실을 발견할 때 얼마나 난감하던가. 미리 계획을 세우면 그런 일을 방지할 수 있다. 식단을 짜는 몇 가지 방법을 소개해본다.

- 자신만의 요리 카드를 만든다. 빈 단어장을 준비하여 한 장에 요리 하나씩을 정리해 모아두면 된다. 앞에는 요리 이름을 쓰고 뒷면에는 필요한 재료들을 적는다. 장을 보기 위해 목록을 만들 때, 요리 카드를 뽑아서 뒷면을 보면 필요한 재료들이 다 나와 있으니 편리하다.

그것으로 필요품목을 정리하면 장보는 시간도 훨씬 줄어든다.
- 인터넷을 활용하면 요리에 관한 많은 정보와 레시피를 얻을 수 있다.
- 일주일 분량씩 한 달치로 4가지 식단을 짜서, 시장 보러 갈 때 한 장 (일주일 분량)을 골라서 사용하는 주부들도 있다. '가장 저렴한 식단', '특별한 한 끼가 있는 식단', '외식이 있는 식단' 등 특별한 이벤트를 강조하여 식단을 구성해보는 것도 좋겠다.
- 어떤 상점이나 대형마트들은 무료로 배달도 해준다. 장보는 시간을 아끼고 싶다면 배달 서비스를 활용하자.
- 다음 주 식단을 짜기 전에 스케줄 확인하는 것을 잊지 말자. 바쁜 날은 간단한 요리를 넣고, 시간이 많이 걸리는 요리는 한가한 주말 오후에 넣도록 하는 등 스케줄에 따라 맞추자.

요리책

나는 요리책을 사랑한다. 특히 바쁜 엄마들을 위한 초간단 메뉴들이 들어있고 초보를 위해 자세한 설명을 아끼지 않는 것이라면 두 손 들어 환영이다.

시짐에 나가보면 다양하고 실용적인 요리책들이 즐비하다. 나에게 맞는 요리책 몇 권을 사서 적극 활용하자.

하나님은 우리의 연약함을 감싸 주시고, 우리를 위험과 고난에서 건져 주시는 분이시다. 빠질 구덩이를 스스로 파고 있는 우리를 돌이키도록 도와 주실 뿐 아니라 우리 가족을 넉넉하게 먹이시고 입히시는 분이시다. 낭떠러지에서 떨어져 곤두박질치기 직전에 우리 머리가 깨지지 않도록 스스로 흙이 되어 받아주시는 분이시다. 그런데 우리는 어떤가? 땅에 머리가 떨어져서야 겨우 정신을 차린다. 그제야 우리를 받아주신 주님을 바라보며 인생이 무엇인지를 깨닫는다.

　우리는 영원한 학생이기에 지금도 배우며 자라고 있다. 이제는 하나님이 우리 가족에게 가르쳐주고 계신 부분에 대해 나누고자 한다.

18

재정관리

늙고 힘없을 때 내가 너를 돕지 않겠느냐

나는 십일조를 드리는 것이 기쁘다. 십일조를 대하는 태도는 그 사람의 경제관념을 말해주는 것이기 때문에 나는 십일조를 매우 중요하게 생각한다. 다른 곳에 사용하기 전에 제일 먼저 수입의 1/10을 떼어 하나님께 드릴 수 있다는 사실이 나를 행복하게 한다. 게다가 내가 드리는 것 이상의 축복으로 되돌려 주시는 하나님을 알기에 더 감사하다.

누가복음 6장 38절(쉬운성경)을 보자. "주어라, 그러면 너희에게도 주어질 것이다. 되를 누르고 흔들어 넘치도록 재어서 너희의 품에 안겨주실 것이다. 너희가 남에게 줄 때에 잰 분량만큼 너희가 도로 받을 것이다."

주님은 나에게 재정을 어떻게 다루어야 하는지 오랫동안 훈련시켜 주셨다. 경험을 통해서, 논리적인 결과를 통해서 가르치셨다. 해서는 안 될 일들도 가르쳐 주셨다. 나는 그 가르침을 받느라 어려움을 겪기도 했지만, 그러면서 많은 깨달음을 얻었다.

재정에 대해서는 이미 다른 책을 통해서 나눈 적이 있기에 자세한 내용은 다루려 하지 않는다. 그러나 그 책을 읽지 못한 분들을 위해 내가 왜 다른 사람들과 나누기를 좋아하게 되었는지에 대해서는 잠시 짚고 넘어가려 한다.

나는 '삶의 진실'에 출연하면서 많은 돈을 벌었지만 어느 순간에 그것을 다 잃고 말았다. 내가 할 수 있는 노력은 다 했으며 결코 그릇된 결정을 하지 않았음에도 불구하고 모든 게 허사였다. 투자 담당자가 있어서 내 재정을 관리해 주었고, 최대한 안정성이 보장된 곳에만 내 자금을 투자했다. 집과 땅도 있었고, 부동산과 증권에도 투자했으며, 은퇴연금 및 은행상품도 보유하고 있었다. 그야말로 다양한 분야에 분산투자하고 있었다.

'삶의 진실'이 최고의 인기를 누리고 있을 때였다. 주님이 우리의 재산을 처분해 다른 사람들, 특히 제3세계의 어린이들에게 나누어 주라고 말씀하셨다. 우리 가족은 현재 수입으로도 충분히 살아갈 수 있으니 나누라는 것이다. 우리는 십일조를 교회에 성실히 드리고 있었지만, 하나님은 우리가 더 후히 주님의 가난한 자녀들을 도와 주기 원하셨다. 하나님께 전적으로 순종하고 싶은 마음은 있었으나 나의 '상식'이 그것을 허락하지 않았다. 결국, 앞날을 예측할 수 없는 세상에 살면서 가진 것을 다 주는 것은 어리석은 짓이라는 결론을 내리고 말았다.

그 후 몇 해 지나지 않아 우리는 모든 재산을 고스란히 잃고 말았다. 우리가 거래하던 은행에 문제가 생겼고, 부동산 경기는 침체되었으며, 세법은 개정되어 우리에게 불리해졌다. 그리고 상황은 더욱 악화되어 우리의 전 재산을 싹 쓸어갈 만큼 거대한 태풍이 한 번 불더니 티끌 하나 남지 않고 깨끗이 사라졌다.

그 참혹한 변을 당하고서야 예수님이 하신 말씀이 내 가슴에 뼈저리도록 와 닿았다. "오직 너희를 위하여 보물을 하늘에 쌓아두라. 거기는 좀이나 동록이 해하지 못하며 도적이 구멍을 뚫지도 못하고 도적질도 못하느니라"(마 6:20). 보물을 하늘에 쌓아 두었다면 텍사스에 석유파동이 와서 땅값이 곤두박질쳐도 상관없었을 테고, 캘리포니아의 부동산 정책이 뒤집어져서 우리 집을 은행에 내주어야 한들 걱정할 필요가 없었을 것이다.

나는 그 동안 교회에 헌금을 하는 것만이 '보물을 하늘에 쌓아두는 것'이라고 생각해왔다. 그런데 이 말씀을 묵상하면서 새로운 해석이 머릿속에 떠오르기 시작했다.

내 질문에 곰곰이 생각해보고 대답해보라. 세상에 있는 것 가운데 영원히 투자할 만한 가치가 있는 것은 무엇일까? 세상에 있는 모든 것은 다 사라질 것인데 오직 한 가지 사라지지 않을 것이 있다. 그것은 바로 '사람'이다. 하나님이 우리에게 물질을 나누라고 하신 것은 교회의 건물을 위해서가 아니다. 교회의 조직을 위해서도 아니다. 그렇다면 무엇을 위해서 물질을 나누라고 하신 것일까? 믿음의 공동체이며 형제요, 자매된 하나님의 자녀들을 위해 손을 펴라고 하신 것이다. 우리가 사람에게 투자할 때 우리의 보물이 하늘에 쌓이는 것이다. 그 곳은 안전할 뿐 아니라 고수익 이자까지 보장되는 곳이다.

주님이 재산을 다 나누어 주라고 하셨던 것은 결국 나를 위해서였다는 사실을 뒤늦게 깨달았다. 하나님은 내 돈이 없어도 선한 일을 하실 수 있는 분이시다. 하나님은 나의 재산을 가장 안전한 천국에 보관하라고 알려주셨던 것이다. 얼마나 훌륭한 투자 상담가신가. 세상 사람들이 들으면 정신 나갔다고 할지 모르겠지만 나에게는 최고의 조언으로 들렸다.

고린도전서 1장 20절을 보자. "지혜 있는 사람이 어디 있으며, 학자가 어디 있습니까? 이 시대의 변론가가 어디 있습니까? [기업경영 전략가는 어디 있습니까?] 하나님께서 이 세상의 지혜를 어리석게 하지 않으셨습니까?"(쉬운성경). 이 시험을 통과하지 못하고 뼈저린 경험을 해야 했지만 값을 매길 수 없는 큰 인생수업을 받았다. 하나님의 뜻이라면 전적으로 믿고 순종하는 것이 최선이다.

그렇지만 내가 하나님을 슬프게만 해 드린 것은 아니다. 하나님을 미소 짓게 한 일도 있었다. 큰일을 치루면서 조금씩 성숙해졌던 모양이다. 결국 내가 이 테스트를 통과했을 때 하나님은 인자한 미소를 지으며 나를 바라보셨다.

하루는 이베이(미국의 최대 인터넷 중고 경매시장)에서 내가 '뉴 미키마우스 클럽'에 출연했을 때 썼던 바로 그 '미키마우스 귀' 모자를 경매하고 있는 것을 발견했다. 내가 썼던 그 미키마우스 귀를 아이들에게 물려주고 싶은 생각이 들었다. 내 추억이 담겨 있는 물건이라 그럴 만한 가치가 있다고 생각한 것이다.

경매 마감시간이 가까워질 때까지 기다렸다가 경매가 끝나기 바로 직전에 입찰하면 살 수 있을 것 같아서 하루 종일 컴퓨터를 들여다보고 있었다. 그런데 내 마음 가운데 주님의 음성이 들렸다. "너를 위해 이 세상에 보물을 쌓아두지 말아라." 믿을 수가 없었다. 나는 '주님, 저건 제 것이었잖아요. 제 것을 되찾으려고 하는 것이 지나친가요? 그게 욕심인가요?' 하고 반문했다. 그렇지만 이내 하나님의 뜻이 분명하다는 것을 알았다. 그때 나는 막 랜디 알콘(Randy Alcorn)이 쓴 『돈, 소유 그리고 영원』(예영커뮤니케이션 역간)을 읽은 뒤였다. 그 책을 읽고 나서 재정사용에 지혜를 달라고 기도하고 있던 중이었다. 그래도 그렇지 내 귀를 되찾지 못하게 하실 거라고는 생각도 못했다.

어쨌든 상식을 뛰어넘어서라도 주님께 순종할 수 있다면 그렇게 해야 한다는 것을 뼈저리게 절감했던 뒤여서 이것쯤은 쉽게 내어드릴 수가 있었다. '미키마우스 귀' 경매에 참여하는 대신 그 입찰가격 정도의 돈을 세계의 가난한 어린이들을 돕고 있는 '컴패션 인터내셔널'로 보냈다. 내 보물을 하늘에 쌓은 것이다.

나의 분홍색 '미키마우스 귀'는 결국 한 신사에게 낙찰되었다. 나는 그분에게 축하드린다는 이메일을 보냈다. 더불어 다음에 팔고 싶으실 때는 나에게 먼저 연락을 달라고 부탁도 했다. (혹시 세월이 지난 뒤에 하나님이 마음을 바꾸셔서 그 미키마우스 귀를 사도 좋다고 하실 지도 모르니까.)

그 일이 있은 지 두 주 후에 그 신사로부터 이메일을 받았는데 너무 놀라운 이야기를 해주었다. 그분이 미키마우스 귀를 받고서 차고 한쪽에 넣어 두려고 할 때 갑자기 '이건 리사 웰첼과 그 가족이 가지고 있어야 하는 것이다'는 생각이 들었다고 한다. 그분은 기독교인은 아니었지만 속으로 이렇게 반응했다고 한다. '하나님, 제가 이 미키마우스 귀를 손에 넣기 위해 얼마나 들였는지 아시죠? 자그마치 700달러입니다.'

그 때 마치 기다렸다는 듯이 차고에 설치된 스피커에서 노래가 흘러나왔다고 한다. 어떤 노래였는지 짐작이 가는가? "살다보면 좋은 일도 생기고 슬픈 일도 생기는 법, 그것이 바로 인생이지. 삶의 진실이라네." 바로 '삶의 진실' 주제가가 흘러나온 것이다. 그분은 미키마우스 귀를 더 이상 자신이 가지고 있을 수 없다고 고백했다.

우리가 섬기는 하나님이 바로 이런 분이시다! 당신 자신을 위해 돈을 내라고 요구하시는 분이 아니라 우리가 손을 펴서 나누어 주도록, 그래서 그 편 손에 하나님이 부어주시는 축복을 더 많이 받을 수 있기를 바라시는 분이시다. 우리가 그렇게 나누는 삶을 살 때 하나님은 우리가 '구하고 생각하는 것'보다 훨씬 더 많은 것을 채워주실 것이다'(엡 3:2).

이번 장 서두에서 십일조에 관해 잠시 언급했었는데, 십일조와 구제하는 것은 조금 구별된다. 십일조를 제외한 나머지 헌금들은 여러 가지 사유에 따라 우리가 주님께 드리는 것이다. 그런데 십일조는 우리 것을 하나님께 드리는 것이 아니다. 십일조는 원래 하나님의 소유였던 것을 되돌려 드리는 것뿐이다. 사실 우리가 가진 모든 것은 하나님으로부터 왔으며 하나님께서 주신 선물이다. 할 일이 있고, 맡은 일을 감당할 힘이 있다는 것 자체만으로도 큰 복을 누리고 있는 것이다. 복에 복을 더해주셔서 얻게 되는 것이 수입인데, 그 열매를 수확했을 때 제일 처음 해야 할 것이 1/10을 떼어서 하나님께 돌려드리는 것이다. 십일조는 영적 가정인 교회를 통해 하나님께 드리는 것이다. 이렇게 함으로써 우리 마음은 헛된 것을 쫓지 않게 되며 진정한 축복이 누구로부터 오는 것인지 항상 기억하게 될 것이다.

십일조를 드리는 것은 매우 현명한 선택이다. 말라기 3장 8절에서 9절을 보면 하나님과 하나님의 백성, 이스라엘 사이에서 오고 가는 대화가 기록되어 있다. "어찌 사람이 하나님의 것을 훔치겠느냐? 그러나 너희는 나의 것을 훔쳤다. 그러고도 너희는 '우리가 언제 주 하나님의 것을 훔쳤습니까?'라고 하였다. 너희가 내게서 훔친 것은 십일조와 예물이다. 온 나라가 나의 것을 훔쳤으므로 너희에게 저주가 내렸다"(쉬운성경). 우리 교회의 에드 영 주니어 목사님은 이 말씀을 이렇게 적용하신다. 목사님은 저주받은 100퍼센트를 택하느니 축복받은 90퍼센트로 만족하겠다고 말씀하셨다. 우리가 왜 그 10퍼센트 때문에 저주를 택하겠는가!

지금은 율법의 시대가 아니라 은혜의 시대니 더 이상 구약말씀을 지킬 필요가 없는 것 아니냐고 따진다면 나도 할 말이 없다. 전혀 일리가 없는 말이 아니기 때문에 그것을 가지고 논쟁할 마음도 없다. 승산이 없는 논쟁이라는 것을 알고 있기 때문이다.

하지만 그렇게 따지는 분들에게 한 가지 묻고 싶다. 십일조를 하지 않으려고 하는 이유는 무엇인가? 대답을 머뭇거리고 있는 그대들이여, 말라기 3장 10절에서 말씀하신 하나님의 음성을 들어보라. "너희는 창고에 너희가 거둔 것의 십일조를 가져와 나의 집에 먹을 것이 있게 하여라. 그것으로 나를 시험하여라. 내가 하늘 문을 열고 너희가 쌓을 공간이 넘치도록 너희에게 복을 붓지 않나 보아라."(쉬운성경)

여러분의 돈과 나는 아무런 상관이 없다. 그런데 내가 왜 십일조를 강조하는 걸까? 내가 십일조를 드림으로 인해 큰 축복을 받았기에 감사하는 마음으로 그런 것이다. 여러분도 나와 같은 축복을 받기 바라는 마음에서

다. 하나님께 수입의 1/10을 드리고 하나님이 주시는 축복을 받으라. 이것이 내가 여러분에게 할 수 있는 최고의 조언이다.

재정을 다루기로 한 장에서 십일조와 나누어주는 삶에 초점을 맞춘 이유가 있다. 그렇게 해야만 돈의 노예가 되지 않기 때문이다. 재정으로부터 진정한 자유를 누리고 싶다면 하나님과 사람들을 위해 써라. 그것이 진정한 청지기 정신이다. 쉽지는 않지만 가치 있는 일이므로 도전해보기 바란다.

우리가 온전한 십일조를 드리며 바르게 저축하는 법을 배우고 건실한 곳에 투자하며 돈을 쓰는 지혜를 배울 때 삶은 훨씬 안정될 것이고 스트레스도 현저히 줄게 된다. 쉼터에서 배우게 될 몇 가지 재정원칙을 적용해보기 바란다. 여러분의 가정에, 부부 간에, 여러분 자신에게 큰 안정감과 평강이 일어나는 것을 경험할 것이다.

쉼터 재정 관리 돈이란 역시

낭비를 줄이는 법

평범한 일상에서 새어나가는 돈을 막을 수 있다면 꽤 많은 돈이 쌓이게 될 것이다. 몇 가지 방법들을 모아보았다.

- 물건을 집어들기 전에 한 번 더 생각한다. 이것이 필요한가? 아니면 그냥 가지고 싶은 것인가?
- 조금 더 절약하기를 원한다면 보다 더 구체적인 질문을 던져보라.

  * 이것을 사지 않고 이미 나에게 있는 것 가운데 활용할만한 것은 없을까?
  * 이것을 구입하는 데 드는 비용을 벌려면 몇 시간을 일해야 할까?
  * 이것을 사지 않으면 그 돈으로 무엇을 살 수 있을까?
  * 외식을 할 때는 음료수 대신 물을 마신다. 물이 음료수보다 몸에도 좋고, 외식비용도 줄일 수 있다.
  * 영화는 주로 오전 시간대를 이용해 조조할인을 받는다.

- 일주일에 한 번 정도는 검소하게 먹는다.
- 미리 양념이 된 음식은 비싸니 되도록 사지 않는다.
- 특별한 이벤트를 위해 동전을 모은다. 목돈이 들어가는 것을 막을 수 있다. 저금통을 준비해 '여름휴가' 등 목적을 두고 동전을 넣는다. 온

가족이 즐길만한 행사나 놀이농산에 가는 것도 좋겠다. 온 가족이 함께 모으면 금세 저금통을 채울 수 있다.

- 마트 간에 경쟁이 붙어서, 같은 제품이라도 유난히 더 싸게 파는 곳이 있다. 또 기획상품이라 해서 덤을 더 주는 곳도 있다. 쿠폰을 주거나 포인트를 적립하는 제도도 있으니 적극 활용한다.
- 사용하던 물건을 바꾸기 전에 반드시 다섯 가지를 생각하라. 수리할 수 있는지, 수선할 수 있는지, 줄일 수 있는지, 재활용이 가능한지, 다른 용도로 사용할 수 있는지 따져본 뒤 구입을 결정한다.
- 충동구매는 절대 금지다. 어떤 물건을 보고 마음에 들더라도 충동구매를 막기 위해 다시 생각해보자. 물건을 구입하기 전에 적어도 24시간 정도의 시간을 가지라. 하루가 지난 뒤에도 그 물건이 필요하다고 판단되면 그때 사도 늦지 않다. 구입을 결정하기 전에 남편의 의향도 물어보고, 온라인을 통해 같은 물건이 싸게 나온 것은 없는지 조사도 해보고 구입하면 나중에 후회하는 일이 거의 없을 것이다.
- 스트레스를 해소하기 위해 쇼핑을 하는 사람도 있다. 돈쓰는 재미로 물건을 사들이고 있지나 않은지 점검해본다. 돈을 쓸 때 감정에 휩쓸리지 말자. 마음이 복잡할 때 쇼핑하고 싶은 욕구가 생기거든 집으로 돌아가자. 기도와 찬양, 말씀을 통해 영혼과 정서적 욕구가 충만히 채워지도록 주님께 도움을 구하자.
- 세일품목을 구입할 때는 판매직원이 세일금액을 제대로 적용했는지 확인한다. 사람이 하는 일에는 실수가 있는 법이다. 소비자 입장에서 꼼꼼히 챙기지 않으면 자신의 돈이 새는 줄도 모르고 가게를 나오는 수도 있다. (계산대 앞에서 핸드폰으로 통화하는 일을 피하라. 계산하는 직원에게 예의도 아니고 물건 값을 주의 깊게 살펴볼 수도 없다.)

- 가까운 사람들의 생일이나 특별한 행사의 목록을 항상 지니고 있다가 세일기간에 조금씩 구입해 모은다.
- 환불받는 것을 부끄러워하지도 말고 주저하지도 말라. 맞지 않거나 작동이 되지 않거나 계속 사용할 수 없어서 환불받아야 한다면 즉시 행동에 옮기라.
- 빵 종류가 필요할 때는 할인코너를 이용한다. 할인 가격표가 붙어 있다고 해서 상한 것이 아니다. 빵은 오래 진열해두지 않는 것이 상례여서 할인된 것을 사먹어도 문제는 없다.
- 가격 비교표를 만드는 것도 지혜로운 방법이다. 자주 사는 품목이나 최근에 구입한 품목들은 목록을 만들어 이곳저곳 가격을 비교해 기록해둔다. 어느 곳에서 가장 저렴하게 구입할 수 있는지 한눈에 들어올 것이다.

쿠폰에 날개를 달아주자

- 쿠폰을 적극 사용한다. 장을 볼 때만 사용하는 것이 아니다. 외식을 할 때도, 기타 서비스 업종을 이용할 때도 쿠폰은 매우 유용하다. 사용기간이 지났어도 일단 전화로 문의하라. 고객을 실망시키지 않기 위해서 기간이 지난 쿠폰을 받아주는 곳도 있다.
- 쿠폰을 전문적으로 다루는 인터넷 사이트도 있으니 활용한다.
- 다양한 사업체에서 쿠폰을 제공하고 있다. 제품 홍보기간도 잘 이용하면 필요한 상품을 저렴하게 구입할 수 있다.
- 잡지나 홍보용 책자를 보면 잘 알려진 외식 코너에서 발행한 쿠폰들이 실려 있을 때가 있다. 남편과 함께 오붓한 시간을 가지려 하거나 친구들과 약속이 있을 때 잊지 말고 쿠폰을 챙겨가자.

재정관리도 첨단기술로

- 인터넷 뱅킹을 이용한다. 번거롭게 은행에 직접 갈 필요 없이 집에서 다 해결할 수 있다. 시간도 절약되고 은행수수료로 절감할 수 있다.
- 세금 정산을 도와주는 프로그램도 있으니 활용한다.

쇼핑 노하우

- 지역신문이나 소식지 같은 데를 보면 쓸만한 중고용품이 소개되어 있을 때가 있다.
- 천냥백화점 등과 같이 저렴한 곳을 이용한다. 우리 집도 아이들이 어렸을 때는 천원짜리만 파는 가게를 애용했다. 아이들에게 천원을 주고 갖고 싶은 것을 직접 고르도록 했다. 그러면 아이들은 자신이 어른이 된 양 좋아했고 신중하게 선택하곤 했다.
- 벼룩시장은 재미있기도 하고 저렴한 물건을 구입할 수 있어 좋긴 한데 크게 여는 곳은 다 돌아보지도 못하는 경우가 생긴다. 그러다보니 발 빠른 사람들에게 좋은 물건을 놓칠 수가 있다. 친구들이나 가족들이 모여 조직적으로 쇼핑해보자. 필요한 물건과 예상가격을 적은 목록을 각자 나누어 가지고 구역을 나누어서 도는 것이다. 좋은 물건을 발견하면 즉시 핸드폰으로 연락을 취해 구입을 결정한다.
- 연말에는 백화점이고 대형마트고 모두 임시직을 구하느라 난리다. 시간이 허락한다면 주말만 하든지 혹은 몇 주만이라도 일하자. 채용된다면 돈도 벌고, 직원 할인을 적용받아 물건을 구입하면 이중으로 이익을 볼 수 있다.
- 우리 아이들은 중고가게에 들르는 것을 무척 좋아한다. 볼 것도 많고

값도 싸서 재미있단다. 가서 쇼핑의 재미를 만끽하자.

돈 이야기

- 우리 부부는 가정의 경제문제 같은 중대한 사항은 늘 함께 상의한다. 결혼생활은 파트너와 긴밀하게 협력하는 생활이다. 특별히 재정에 관계된 것이라면 무슨 결정을 내리든지 두 사람이 함께 동의하는 과정이 필요하다.
- 당장 구입하고 싶은 것이 있어도 세일기간까지 기다린다. 물건을 하나 장만하더라도 시장조사도 하고, 계획도 세우고, 흥정도 하면서 가장 알맞은 가격에 구입하는 것이 진정한 소비자의 자세다. 산 뒤에 후회할 일도 없고 시간과 비용도 절약할 수 있다.
- 한 달에 한 번씩은 지출의 유형을 정리해본다. '식습관 추적'을 기록했던 것과 비슷한 방식으로 기록하면 된다. 쇼핑습관을 추적하면 이유 없이 돈을 쓸 때도 있다는 사실을 발견하게 될 것이다.
- 예측할 수 없는 것이 인생이다. 여성들도 재산을 관리할 줄 알아야 하고 무엇이 어떻게 돌아가고 있는지 반드시 숙지해야 한다. 가정경제며 사회경제를 익혀갈 필요가 있다. 노후대책도 생각하고 자녀들의 학자금 운영이며 부동산을 구입하는 문제에도 관심을 가져야 한다. 인터넷이나 책, 문화센터의 강좌를 통해 경제상식으로 무장하기 바란다.
- 수입에서 일정한 금액을 떼어 저축한다. 갑작스럽게 직장을 그만두어야 한다든지 예상치 못했던 병원비 지출이 생길 때를 대비해 현금 운용이 가능한 구좌에 넣어두라. 비상금이 있으면 은행에 빚을 지지 않아도 된다.

- 기독교인들은 돈 문제를 터부시하려는 경향이 있다. 그래서 경제관념이 부족한 경우를 많이 본다. 성경적 기반 위에 경제관념을 견고하게 세우자. 경제관념이 부족하다고 생각된다면 전문가들에게서 배울 필요가 있다.

기독교적 관점으로 써진 양서들도 나와 있다. 실제적인 경제문제에 해결책을 제시해 주는 책들이다.

* 부자가 되는 비결(비전과 리더십 역간) – 데이브 램지
* 빚지지 않고 사는 삶(베다니 역간) – 래리 버켓

성경적 재정원칙을 고수할 것

- 십일조를 하라. 십일조를 성실히 드리려면 부부 간에 서로 확인해주는 것이 좋다. 재정을 맡은 사람이 정해진 액수대로 제때에 거르지 않고 십일조를 하도록 배우자가 도와준다.
- 헌금을 드리라. 자녀들에게도 헌금에 대해 이해할 수 있도록 가르쳐야 한다. 십일조 외에도 하나님께 드릴 것이 있다면 감사한 일이다. 특별히 감사할 일이 생기거나 기념할 만한 절기가 다가온다면 자녀들에게 헌금에 대해 설명해줄 수 있는 좋은 기회다.
- 선교헌금을 하라. 선교사를 돕는 것은 세계 선교에 동참하는 기회를 얻는 가장 쉬운 방법이다.

어떠한 가정이든 돈이 문제가 되는 경우가 많다. 이 세상을 사는 동안 먹고사는 문제는 그만큼 우리에게 중요한 것이다. 모두들 살기 힘들다고

아우성이다. 엄마가 일을 하지 않으면 안 되는 집도 많다. 나도 갈등이 많았다. 그래서 전업주부로 살다가 맞벌이가 되었다 하면서 양쪽 문을 넘나들었다. 결정할 때마다 쉽지 않았지만 하나님을 신뢰하며 그때 그때 충실하게 살았다. (직장생활이 집안일보다 어렵다고 생각하는 사람들도 있지만 절대 그렇지 않다. 전업주부라는 것이 오히려 전문성이 요구되는 어려운 직업이다.)

남편이 있는 엄마들도 일을 하니 마니 말들이 많은데, 혼자 아이들을 키우는 엄마들은 오죽 힘들까 싶다. 혼자 두 가지 역할을 감당해야 하는 엄마들을 생각하면 마음이 아프다. 부디 이 책이 조금이라도 도움이 되고 힘이 되어주기를 바란다.

남편이 있건 없건, 직장에 다니건 아르바이트를 하건, 전업주부이건 맞벌이를 하건 간에 다음 장을 읽을 때는 부담 없는 마음으로 읽기 바란다.

19

직 업

잠언 31장의 주인공은 일하는 여성

나는 자녀를 출산하고도 항상 일하고 싶었다. 두 가지 일을 다 잘 해낼 자신이 있었다. 유모도 두고 아이도 옆에서 지켜보면서 내가 맡은 일을 멋지게 성취하며 살 자신이 있었다. 그런데 문제는 아무도 써주지를 않는다는 사실이었다.

인기 있는 텔레비전 프로그램에 9년 동안 출연했던 빛나는 경력이 있기에 연기생활을 계속하는 데 어려움이 없으리라 생각했다. 내가 하고자 하면 언제라도 드라마에 출연할 수 있을 줄 알았다. 그런데 몇 번이고 오디션을 봤건만 아무도 나를 써주지 않았다. 한번은 오디션을 엉망으로 보고 나서 내 차에서 결과를 기다리고 있었을 때였다. 나는 답답한 심정으로 주님께 기도했다. "주님, 제가 이 프로그램에 출연하는 것을 원하지 않으십니까? 그렇다고 저를 이렇게까지 비참하게 하실 수 있습니까? 다른 방법을 쓰실 수는 없으셨나요?"

그 때 주님이 부드러운 음성으로 대답하셨다. "얘야, 더 이상 너를 연예인으로서 축복하지 않을 것이라는 사실을 깨닫지 못했더냐? 이제 네가 누릴 축복은 가정에서 가족과 함께 하는 것이란다."

더 이상 따질 수는 없었다. 그렇지만 하나님이 정말 잘 생각하시고 결정하셨는지 확인하기 위해 주님이 예전에 나에게 말씀하셨던 것을 들이밀었다. "주님, 제가 연예계를 떠나면 이 사람들은 어떻게 하시려고요? 누가 복음을 전할 것이며, 또 나는 어떻게 이들에게 주님의 사랑을 나누지요?" 하나님의 말씀은 칼같이 분명했다. "사랑하는 리사, 이들에게 복음을 전하는 일은 다른 사람에게 맡길 수 있지만 스티브의 아내 역할과 터커, 헤이븐, 클랜시를 위한 엄마 역할은 너밖에 해줄 사람이 없구나."

그 말씀만으로 충분했다. 일하지 않고 집에서 살림만 하는 엄마노릇에 죄책감을 가질 필요도 없었다. 주님이 맡겨주신 사명을 온전히 감당하는 길은 순종뿐이라는 사실을 깨달았다. 그 즉시 모든 것을 청산하고 전업주부로 뛰어들었다. 그리고 전심으로 신나게 이 놀라운 가정사역을 감당할 수 있었다.

하나님이 디자인하신 여인의 역할이란 가정에서 아이들을 돌보고 남편을 내조하는 것이라고 믿는다. 그렇지 않다면 이렇게 쉽게 이전의 멋진 삶을 접고 오로지 가정을 지키는 전업주부의 특권에 만족하며 감사할 수 없었을 것이다.

나는 하나님이 앞뒤가 꽉 막히신 분이 아니라는 것을 알고 있었기에 하나님의 때를 기다리며 주어진 삶에 최선을 다했다. 그리고 정말 하나님의 때가 되자 다시 일할 수 있는 기회가 오기 시작했다. 연예계를 떠난 것도 하나님의 뜻이었고, 몇 년 전부터 다시 일하기 시작한 것도 하나님의 뜻 안에서 이루어진 것이다. 그런데 희한하게도, 전업주부를 포기하는 것이 인기와 부를 포기하는 것보다 더 힘들었다.

그래도 나는 선택의 여지가 있었지만, 혼자서 두 가지 역할을 해야 하는 엄마들은 얼마나 답답할까. 아이들과 살아가려면 반드시 돈을 벌어야 하는 처지에 놓인 엄마들, 남편이 있지만 본인이 일하지 않으면 생계를 유지하기 힘들기 때문에 일해야 하는 엄마들도 많다. 그런 분들에게는 전업주부니 집에서 아이들만 돌본다느니 따지고 재는 것은 사치에 불과할 것이다.

그러나 우리가 기억해야 할 것은, 주님은 계획 없이 우리의 희생을 강요하시는 분이 아니라는 사실이다. 주님이 우리에게 희생과 순종을 요구하실 때는 더 큰 축복으로 되돌려 주시기 위한 계획이 있기 때문에 그러시는 것이다. 마태복음 19장 29절 말씀은 이를 뒷받침해주고 있다. "내 이름을 위하여 집이나 형제나 자매나 부모나 자식이나 전토를 버린 자마다 여러 배를 받고 또 영생을 상속하리라."

이 말씀은 나에게 그대로 임했다. 10년 동안의 긴 침묵을 깨고 내가 다시 일할 수 있도록 가족들이 배려해준 것이다. 가족과 함께 기도하면서 이제는 내가 다시 일하기 시작해야 할 때라고 마음을 모았다. 하나님이 나에게 작가와 강사로 활동하도록 길을 열어주시고 때를 허락하셨다는 믿음을 주셨기에 새로운 방향으로 나아가기로 결정한 것이다.

하루는 출판 관계자가 나에게 물었다. "아이들과 시간을 보내려고 연예계 활동을 접은 것은 알지만 그래도 책이 나오면 홍보여행을 좀 해야 하지 않을까요?" 나는 우스갯소리로 "저희 온 가족이 함께 갈 수 있다면 기꺼이 그러죠"라고 답했다.

우리 교회나 출판사가 우리 가족이 여행할 만한 경비를 댈 수 없으리라는 것을 모르는 바가 아니었다. 다섯 명의 비행기 티켓만 해도 엄청난 비용이다. 그런데 이게 웬일인가. 내가 농담조로 던진 말의 씨가 땅에 떨어져 자라나기 시작했다. 내 머릿속에 있던 '우리 가족이 정말로 함께 여행할 수 있다면 얼마나 좋을까?' 하는 생각이 현실로 다가오고 있었다.

그 후 하나님이 기적에 기적을 더하셔서 딱 일 년 만에 우리 가족은 티핀 모토홈스에서 빌린 멋진 캠핑카에 몸을 싣고 장장 일 년 동안의 긴 여행을 하게 되었다. 그 일 년 동안 미국 본토를 횡단하면서 44개 주(州)를 돌았으며 자그마치 112,630km나 달렸다. 주말에는 교회를 방문해 말씀을 나누고, 주중에는 기독교 서점을 방문했다. 말로만 듣던 다른 주의 주민들이 살아가는 모습도 생생하게 체험하면서 우리 가족들끼리도 깊이 알아가는 귀한 시간이 되었다.

정말이지 주님다우신 발상이었다. 내가 다시 일을 시작하면 가족들과 멀어지고 이전처럼 많은 시간을 함께 보낼 수 없을 것이라고 생각했었는데 주님의 생각은 달랐다. 책을 쓰고 강의를 하면서 오히려 가족과 함께 여행할 수 있는 비용도 마련할 수 있었고, 함께 할 수 있는 시간도 가질 수 있었다. 특히 남편과는 이토록 여유롭게 함께한 시간이 언제였나 싶을 만큼 좋은 시간을 보냈다.

전업주부로도 있어보았고 일하는 엄마로도 살고 있는 나는 양면을 다 경험했기 때문에 어느 한쪽으로만 무게를 두지 않는다. 잠언 31장을 보면 하나님도 집을 지키고 있는 엄마나 일하는 엄마의 모습을 똑같이 인정하시는 것을 볼 수 있다.

잠언 31장에 나오는 현숙한 여인은 직업여성이다. 현숙한 여인은 부동산을 구입하여 거기서 얻은 수익으로 포도원을 열며, 허리띠를 만들어 팔고, 여종을 두었으며, 물건 값을 깎기도 하고, 자신의 옷을 직접 지어 입었으며, 가난한 자들을 돕고 가족들을 위해 신선한 양식을 구해오며, 밖에서도 일하고 가정도 체계적으로 관리했다.

내가 생각하기에 잠언 31장 속의 현숙한 여인이 성경에 기록된 모든 것을 한꺼번에 하지는 않았을 것 같다. 우리도 해봐서 잘 알 것이다. 영적으로, 정서적으로, 육체적으로 도저히 불가능한 일이라는 사실을 우리 모두 알고 있다. 현숙한 여인은 결혼생활을 하는 동안 자신이 할 수 있는 만큼을 천천히 소화해냈을 것이다. 하나님의 부르심에 따라 온 마음을 다해 살아나갔을 것이다. 그리고 하나님의 계절이 바뀔 때마다 그에 따라 우선순위를 조정해야 했을 것이다.

이것이 가장 중요한 것이 아닐까 싶다. 하나님의 계절이 바뀌는 것에 민감하게 반응하는 것, 우리 인생을 지으신 분이 인도하시는 그 계절 속으로 들어가 그 계절에 맞는 옷으로 갈아입는 것. 모든 것은 때가 있는 법이다. 그리고 그 때를 정하시는 분은 하나님이시다. 우리 인생이 어떤 계절을 맞이하고 있는지는 때를 정하시는 하나님께 여쭈어 보아야 할 일이다. 인생의 계절을 민감하게 알아 채고 변화를 감지할 수 있는 센스를 우리에게 주시도록 기도해야 한다. 우리 인생은 모두 다르다. 하지만 남들과 다른 인생을 산다고 해서 비교할 일도 아니다. 왜냐하면 하나님만이 우리 인생을 인도하시는 분이기 때문이다. 현모양처를 꿈꾸며 아이들과 남편을 위해 헌신하고 싶지만 상황이 따라주지 않아 어쩔 수 없이 밖으로 나가 일해야 한다면 그렇게 하는 것이다. 우리 힘으로 바꿀 수 없는 것은 그냥 순리대로 따르는 길이 최선이다.

그리고 일하는 엄마일수록 자신을 제대로 돌볼 수 있는 시간을 확보해야 한다. 자신을 위해 쓸 수 있는 시간이 절대로 그냥 생기지 않을 것이기 때문에 '확보' 하지 않으면 안 된다. 노력하지 않는다면 단 몇 분조차 얻을 수 없을 것이다.

그렇게라도 시간을 쪼개어 재충전할 필요가 있다. 생각해보라. 우거지상을 하고 있는 엄마와 오래 있는 것이 좋은 아이들은 없을 것이다. 잠시 동안 있어도 웃는 얼굴을 한 엄마가 훨씬 좋지 않을까.

아이들을 아무리 사랑하고 아이들과 있는 시간을 즐기는 사람이라 할지라도 남편 혼자 벌어오는 돈으로 충분하지 않을 때는 고통을 당할 수밖에 없다. 그러다보면 자연히 일을 찾게 마련이다. 이번 쉼터에서는 일과 가정 사이에서 어떻게 균형 잡힌 삶을 살 것인지 고민해보자. 더불어 집에서 할 수 있는 부업은 어떤 것이 있는지도 살펴보자.

쉼터에서 나누게 될 아이디어들 가운데 여러분에게 맞는 것을 찾기 바란다. 그래서 가족들과 마주 대할 때 기쁨과 소망이 넘치는 모습으로 다가가기 바란다. 그러면 가족들은 생기 넘치는 엄마, 균형 잡힌 삶을 사는 아내의 모습에 행복할 것이다.

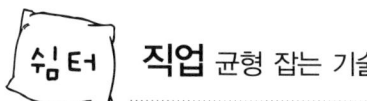 **직업** 균형 잡는 기술

일하지 않아도 될까?

어젯밤에는 자다가 깨어났는데 그 뒤로 영 잠들지 못하고 밤새 뒤척였다. 아이들을 많이 낳느라 방광이 늘어났는지 밤에 화장실 가는 일이 잦아졌다. 그런데 문제는 깨고 나면 다시 잠들 때까지 시간이 너무 오래 걸린다는 사실이다. 어쨌든 어젯밤엔 다른 이유로 더 잠을 설쳤다. 죽음에 대해 오랫동안 생각했다. 내가 지금 죽는다면 내 아이들이 어른이 되는 것도 보지 못할 것이고 아이들의 배우자도 만나지 못할 것이며 손자들도 보지 못할 것이다. 그럼에도 불구하고 평안하게 눈을 감을 수 있을 거라는 확신이 들었다. 주님이 지금 당장 내 이름을 부르신다 해도 미련 없이 이 세상을 떠날 수 있을 것만 같다. 마치 세상에서 내가 해야 할 일을 다 한 것 같은 기분이 들었다.

요즘은 사역에 열심히 동참하고 있다. 책을 통해서 하나님의 사랑을 나누기도 하고 말씀을 전하러 이곳저곳 다니기도 한다. 돌아보니 '삶의 진실'에 출연했던 것도, 연예계에 발을 들여놓았던 그 시절도 다 하나님의 섭리 가운데서 이루어졌다. 그렇게 나를 사용하신 것도, 최근에 사역으로 나를 사용하시는 것도 모두 감사한 일이다. 그런데 참 이상하다. 이렇게 사역을 열심히 하는 것보다 아이들을 키우느라 꼼짝없이 갇혀 있던 지난 16년의 세월이 더 가치 있게 느껴지니 말이다.

이제 나에게 남은 삶은 하나님을 위해서 드리고 싶다. 영원히 상속받을 것을 위해 내 인생을 투자할 생각은 하고 있지만, 자녀들을 주님의 뜻대로 양육하려고 몸부림쳤던 그 시간만큼 가치 있는 사역이란 다시는 없을지도 모른다는 생각이 든다.

어린 아이들을 떼어놓고 직장생활을 시작한 엄마들에게 죄책감을 주기 위해서도 아니고 혼자서 이중으로 짐을 지고 있는 엄마들에게 부담을 주려는 것은 더더욱 아니다. 다만 내가 일하는 엄마들에게 간절히 부탁하고 싶은 것은 아이들이 아직 어리다면 집에서 할 수 있는 일이 있는지 찾아보라는 것이다. 기적을 베푸시는 하나님을 바라보자. 그리고 모든 가능성을 동원해서 집에서 할 수 있는 일을 찾아보자. 수입과 지출을 면밀히 비교해 보고 따져보는 것도 도움이 될 것이다. 일해야 하기 때문에 소비되는 비용을 빼고 나면 얼마나 남는지, 그것이 가계에 얼마나 도움을 주고 있는지 냉철히 따져보아야 한다. 아래에 실린 비용은 직업 때문에 추가로 발생하는 지출항목들이다.

* 소득세
* 주민세
* 건강보험료
* 유아원 비용
* 통근비용(도로사용료, 주차비 등)
* 자동차 연료비
* 자동차 보험
* 의상 구입비, 드라이클리닝
* 경조비
* 외식비
* 가사 도우미 월급
* 시간부족으로 인해 물건값을 비교할 수 없어 발생하는 추가비용

* 시간부족으로 인한 수리 및 수선 위탁비용

엄마들이 일을 하게 되는 이유는 대부분 가정의 경제적 문제를 해결하기 위해서다. 그런데 실제로 필요한 수입과 밖에서 일하기 때문에 발생하는 추가비용을 감안한다면, 가계에 별다른 도움을 주지 않는다는 것을 알 수 있을 것이다. 차라리 엄마가 전업주부로 있는 것이 훨씬 이익이 될 때가 많다.

부업만으로 충분할까?

이제 이 질문에 대답해보자. 내가 어느 정도를 벌어야 우리 가족의 목표에 맞출 수 있을까? 냉정하게 생각하면 단기 아르바이트나 특별기간에만 잠시 일하는 정도로도 충분할 때가 많다. 다음과 같은 것들도 생각해보자.

- 어떨 때는 상주하는 간병인의 사정에 따라 하루 이틀 공백이 생겨서 사람을 구하는 경우가 있다. 같은 경우로 어린이를 돌보는 베이비시터를 구할 때도 있는데 둘 다 괜찮은 부업이 될 것이다. 남편이 자녀들을 하루 이틀 돌봐줄 수 있다면 생각해보라.
- 남편과 스케줄을 서로 조정해서 아빠나 엄마 둘 중 한 사람은 아이들과 항상 함께 있자. 아이들은 엄마나 아빠와 함께 있을 수 있어서 좋고, 다른 사람에게 맡기는 비용을 절감할 수 있다.
- 엄마에게는 교사라는 직업도 매력적이다. 정교사, 보조교사, 기간제 교사 자리도 눈여겨보라. 자녀들의 학교 스케줄과 비슷하게 맞출 수 있어서 다른 직업에 종사하는 것보다 더 많은 시간을 아이들과 보낼 수 있다. 여름방학과 겨울방학도 가족들과 보낼 수 있으니 그 때만이라도 현모양처의 자리를 실컷 누리자.

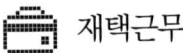 재택근무

집에서 할 수 있는 일이 있는지 생각해보았는가? 아이들을 데리고도 할 수 있는 일이 있는지 찾아보자.

- 베이비시터
- 공부방 교사
- 인터넷으로 할 수 있는 일도 찾아보자. 컴퓨터로 할 수 있는 일거리들이 많기 때문에 나에게 맞는 일을 찾을 수 있을 것이다.
- 각종 이벤트의 플래너가 되는 것은 어떨까. 결혼식, 생일파티 및 각종 경조사의 행사 계획을 짜거나 도우미로 나서는 것도 매력적인 부업이다. 부업을 택할 때도 장래성을 보고 선택하라. 소질이 있는 분야를 택한다면 계속 발전시켜나갈 수 있는 가능성이 있으니 멀리 내다보고 결정하라.
- 파트타임 경리나 회계업무도 수입이 좋은 편에 속한다.
- 재택근무를 선호하는 회사들도 알아본다.

재택근무의 효율성을 높이는 법

집에서 할 수 있는 일을 생각하고 있다면 다음에 나오는 방법들을 적용한다. 내가 직접 몇 해에 걸쳐 쌓아온 노하우여서 여러분에게도 도움이 되리라 생각한다.

- 미리 계획을 세우면 시간을 효율적으로 사용할 수 있다. 업무시간을 정확히 기록하고 아이들과 보낼 시간도 확실히 정해두어야 한다. 맺

고 끊는 것을 확실히 하지 않으면 일은 일대로 꼬이고 집안살림도 엉망이 될 수 있기 때문에 균형을 잘 잡아야 한다. 업무에 집중하기로 한 시간만큼은 아무것에도 방해받지 않고 일에 몰두할 수 있어야 한다. 아직 아이가 어리다면 업무시간만큼 베이비시터를 고용하거나 어린이집이나 놀이방에 맡기는 것도 생각해야 한다. 큰아이가 동생을 볼 만큼 자랐다면, 큰아이에게 시간을 정해서 보라고 할 수도 있다.

- 업무시간에는 전화나 휴대폰을 일일이 받지 말고 나중에 시간을 따로 잡아 한꺼번에 통화한다. 자동응답기나 전화번호가 뜨는 기능을 설치하는 게 좋다.
- 점심시간에도 전화를 받지 말고 아이들과 여유 있게 점심식사를 한다.
- 업무에 관련된 전화번호와 핸드폰을 연결해서 외출할 때는 전화를 받을 수 있게 한다.
- 일에 몰두할 수 있는 공간을 만든다. 사무실을 따로 둘 수 없다면 한쪽 구석에 칸막이를 해놓아 공간을 만들자. 주방의 식탁을 사무용으로 사용하는 일은 금물이다. 아이들이나 엄마나 양쪽 모두 속상해지는 일이 생긴다.
- 업무용 이메일 주소를 따로 만든다. 업무시간에는 업무용 이메일만 상대하자. 그리고 인터넷 세상으로 빠져들지 않도록 조심한다.
- 가족들과 스케줄에 대해서 자주 논의한다. 가족들의 의견을 수렴하며, 불만을 들어주고, 서로 허심탄회하게 대화할 수 있는 기회도 자주 만들자. 서로 절충해야 할 것이 있는지도 살피자. 엄마가 일해야 하는 이유도 설명해주고 그것이 가족의 수입에 어떻게 보탬이 되는지도 설명해주자. 가족들의 배려와 이해에 감사하는 마음도 자주 표

현하자.
- 아이들은 일을 맡겨주면 우리가 생각하는 것보다 훨씬 잘 해낸다. 집안일을 잘 분담해서 아이들에게도 참여할 수 있는 특권을 주자.
- 메모하는 습관을 기른다. 업무시간이 아니라도 일에 관련된 좋은 생각이 떠오르면 사무실이나 컴퓨터 앞으로 달려가지 말고 메모지에 정리하라. 그렇게 할 때 업무시간과 쉬는 시간이 혼동되지 않는다. 업무시간을 지키는 것과 마찬가지로 가족들과 보낼 때는 또 그 시간에 집중할 줄 알아야 한다.
- 달력이나 스케줄 표도 가급적이면 하나로 통일한다. 가정용과 사무용은 반드시 분리해야 한다고 주장하는 사람들이 있는데, 선택은 여러분이 하라.

 전화업무

재택근무 가운데 제일 큰 애로사항이 전화 통화할 때가 아닌가 싶다. 전화만 잡으면 아이들이 총알같이 쫓아오지 않는가. 그럴 때 어떻게 해야 할까? 다음에 나오는 몇 가지 방법을 사용해보자.

- 중요한 전화통화를 할 예정이라면 미리 아이들에게 알려주고, 통화를 시작하기 전에 엄마가 도와야 할 일이 있는지 물어본다. 그리고 중요하고 급한 일을 제외하고는 통화가 끝날 때까지 기다리도록 가르친다. 아마 중요하고 급한 일이란 게 무엇인지 설명해야 하리라.
- 엄마가 중요한 전화를 하는 중이라고 알릴 수 있는 손가락 신호를 정해서 서로 익힌다. 아이들이란 금세 잊어버리고 다시 달려와 매달리기 마련인데 그럴 때 이 신호를 사용하자. 엄마가 중요한 업무 중이

라는 것을 알고 아이들이 조용해질 것이다.
- 통화가 끝난 다음에는 자녀들을 불러 인내심을 가지고 잘 기다려준 것에 대해 칭찬해준다. 그리고 엄마가 도와줘야 할 것이 있는지 확인하자. 혹시 엄마가 신호를 보냈음에도 불구하고 잘 따르지 못한 아이가 있다면 다시 설명해주고 다음을 위해 연습을 시키자.
- 전화벨이 울리는데 아이들이 싸우고 있다면 전화를 받지 않는 편이 좋다. 자동응답기가 처리하도록 놔두자. 업무상 전화를 걸었는데 상대편 전화기에서 아이들 다투는 소리가 들려온다면 기분이 좋을 리가 없다. 아이들을 진정시킨 후에 차분한 분위기에서 통화를 해도 늦지 않을 것이다.

회사를 다녀야 한다면

재택근무를 할 여건이 아니거나 반드시 회사를 다녀야 하는 엄마들이라면 다음 사항을 참고하자.

- 규칙적인 생활을 할 수 있도록 시간표를 작성하고 미리 식단을 짜 둔다.
- 가족들이 깨어나기 전에 먼저 일어나서 방해받지 않는 묵상시간을 가진다. 묵상할 때는 메모지를 옆에 두어서 생각이 분산되는 것을 막는 게 좋다. 잡생각이 떠오른다 해도 자리를 뜨지 말고 우선 메모지에 적어두자. 계속해서 말씀 묵상에 전념한 뒤 그 시간이 끝나면 메모지에 적은 것들을 처리하자.
- 출퇴근 시간도 지혜롭게 사용한다. 찬양을 듣는다든지 설교 테이프 등을 듣자.

📁 사전준비와 계획

- 성공으로 가는 척도는 시간관리를 잘하는 것이다. 시간을 효율적으로 사용하려면 스케줄 관리와 우선순위를 중요시 여겨야 한다. 미리 계획을 세워 맡은 책임을 제때에 완수하는 법을 훈련하자.
- 장보기에도 원칙을 정한다. 한 달에 한 번은 장보는 날로 정한다. 대형 할인마트를 정해서 그 달에 필요한 물품을 대부분 구입한다. 그 외에 신선도가 생명인 채소나 우유, 빵, 과일 등 유통기한이 짧은 식품만 가까운 슈퍼마켓에서 일주일에 한 번 정도 구입한다. 자주 구입하는 물건이나 식품의 목록을 미리 작성해두면 매달 필요한 것이 무엇인지 눈에 잘 들어온다.
- 도시락을 싸서 다닌다. 사먹는 것보다 위생적이고 식비를 줄일 수 있어 경제적이다.
- 휴식시간 및 점심시간을 이용해 집안일에 필요한 것들을 챙긴다. 병원예약 및 베이비시터 고용, 아이들 과제를 도와줄 만한 자료검색 등 자투리 시간을 이용하면 훨씬 많은 일들을 처리할 수 있다.
- 고용주와의 대화를 통해 업무시간을 조절해보는 것도 좋겠다. 필요에 따라서는 최소한의 법정근로시간으로 줄이거나, 출근하는 날을 하루 줄이고 업무시간을 늘리거나, 평일에 일찍 퇴근하고 토요일 오전에 근무하는 등 조절이 가능하다면 가족의 필요에 따라 조절하는 것도 좋겠다. 최소한의 변화를 시도하여 엄마의 역할을 할 수 있는 시간을 늘릴 수 있다.
- 저녁에는 다음날 출근준비를 미리 해둔다. 도시락 반찬거리를 미리 준비해놓고, 입고 갈 옷과 가방도 정리해두자. 바쁜 아침에 시간에 쫓기지 않고 출근준비를 할 수 있는 마음의 여유를 줄 것이다.

짐은 나누면 가벼워진다

- 일하는 여성은 남편의 도움이 전적으로 필요하다. 할 수 있다면 집안일도 서로 분담하자. 자녀들 역시 동참할 수 있다. 아이들도 엄마, 아빠의 짐을 덜어주면서 뿌듯함을 느낄 것이다.
- 하루 종일 직장일에 시달리다 집에 오면 우선 쉬고 싶은 것이 사람의 마음이다. 그러나 하루 종일 엄마, 아빠를 기다린 아이들을 생각해 마음의 고삐를 부여잡자. 아이들과 놀아주기도 하고 숙제도 봐주고 저녁 준비도 함께 하고 잠자리에 들기 전에 책도 읽어주자. 그러기 위해서는 남편과 한마음이 되어야 한다. 저녁시간을 어떻게 사용하면 좋을지 함께 상의하고 정한 것을 지켜가도록 서로 약속하자.
- 일주일에 한 번은 남편과 단 둘이 보내는 시간을 갖는다. 저녁시간에 아이들을 돌봐줄 사람을 불러 하루 저녁쯤은 따로 시간을 가지는 것이 필요하다. 특히 둘 다 직장생활을 한다면 더욱 필요하다. 집안일만 해도 상의할 것이 얼마나 많은가. 서로 긴밀하게 상의해야 하는 주제가 있다면 그런 것들을 나누라. 깊은 대화도 나누고 서로 의견도 교환하자. 못다 한 얘기를 나누느라 진지해질 수도 있겠지만 한 번씩은 재미있게 보내자. 가급적이면 정기적으로 시간을 마련하는 것이 좋다. 집안 분위기는 부드러워지고 집안일을 결정하기도 훨씬 수월해질 것이다. 부부 간의 대화가 원활하면 자녀들과의 관계도 좋아진다.
- 아이들의 등하교를 도와줘야 한다면 남편과 상의해 분담한다. 아침에는 아빠가 출근하면서 학교에 데려다주고 오후에는 엄마가 집으로 데려오는 등 미리 스케줄을 짜놓는다. 한 사람이 일방적으로 수고하는 일을 막아주고 시간도 서로 나누어서 사용할 수 있다.

기타 생각할 것들

- 전업주부가 아니라면 집안일에 온갖 시간과 정열을 쏟기란 불가능하다. 자신에게뿐 아니라 가족에 대한 기대치도 분명 달라야 한다. 현실적인 기대치를 가지고 현실에 맞는 기준과 목표를 세우는 것이 중요하다. 너무 높은 이상을 가지고 높은 기준과 목표를 세워놓고 도달하지 못해 절망하지 않기를 바란다. 남편과 함께 현실을 논하고 그에 알맞은 현실적인 그림을 그리자.
- 일하는 엄마가 아이들과 충분한 시간을 보내려면 주말을 적극 활용해야 한다. 주말에는 되도록 가족들과 함께하도록 계획을 세우자. 하다못해 집안 대청소를 하는 등 온 가족이 함께 할 수 있는 것을 구상해보자. 무엇을 하든지 가족의 연합 속에서 함께하는 즐거움이 넘치도록 하자.
- 텔레비전 시청시간을 제한한다. 그 시간에 가족들과 대화를 갖거나 함께 취미생활을 하자. 꼭 보고 싶은 프로그램이 있다면 예약녹화해두었다가 스케줄이 빌 때 본다.
- 주말을 제대로 사용하기 위해서는 미리 구체적인 계획을 세워야 한다.
- 정기적이건 비정기적이건 혼자 있는 시간을 갖는 것도 필요하다.
- 일 년에 한두 번이라도 남편과 단둘이 지낼 수 있는 시간을 만들자. 애정 없고 메마른 결혼생활을 하지 않으려면 로맨틱한 순간들을 창조해나갈 필요가 있다. 일이 바쁠수록 세상에서 제일 귀한 파트너를 잘 보살피자.

인생은 짧고 한없이 분주하다. 그 가운데서도 가족 간의 끈끈한 정을 돈독히 하기 위해 시간을 쪼개야 하는 것처럼 다른 관계들도 마찬가지다. 인간관계란 돌보지 않으면 소원해지기 마련이다. 하다못해 절친한 단짝친구라 하더라도 그 관계를 지속하려면 자주 대면해야 하지 않는가. 출퇴근을 하는 사람이건 재택근무를 하는 사람이건 친구는 있어야 한다. 친구란 단순히 커피나 마시며 시시덕거리거나 쇼핑이나 하러 몰려다니는 사람을 말하는 것이 아니다. 떼지어 다니며 맛있는 음식점을 찾아다니는 무리를 말하는 것도 아니다.

진정한 친구란 삶을 나누는 것이다. 결혼한 여성의 경우 어떤 의미에서는 남편이 세상에서 둘도 없는 진정한 친구가 될 수 있다. 그러나 같은 여성으로서 나눌 수 있는 진정한 우정에는 어떠한 관계로도 대신할 수 없는 무엇인가가 있다. 친구들이 모두 떠나서 아무도 내 곁에 남지 않았는가? 그렇다면 지금부터 만들라! (여러분에게 좋은 친구가 생기도록 기도하겠다.) 다행히 좋은 친구가 옆에 있다면 그 관계를 돈독히 하기 위해 이전보다 더욱 정성을 다하라. 나뿐만 아니라 온 가족이 그 우정으로부터 흘러나오는 좋은 것을 함께 누리게 될 것이다.

5

관계를 돌아보라

20 _ 친구 진정한 사귐
21 _ 결혼생활 남편과의 데이트
22 _ 도움을 청하라 연약함을 인정하는 것
23 _ 엄마를 돕는 엄마

친구

진정한 사귐

우리 가족은 캘리포니아에서 살다가 몇 해 전에 텍사스로 이사했다. 멀리 이사한다는 것은 어떤 의미에서 굉장한 모험이며 새로운 도전이기도 하다. 남편은 장장 30년 동안 몸담고 있던 교회를 떠나야 했다. 새로운 교회를 정하고 이사한 것도 아니어서 그야말로 대모험이었다. 그 때는 우리 아이들이 모두 중학생이었을 때인데, 어려서부터 허물없이 지내던 소꿉친구들을 두고 떠나야 했다. 나도 오랫동안 함께했던 소중한 친구들을 뒤로 하고 새로운 세계를 향해 발걸음을 옮기게 되었다.

드라마에 나오는 한 장면 같지만 그것이 우리 가족이 견뎌내야 할 현실이었다. 생각해보니 내겐 학창시절다운 학창시절이 없었다. 사춘기 때는 드라마를 찍느라 늘 바빴고, 아무리 기억을 더듬어도 친구다운 친구 하나가 없었다. 오직 우리 엄마만이 나의 단짝이었고 엄마 외에 다른 친구가 필요하다는 생각을 해본 적도 별로 없었다. 그러다 남편을 만났는데 남편은 나에게 더없이 좋은 친구가 되어주었다. 내 인생에는 엄마와 남편, 두 사람이 진실한 친구 역할을 잘 해주고 있어서 부족함이 없다고 생각했다. 두 사람과 나누는 친밀감이 내 인간관계 영역을 다 채우고 있다고 믿었다.

그러다 엄마들의 모임을 시작했는데, 거기서 내 생애 처음으로 나와 똑같은 말괄량이 아줌마들을 만났다. 그 때가 되어서야 비로소 지나간 내 인생을 뼈저리게 후회했다. 친구란 것이 이렇게 좋은 줄 모르고 살았다니!

우리가 모임을 시작한지도 벌써 10년이 되었다. 그 10년 동안 매주 금요일이면 어김없이 만나고 있다. 우리는 자녀를 출산할 때마다 함께 있어 주었고 소중한 사람들이 세상을 떠나는 순간에도 옆에서 서로를 지켜주었다. 우리 가운데 몇 명은 요리를 잘한다. 그리고 또 몇 명은 세상에서 둘째 가라면 서러운 미식가들이다. 우리는 모일 때마다 실컷 웃고 때로는 서로 부둥켜안고 울기도 한다.

내가 이 책을 쓰는 이유도 우리 엄마모임에 나오는 귀한 친구들 때문이다. 그 친구들이 없었다면 이 책은 세상에 나오지 못했을 것이다. 그들은 내가 어려울 때마다 힘을 주고 격려해주고 도움을 주기도 한다. 결혼생활이 평탄치 못했을 때도 나는 이 친구들에게 달려갔다. 친구들은 내 얘기를 들어주었고, 나를 위해 기도해 주었고, 내가 주님의 진리 가운데 머무를 수 있도록 충고를 아끼지 않았으며, 내 옆에 머물러 나를 지켜주었다. 우리 작은딸이 심장수술을 받을 때도 그러했다. 뿐만 아니라 내가 스케줄을 과다하게 잡아서 원고 마감일을 간신히 맞출 때도, 강의일정이 빡빡해 여기저기 다니느라 지쳐 있을 때도, 그런 가운데 홈스쿨을 한답시고 헤맬 때도, 언제든지 내가 도움이 필요할 때면 즉시 달려와 주었다.

인생이 곤두박질쳐 어두운 계곡에 떨어졌을 때 우리는 서로를 끌어올려 주고 기쁜 일이 생기면 함께 기뻐했다. 성탄절 파티도 함께 하고, 탐정놀이도 하고, 돌아가면서 서로 초대해 맛있는 음식도 나누고, 여행도 함께 했다. 코니는 나에게 요리를 가르쳐 주었고, 샐리는 파티를 어떻게 여는지 가르쳐 주었으며, 샨은 진정한 친구가 무엇인지 가르쳐 주었다. 안젤라는 웃는 법을, 발레리는 자기 자신을 있는 그대로 받아들이는 법을, 대니스는 집 꾸미는 법을, 데브는 진정으로 선한 사람이 되는 법을 가르쳐 주었다.

우리는 허심탄회하게 대화하기 때문에 서로의 집안일을 속속들이 알고 있다. 아이들이 어렸을 때는 어린 대로, 사춘기 때는 그 나름대로의 애로사항들을 나누기도 했다. 어디 그뿐인가? 남편에 대해, 우리를 속상하게 하는 것들에 대해, 생리증후군에 대해, 골치 아픈 문제들에 대해서도 허물없이 나눈다.

우리가 하나님 안에서 함께 나눈 우정을 생각할 때 얼마나 감사한지 모른다. 그러한 친구들을 내 인생에 허락해주신 하나님께 참으로 감사하다. 또한 우리가 서로에게 마음을 주고, 오랫동안 우정을 쌓으며, 친밀한 관계를 유지할 수 있도록 노력했던 것도 감사하다. 그로 인해 우리는 서로 어려울 때일수록 강해지는 건강한 관계를 이룰 수 있었다. 나에게 닥쳤던 어려운 시간들 속에서 이러한 친구들이 버팀목이 되어 주지 않았다면 아마 나는 흔들리고 깨졌을지도 모른다.

텍사스로 이사하고 나서 내가 제일 처음 한 일도 엄마모임을 만드는 것이었다. 친구들이 얼마나 중요한지 알았기 때문에 그러한 사귐이 다시 한 번 일어나기를 원했다. 주위에 좋은 친구가 있다는 것은 정말 커다란 축복이다. 그러나 처음에는 조금 난감했다. 아는 사람도 없는데 어디서 무엇을 하며, 누구를 모임에 초대한단 말인가. 아이들이 어렸을 때는 엄마들이 집에 있는 시간이 많기에 모이기가 쉬웠다. 놀이터에 가도 엄마들을 만날 수 있고, 아이들 축구클럽이나 야구클럽 같은 곳에서도 만날 수가 있다. 그리고 부모를 위한 세미나에서도 새로운 만남을 찾을 수가 있다. 비슷한 처지에서 비슷한 연령대의 아이들을 기르느라 관심사도 같기에 쉽게 공감대가 형성되는 것이다.

두 번째 엄마모임을 만드는 일은 쉬워 보이지 않았다. 우리 아이들은 다 컸고, 학교에 관련된 모임도 없었다. 남편은 아직 사역할 교회를 정하지 않은 때라 교회 사람들도 잘 모르던 때였다. 내가 아는 사람이라곤 우리 집 주위에 사는 세 가정 가운데 한 사람으로, 그 동네에 이사 온 후에 얼굴을 익혔을 뿐이었다. 그래서 그분을 점심에 초대하고는, 친구가 있으면 데려와도 좋다고 말했다.

그로부터 며칠 후에 우편물을 가지러 집 앞에 나갔다가 앞집에 사는 분과 마주쳤다. 그래서 그분한테도 점심을 함께 하면 어떻겠느냐고 말했다. 그러는 가운데 우리가 다닐 교회를 정했고, 거기서 만난 한 전도사님 부인에게 우리 집에서 함께 시간을 보내자고 했다. 또 한 번은 우리 집 주위에 사는 젊은 엄마를 만났는데, 그 엄마가 우리 큰딸이 자신의 아이를 돌봐줄 수 있겠느냐고 물었다. 나는 그러겠다고 대답하고는, 그분에게도 시간이 있으면 놀러오라고 말했다.

이렇게 해서 두 번째 엄마모임이 만들어졌다. 이 모임은 첫 번째 엄마모임만큼이나 사랑스러운 엄마들이 모이고 있다. 20대인 엄마들도 있는데, 그분들은 임신해서 배가 많이 불렀다. 대학에 다니는 자녀를 둔 50대 엄마들도 있다. 또한 나와 같은 처지라 동병상련을 느끼는 엄마들도 있어서 사춘기 자녀들을 키우는 애로사항을 서로 나누고 있다.

나이가 들면 새로운 친구를 사귄다는 것이 쉽지 않다. 특히 요즘은 더 어려운 것 같다. 좋은 관계를 이루기 위해서는 시간이 걸리는 법인데, 워낙 바쁜 현대사회에서는 우정을 쌓아갈 만한 시간을 낸다는 것이 여간 어려운 것이 아니다. 전화를 붙들고 하소연할 시간도 없고, 차 한 잔을 마실 틈조차 없다. 심지어는 마당에 나와서 정원에 물을 뿌릴 때도 담장 너머에 있는 이웃과 담소를 나눌 시간이 없을 정도다. 안타깝지만 그것이 바로 우리의 현실이다. 우리는 이제 누군가를 만나기 위해 미리 약속을 잡아야 하고, 달력을 들여다보며 스케줄을 조정해야 하고, 전자수첩에다 기록해야 한다.

요즘 소위 잘나간다 하는 사람들은 자신의 실리를 위해 '인맥'을 형성한다. 비록 자본주의 사회에서 형성된 인간관계의 단면이긴 해도 그 기술을 배울 필요는 있다고 생각한다. 인맥을 형성하고 그것을 유지한다는 것이 쉬운 일은 아니다. 그러나 그만큼의 가치가 있는 일이다. 튼튼한 인간관계를 맺는 일은 그만큼 중요하기 때문에 이 부분에 대해 진지하게 고민해볼 필요가 있다. 그리고 한 번 맺은 관계라면 신실한 태도로 그 관계를 유지해가려는 자세가 필요하다. 그럴 때 우리의 사귐은 깊어지며 우정은 자라게 될 것이다. 어려움이 닥쳤을 때 진정한 친구가 있는지 없는지 알 수 있다. 곤란한 일을 겪을 때 마음을 나눌 친구가 있어야 하지 않겠는가. 급할 때 우리 아이들을 안심하고 맡길 만한 친구가 있어야 하지 않겠는가. 내가 아파서 누워 있을 때 밥 한번쯤은 지어줄 친구, 속상할 때 전화로 하소연할 수 있는 친구, 내가 어떻게 지내는지 궁금해서 전화 한 통 해줄 수 있는 친구 정도는 있어야 하지 않겠는가.

전도서 4장 9절과 10절을 보자. "두 사람이 한 사람보다 나음은 저희가 수고함으로 좋은 상을 얻을 것임이라. 혹시 저희가 넘어지면 하나가 그 동무를 붙들어 일으키려니와 홀로 있어 넘어지고 붙들어 일으킬 자가 없는 자에게는 화가 있으리라."

여러분에게는 좋은 친구가 많이 있기를 바란다. 아직 좋은 친구가 없다면 그런 친구가 될 만한 사람을 찾으라. 그리고 여러분도 그 친구에게 세상에서 가장 좋은 친구가 되어 주어야 할 것이다. 이미 좋은 친구가 있는 사람은 복된 사람이다. 그 우정이 변치 않도록 잘 지켜가기 바란다. 좋은 인간관계를 맺기 위해서 할 수 있는 것은 무엇이든 하라. 우리의 내면세계를 공유하고 삶을 함께할 수 있는 친구를 만들기 위해 최선을 다하라.

지금 당장은 친구의 필요성을 느끼지 못할 수도 있다. 그러나 언제 어느 때 친구의 도움이 필요하게 될지 모르니 지금부터라도 좋은 친구를 사귀기 시작해야 한다. 좋은 친구들과의 우정은 우리에게 많은 유익을 주고,

삶의 활력을 주며, 우리의 삶을 건강하게 한다.

　이번 쉼터에서는 사람들과의 관계, 특히 친구와의 관계를 돈독히 하며 그 우정을 키워갈 수 있는 방법들을 실었다. 새로운 관계를 형성해 나가는 데 필요한 것들도 정리해 놓았다. 그러나 오직 자신만이 사귐의 깊이를 결정할 수 있다는 것을 명심하자. 인간관계의 깊이를 결정하는 데 필요한 시간을 얼마만큼 투자하느냐는 것도 오직 본인에게 달려 있다.

 **친구** 오늘 우리 집에 놀러 오시겠어요?

긍정적인 태도로 살아가며 감사가 넘치는 사람을 친구로 사귀라. 어려움을 만나 고전을 면치 못하는 친구가 있다면 도울 일이 없나 살펴보라. 성숙한 친구를 만나 조언을 얻으라. 그러나 나를 힘들게 하고 만날 때마다 상처를 주는 친구가 있다면 만나는 횟수를 줄이라. 친구를 만나는 데도 지혜가 필요하다. 친구로 인해 내 삶이 무너지지 않도록 해야 한다.

전화걸기

아무리 바빠도 내 삶에서 친구를 소외시키지 말자.

- 적어도 하루에 한 사람에게 전화를 한다. 너무 바빠서 하루에 한 번 전화하기가 힘들다면 최소한 일주일에 한 번이라도 전화를 하자.
- 전화비용을 줄일 수 있는 방법이 있는지 알아본다. 회사마다 가격경쟁이 있어서 저렴한 상품이 있을 수 있다. 핸드폰 비용이 부담스럽다 해도 친구에게 안부를 묻는 데 인색하게 굴지 말자. 대신 짧게 통화하면 된다. "지금 오래 통화할 수는 없지만 궁금해서 전화했어. 잘 지내지?" 이렇게 말하면 친구에게 미안한 마음이 덜할 것이다.
- 시댁식구와 친정식구, 친지들도 물론 빼놓을 수 없는 귀한 관계다. 부모님께 자주 전화 드리는 것은 말할 것도 없고 형제·자매, 이모·고모, 삼촌, 사촌들에게도 종종 전화를 걸어 안부를 묻자.
- 친구들에게 전화할 시간을 내기 어렵다면 청소할 때나 식사준비를

하는 동안 무선 전화기나 휴대폰을 사용한다. 인간관계 유지를 위해서 무선 전화기 하나 정도는 마련해 두어야 한다.
- 친구들에게 부탁하는 것을 주저하지 말자. 본인이 아프거나 혹은 아이들이 아프거나, 마음이 우울하거나, 그냥 누군가 얘기할 상대가 필요하건 간에 자신의 필요를 알리는 데 망설이지 말자. 인간관계란 서로 도움을 주고받을 때 강해지는 법이다. 그리고 우리는 누군가 전화해 주기만을 기다리고 있을 때가 많은데, 그렇게 하다 보면 그 인간관계는 오래가지 못한다. 상대가 전화해 주기를 기다리지 말고 먼저 전화해보자.

이메일 그리고 엽서

- 이메일이 있어 얼마나 편한지 모른다. 일상적인 안부를 묻고 싶을 때 몇 사람에게 동시에 보낼 수도 있다. 한 개인에게만 보내기를 원할 때는 또 그렇게 할 수도 있다. 우표도 필요 없고, 우체통이 있는 곳으로 가지 않아도 된다. 클릭 한 번이면 내 마음을 상대방에게 전달할 수 있으니 얼마나 좋은가.
- 내가 받은 성탄절 카드나 연하장, 혹은 엽서를 주별로 나누든지 월별로 나누어, 그것을 보내준 사람과 그 가족을 위해 기도한다. 그리고 나 역시 그들에게 엽서를 보내준다. "당신을 위해 기도하고 있습니다" 등과 같은 문구가 들어간 디자인을 프린트해서 붙이고 밑에 짤막하게 안부를 적어넣으면 간단하게 만들 수 있다. 기도하는 마음이 담긴 엽서를 받는 사람은 그로 인해 격려를 받게 될 것이며 답장을 해주는 사람도 있을 것이다. 자녀들을 불러 이 일에 동참시키는 것도 바람직하다. 다른 사람들을 위해 기도하는 법을 배우게 될 것이다.

- 온라인상에 있는 동호회나 협회 등을 방문해본다. 나에게 맞는 그룹을 쉽게 찾을 수 있을 것이다. 가령 쌍둥이 부모모임이라든지, 특정 질병이 있는 자녀를 둔 부모모임, 반항적인 십대를 둔 부모모임 등 함께 정보를 공유할 수 있는 곳은 얼마든지 있다. 특별히 어린 자녀들을 두어 외출이 힘든 엄마들에게는 인터넷을 통해 만나는 사람들이 좋은 친구가 되어줄 것이다.

모임 가운데서의 교제

- '아이들과 함께하는 기도모임'을 만든다. 엄마들이 기도하는 동안 아이들은 또래들과 놀 수 있어 이중 모임이 될 수 있다.
- 아이들이 방과 후 특별활동을 하거나 학원에 다니게 되면 그 시간에 엄마도 모임에 참여하자. 새로운 친구들도 만나고 새로운 일에 도전할 수 있는 시간이 될 것이다.
- 교회에서 열리는 성경공부에 참여한다. 다니는 교회가 너무 멀다면 집 근처에 있는 교회의 모임에 참여하는 것도 좋겠다. 새로운 분들을 많이 만날 수 있을 것이다. 성경공부 모임에는 아이들을 돌봐주는 프로그램과 함께 운영하는 곳도 있어 아이들에게도 새로운 친구를 사귈 수 있는 기회가 될 것이다.
- 엄마들의 모임을 만들어 좋은 만남을 가진다.

여러분에게 딱히 좋은 친구라고 할 만한 사람이 없다면 하나님이 좋은 친구를 보내 주시도록 나와 함께 기도하자. 진심으로 하는 말이다. 이미 이 책을 쓰는 동안 여러분이 좋은 친구를 만나도록 기도했으며, 앞으로도 나의 기도는 계속될 것이다. 그리고 나에게는 우리 남편이 제일 좋은 친구라고 말한 것을 기억하는가? 그것도 진심이다. 남편은 우리 인생의 반려자로 함께 길을 가는 좋은 친구다.

나에게 우리 남편만큼 좋은 친구는 없다. 그는 내 영혼의 단짝이다. 그렇지만 우리 부부가 처음부터 그러한 친밀감을 가졌던 것은 아니다. 이렇게 되기까지는 오랜 세월과 각고의 노력이 있었다. 쉽지 않은 시간을 통해 성숙해온 관계인 만큼 지금은 더없이 좋은 시간을 보내고 있다.

여러분이 남편을 세상에서 가장 친한 친구라고 고백할 수 있다면 이보다 더 큰 축복이 없을 것이다. 이미 그렇게 고백할 만큼 성숙한 관계로 발전했다면 이제는 두 사람의 관계가 더욱 깊어지고 강해지도록 다듬어가는 일만 남았다. 반대로, 내가 십 년 전에 그랬던 것처럼 남편과 사는 것이 고통 그 자체라고 고백하는 분이 있다면 모든 것을 가능케 하시는 하나님을 깊이 신뢰하면서 새로운 걸음을 내딛기 바란다. 하나님이 어떻게 우리 부부를 변화시키시고 결혼생활을 회복시켜 주셨는지는 다른 책을 통해 자세히 고백했기에 이만 생략한다. 다음 장에서는 하나님이 최근에 가르쳐 주시는 것들을 나누고자 한다. 하나님은 결혼생활에 관해서 쉴새없이 가르쳐 주시고 있다. (남편이 없으신 분이 있다면 하나님이 좋은 배우자를 보내 주시도록 기도하겠습니다. 남편을 원하시는 분에 한해서요.)

21

결혼생활

남편과의 데이트

나는 거의 매주 금요일마다 강의를 하는 편이다. 다른 고장에서 강의를 하게 되면 토요일 밤이나 되어야 공항에 도착한다. 우리가 로스앤젤레스에서 텍사스의 댈러스로 이사를 한 이유 가운데 하나가 바로 항공료와 비행시간을 줄이기 위해서였다. 댈러스는 텍사스 주에 있는 도시로, 내가 주로 여행하게 되는 미국 본토의 거의 중앙에 위치하고 있어서 시간과 비용을 줄일 수 있다고 생각했다.

텍사스로 옮기기 전에는 금요일마다 새벽 3시쯤에 일어나야 했다. 남편과 함께 6시 비행기를 타야 했기 때문에 공항으로 가는 한 시간과 비행기 탑승 및 대기시간을 고려해 그렇게 일찍 집을 떠나야 했다. 약 2시간의 시차가 나는 곳에 도착하면 옷을 갈아입고 화장을 고치고는 강의가 잡혀 있는 교회로 향한다.

다음 날 아침이 되면 시차적응이 안 되어 한참 곤히 자고 있을 시간에 호텔에서 모닝콜을 넣어준다. 그러면 침대에서 내려와 샤워를 하고는 이 것저것 준비해 교회로 달려간다. 토요일도 하루 종일 강의와 사역으로 꽉 찬 일정을 보낸다. 그리고 나서 그 날 밤이면 비행기를 타기도 힘들 만큼 지쳐 있고, 토요일 밤이라 로스앤젤레스 행 비행기의 좌석을 구한다는 것이 하늘의 별따기처럼 어렵다. 그래서 토요일 밤에는 아예 우리를 불러준 교회 목사님 내외분과 함께 교제하며 저녁시간을 보낸다. 그리고 호텔에 돌아오면 그 동안 보지 못했던 영화를 본다. 그렇게 하다 보니 주말을 아이들과 함께 보내지 못할 때가 너무 많았다. 물론 주일날 함께 예배드리지 못하게 되는 일도 잦았다.

말씀을 전하는 것도 좋지만 이런 식으로 가다간 아이들이 너무 힘들겠다는 생각이 들어 중대한 결정을 내려야 했다. 첫 번째로 단행한 것이 텍사스로 이사하는 것이었다. 두 번째는 너무 먼 곳에서 강의초청이 오면 정중히 거절하기로 했다. 아이들과 하룻밤 이상 떨어져 있지 않는 것이 좋을 것 같다는 판단에서 신중히 결정했다. 우리 아이들이 홈스쿨을 하고 있었기 때문에 주중에 생기는 강의도 특별한 경우를 제외하고는 자제했다.

내가 주말에 집회가 있어서 집을 비워야 할 때마다 남편이 아이들과 함께 남아 있는 것은 어떨까도 생각해보았다. 아이들이 부모 중 한 사람이라도 곁에 있어주면 안정감을 느끼고 큰 변화도 일어나지 않으니 그렇게 해야 할까 오랫동안 고민했다. 그러나 결국 그러지 않기로 결정했다. 아이들에게는 좋을지 모르겠지만 우리 부부관계에는 결코 덕이 되지 않았기 때문이다.

나는 주말마다 비행기를 타고 날아가서 사람들을 만나고, 멋진 레스토랑에서 식사대접을 받으며, 멋진 호텔에서 머물면서 새로운 환경, 새로운 사람들, 새로운 것들을 접하게 될 것이다. 내가 그렇게 주말을 보내는 동안 남편은 집에서 아이들 뒤치다꺼리나 하고, 밥하고, 설거지하고, 홈스쿨을 도와주고, 운전사가 되어주고, 그러다 급하면 군것질로 끼니를 때우기 일쑤일 거라는 생각이 들었다. 부부가 서로 다른 세상에 살면 어떻게 되겠는가. 사이가 벌어지고 마음이 멀어지는 것은 불 보듯 뻔하다. 서로의 신뢰에 금이 갈 만한 여지가 많은 상황에 처하게 될 것을 알면서도 그렇게 결정할 수는 없었다. 그것은 사탄에게 기회를 제공하는 것이나 다름없다는 생각이 든 것이다.

나중을 생각해 보았다. 엄마는 주말마다 미국 본토를 쏘다니며 사역한답시고 집을 비우고, 아빠는 집에 남아 있었다는 기억을 주는 것보다 엄마, 아빠의 건강한 결혼생활의 결속을 남겨주는 것이 아이들에게도 좋을 것이라는 결론을 내렸다. 지금은 우리가 왜 그리 오랫동안 고민하며 힘들게 결정했나 싶다. 아이들은 할머니와 교회 청년들과 주말을 보내느라 우리가 있는지 없는지조차 신경 쓰지 않는다.

엄마로서 주말마다 아이들을 두고 떠나야 하는 것이 마음 편한 일은 아니지만 남편과 함께 어디론가 떠난다는 사실은 나를 설레게 한다. 자칫하면 어려움에 빠질 수도 있었던 우리의 상황을 주님이 선하게 바꾸어주신 것이다. 우리 부부는 우리에게 주어진 시간을 최대한 즐기고 있다. 공항으로 가는 동안 차 안에서 진지하고도 즐거운 대화가 이어지고, 비행기를 기다리는 동안 간이식당에 앉아 짧은 데이트를 즐기며, 호텔에 도착하면 완전히 우리 세상이다. 사역을 하더라도 부부가 함께하면 분명히 뭔가 다르다.

주말은 우리에게 사역을 위해 주어진 시간이지만 일주일에 하루 저녁 정도는 '데이트하는 날'로 확보하기 위해 노력한다. 몇 년 간의 노하우가 쌓여서 지금은 저렴하게 데이트하는 방법도 쓰고 있다. 우리 아이들이 아주 어렸을 적에는 아이들을 빨리 재우고 나머지 시간을 우리 둘만의 시간으로 사용하곤 했다.

어와나(자녀들을 위한 성경구절 암송 프로그램) 모임을 알게 되면서 아이들이 모임에 가는 매주 월요일 저녁은 항상 우리 부부의 데이트 시간이 되었다. 아이들을 교회에 데려다주고 우리는 저녁을 먹으러 갔다. 아이들이 어와나 모임에서 성경구절을 외고, 간식을 먹고, 친구들과 놀고, 상도 받는 동안 우리 부부는 엄마 아빠로서가 아니라 아내와 남편으로서의 시간을 보냈다.

지금 다니는 교회는 수요예배를 한 달에 한 번만 드린다. 그래서 이제는 수요일 저녁이 우리 부부의 데이트 시간이 되었다. 그 시간에 중고등부 모임이 있어서 아이들이 교회에 가고 나면 우리 둘만의 시간을 가진다. 우리 아이들은 모두 성가대에 속해 있어서 연습하느라 5시까지 교회에 도착해야 한다. 저녁에 모임이 끝날 때까지 온전히 우리 둘만의 시간을 가질 수 있는 것이다. 우리는 저녁도 먹고, 쇼핑도 하고, 어떨 때는 영화도 보고, 어떨 때는 집으로 들어와 푹 쉬기도 한다.

부부간이라 하더라도 노력하지 않으면 가까워지지 않는다. 마태복음 19장 5절에서 6절의 말씀을 보자. "말씀하시기를 이러므로 사람이 그 부모를 떠나서 아내에게 합하여 그 둘이 한 몸이 될찌니라 하신 것을 읽지 못하였느냐. 이러한즉 이제 둘이 한 몸이니 그러므로 하나님이 짝지어 주신 것을 사람이 나누지 못할찌니라 하시니."

부부는 무촌이다. 함께 합하여 살아갈 때 부부지, 갈라서고 나면 남보다 더 못한 것이 부부관계다. 그러므로 함께 살기로 했으면 최선을 다해 그 관계를 지켜가야 한다. 중심을 잃은 회전목마에 앉아 있다고 생각해보라. (상상하는 것이 힘들지 않으시죠? 이런 느낌, 살아가면서 자주 경험하게 되는 것 같아요.) 우리 결혼생활이 이와 같이 정신없이 돌아가기만 한다고 생각해보라. 거기서 떨어지지 않고 살아남는 방법은 단 하나, 꼭 붙드는 것이다. 서로 꼭 붙들고 원 중심에 머무는 것뿐이다.

평행선을 보라. 잠깐 방심하면 평행선은 깨진다. 그리고 두 선은 한없이 멀어진다. 높아지고 있는 이혼율에 합세하기란 식은 죽 먹기다. 혼란스러운 요즘 세상에서 결혼생활을 유지하기란 쉽지 않다. 지금 우리는 예수님을 결혼생활의 중심에 모시고 목숨을 걸고 서로를 붙들어 주어야 하는 세상에 살고 있다는 사실을 명심해야 한다.

"아버지가 자녀들에게 줄 수 있는 최고의 선물은 자기 아내를 사랑하는 것이다"라고들 한다. 일리 있는 말이다. 그렇다면 어머니가 자녀들에게 줄 수 있는 최고의 선물은 무엇일까? 그것은 엄마 자신을 제대로 가꿀 줄 아는 것이다. 자신을 돌본다는 것은 결국 '한 쌍'인 남편도 포함시킨다는 의미가 아니겠는가.

이혼한 엄마도 마찬가지다. 자녀들의 아버지가 한 집에 살고 있지 않기 때문에 '한 쌍'으로서 아이들에게 좋은 본을 보여 줄 수 없게 되었다고 안타깝게만 생각할 일이 아니다. 오히려 다른 부부가 보여줄 수 없는 것을 가르쳐줄 수 있기 때문이다. 전남편에 대해 변함없는 존경을 나타내고 용서하며 사랑하는 모습을 보여주자. 그러면 아이들은 어디서도 배울 수 없는 용서의 능력을 배울 것이다.

전남편과의 관계를 지혜롭게 풀어가는 것이 아이들에게는 값을 따질 수 없는 귀한 선물이 될 것이다. 그렇게 할 수만 있다면 본인에게도 유익하다. 원망하느라 자칫하면 빼앗길 수 있는 에너지를 선한 곳에 쓸 수 있기 때문이다. 관계가 긴장으로 치닫지 않고 평정을 찾게 되면 자녀양육 문제를 함께 나눌 수도 있다. 그것이 아이들에게도 좋을 뿐 아니라 엄마에게도 도움이 많이 될 것이다. 이혼하고 나면 자녀 문제는 주로 엄마 측에서 일방적으로 짐을 지게 되는 경우가 많은데, 실제적인 도움을 받을 수 있다면 짐이 얼마나 가벼워지겠는가. 남편을 사랑하는 것이 곧 자녀를 위한 길이라는 사실을 기억하면서 쉼터에 나와 있는 몇 가지 아이디어를 실제로 적용해보자. (전남편을 사랑하는 법도 몇 가지 소개해 놓았다.)

 **결혼생활** 부부의 결속

이 세상에 살아 있는 모든 것은 그 생명을 유지하기 위한 영양분을 필요로 한다. 결혼생활도 마찬가지다. 결혼생활의 생명을 유지하기 위해서는 적당한 양분과 돌봄이 필요한 것이다. 이번 쉼터에서는 그러한 관점을 적용해 건강한 결혼생활을 유지하기 위한 방법들을 모아두었다. 이미 알고 있었지만 살면서 잃어버린 부분이 있다면 다시 한 번 새롭게 적용해보는 시간을 갖자.

 결혼생활을 위한 비타민

- 부부생활에 도움이 될 만한 책을 한 권 정해 한 해 동안 함께 공부한다. 하루에 적어도 15분 정도 함께 읽고 토론도 하는 등 정기적으로 시간을 투자하자.
- 부부가 동일하게 좋아하는 책을 한 권 선정해 매일 밤 돌아가면서 서로에게 읽어준다.
- 자녀들이 일정한 시간에 잠자리에 들도록 스케줄을 정하고 그것을 지키게 한다. 우리 가족은 취침시간을 이렇게 정했다. 유치원생은 7시, 초등학생은 8시, 중학생은 9시, 고등학생은 10시. 고등학생이라도 9시가 되면 자기 방으로 돌아가도록 했다. 그리고 잠자리에 들 때까지 자신이 해야 할 일을 정리한 뒤 자도록 했다. 취침시간을 정해 놓았지만 아이들이 어느 정도 자라고 나면 그 시간에 잠들지 못하는 경우도 있다. 억지로 잠을 청할 수는 없지만 그래도 정해진 취침시간이 되면 자신의 방에서 조용히 책을 읽는 등 잠들 준비를 하도록 했다. 그리고 나서 엄마 아빠 단 둘이만 있는 시간을 확보했는데 그것

이 나에게는 매우 중요한 시간이었다. 특히 아이들이 어렸을 때는 그 시간만이 내가 유일하게 쉴 수 있고 남편과 함께할 수 있는 시간이었기에 될 수 있는 대로 지키려고 노력했다.

- 자녀들이 잠자리에 든 그 시간부터는 분위기를 바꿔본다. 엄마에서 아내로 변신하는 것이다. 가끔은 욕조에 몸을 담그기도 하고, 립스틱을 바른다든지, 향수를 뿌리거나 옷을 갈아입는 등 남편의 취향에 맞춰 자신을 변화시켜보는 것도 좋겠다.
- 침실은 아주 특별한 곳으로 만든다. 언제나 깨끗하게 정돈해놓고 분위기를 살릴 수 있는 향초를 두거나 예쁜 헝겊이나 커튼으로 드리우기도 하자. 두 사람만이 서로를 즐길 수 있는 편하고 아름답고 매력적인 곳으로 만들어보라.
- 애정표현은 과감하게 한다. 서로 그냥 지나치는 법이 없도록 하라. 지나칠 때마다 안아주고 입을 맞추자. 서로의 애정이 깊어지는 것은 물론이거니와 자녀들에게는 세상에서 가장 건전한 성교육이 될 것이다.
- 집안일이나 취미활동을 하느라 밤늦게까지 깨어 있지 말라. 잠자리에 들 때도 남편과 함께 같은 시간에 침실에 들어가자. 즉시 잠이 들지 않더라도 함께 책을 읽든지 기도하든지 함께 머무는 시간을 가지자.
- 남편과 대화하는 시간을 마련한다. 얼굴을 마주하고 앉을 수 있는 시간을 미리 정하는 것도 좋겠다. 한 집에 사는 것 뿐 아니라 함께 얘기할 수 있는 특권이 부부에게 있다는 것을 잊지 말자.
- 마당이 있고 현관 앞에 의자가 놓여 있다면 둘이 앉아 미니 데이트를 즐긴다. 손을 잡고 동네를 한 바퀴 도는 것도 좋은 산책이 되리라.
- 부부가 함께 즐길 수 있는 취미를 찾아본다. 공동 관심사를 나누며 그 시간을 누릴 수 있을 것이다.
- 부부가 함께 참석할 수 있는 주말 모임이나 세미나를 찾아본다. 결혼

생활의 어려움을 당하고 나서야 수습하느라 고생하지 말고 둑을 미리미리 잘 쌓아두자.
- 주제별 성경공부 모임에 참여한다. 부부간에 계속 어려움으로 부각되는 부분을 집중적으로 다룰 수 있는 시간을 가질 수 있다. 분노, 대화부족 및 경제문제로 인한 부부싸움 등 부부간에 어려움을 줄 수 있는 문제들의 해답을 말씀 속에서 찾도록 노력하자.
- 성탄절과 연말은 모임도 많고 행사도 많아 자칫하면 부부가 함께 얼굴을 맞대는 시간을 갖기 어려울 수 있다. 12월이 되면 미리 계획을 세워 바빠지기 전에 둘만이 누릴 수 있는 시간을 가지자.
- 결혼생활에 관련된 책들을 함께 읽는다.

  * 사랑과 행복, 그 이상의 결혼이야기 (좋은 씨앗) - 게리 토마스
  * 그 여자가 간절히 바라는 사랑, 그 남자가 진심으로 원하는 존경 (사랑플러스) -에머슨 에거리치
  * 애정이 넘치는 결혼생활의 비밀(*Hidden Keys of a Loving, Lasting Marriage*) - 게리 스몰리 (Gary Smalley)
  * 부부를 위한 QT(*Quiet Time for Couples*) - 노먼 라이트 (Norman Wright)
  * 우리 가정의 선택(*As For Me and My House*) 월터 완저린 (Walter Wangerin)

 데이트

데이트, 데이트, 데이트! 모든 가정이 이 데이트의 중요성을 깨달았으면 좋겠다. 모든 남편과 아내들이 적어도 일주일에 한 번은 데이트를 하겠다

고 나서기 바란다. 그렇게 할 형편이 아니라면 최소한 한 달에 두 번이라
도 꼭 데이트를 하라.

- 아이 봐줄 사람을 찾는다. 사람을 구했으면 내가 집을 비우기 전에 한 시간 정도 일찍 오도록 한다. 차분하게 준비할 시간을 벌 수 있을 것이다. 아이들도 함께 시간을 보내게 될 사람과 얼굴을 익힐 시간을 갖게 되어 훨씬 안정감을 느낄 것이다. 한 시간 일찍 부르면 그만큼 비용을 추가해야 하지만 그럴 만한 가치가 있다.
- 데이트는 밖에서만 하란 법이 있던가? 아이들을 부모님 댁에 맡기고 집으로 돌아오자. 우리 집만큼 마음 편하게 서로를 누릴 수 있는 공간이 또 어디 있겠는가.
- 한 달에 한 번쯤은 남편과 점심약속을 한다.
- 저렴한 비용으로 즐길 수 있는 데이트도 생각해내자! 서로 얼굴을 보며 못다 한 얘기를 나누고 사랑을 확인하는 것이 데이트의 취지 아니던가.

* 조조할인하는 영화관을 찾아간다.
* 디저트는 아이스크림 가게에서 해결한다. 레스토랑에서 나오는 후식은 비싸다.
* 모델하우스를 방문한다. 인테리어 구경도 하고 내 집 마련의 꿈도 꾸자.
* 자동차 판매소를 둘러본다. 신형 자동차 시승도 좋은 경험이 될 것이다.
* 커피숍에서 티타임을 가진다. 대화를 나누기에 충분한 장소다.

베이비시터

아이를 둔 부모에게는 자녀를 안심하고 맡길 만한 사람이 있다는 것만도 큰 축복이다. 일 문제뿐 아니라 남편과의 데이트를 생활화하기 위해서도 베이비시터를 구해야 한다. 그래서 이 책 말미에 베이비시터에 대한 정보를 부록으로 넣었다. 자녀들을 안심하고 맡길 수 있는 베이비시터를 찾는 데 도움이 될 것이다.

건강한 침실

부부사이에서는 육체관계에 대한 의견을 스스럼없이 나눌 수 있는 분위기가 조성되어야 한다. 육체적 결합이 원활하지 못한 부부관계는 건강하지 못하다. 성생활이 언제나 뜨겁고 정열이 넘쳐야만 좋은 것은 아니다. 25세 때의 성생활과 40세 때의 성생활은 같을 수가 없다. 부부의 성생활은 자녀들의 출생과 나이에 따라서도 밀접한 영향을 받으며, 삶의 변화가 있을 때마다 성생활에 대한 기대와 욕구도 조금씩 변하기 마련이다.

- 서로의 기대와 욕구를 솔직히 나눌 필요가 있다. 존경과 사랑하는 마음을 가지고 서로의 생각을 나눌 때 진정한 친밀감이 꽃피게 된다.
- 시부모님이나 친정부모님에게 아이들을 맡길 수 있는 부부는 행복하다. 아이들을 봐준다고 하시면 감사한 마음으로 맡기라. 아이들에게 필요한 물품을 챙겨주고 우리도 가방을 싸자. 오랜만에 호텔에서 남편과 낭만의 시간을 누리자. 마사지 오일, 향초, 향수 등 부부간의 로맨스를 한층 돋워줄 만한 것들은 다 가져가자. 호텔비용이 만만치는

않지만, 근사한 레스토랑에서 식사하고 영화를 볼 수 있는 비용이면 호텔방을 빌릴 수 있다. 남편과 못다 한 사랑을 나누기 위해 오랜만의 외출을 감행하는 것도 멋지지 않을까. 가방을 싸고 호텔을 예약하는 과정부터 마음이 들뜰 것이다. 따뜻한 물을 가득 받은 욕조에서 스트레스를 풀고, 두 다리를 쭉 뻗고 소파에 앉아 비디오도 보자. 두 번째 신혼여행을 맘껏 즐기자.

- 규칙적인 성생활이 건강에 좋다는 것은 이미 잘 알려져 있다. 성관계를 가질 때 인체에는 특정 호르몬이 생성되는데 그것이 면역성을 길러준다고 한다. 콜레스테롤을 분해하고 혈액순환이 원활하게 이루어져 심장을 튼튼하게 해준다. 또한 칼로리는 줄여주고 엔돌핀을 생성시킨다.

- 부부가 성생활에 대한 의견이나 감정을 솔직히 나눌 수 없거나, 육체관계가 무미건조하게만 느껴진다면 전문가의 도움을 받는 것이 좋다. 성적 친밀감은 자연스런 애정표현이 쌓일 때만 분출되는 생명력이기 때문에, 부부의 성생활이 원활하지 못하다는 것은 실생활에 주의를 기울여야 한다는 신호로 볼 수 있기 때문이다.

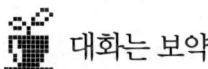 대화는 보약

부부관계에 있어서 육체적인 연합이 중요함은 말할 나위 없지만 감정적인 연합 또한 이에 못지않게 중요하다. 부부간의 대화를 증진시키는 데 도움이 될 만한 몇 가지 방법을 살펴보자. 이 부분은 남편과 함께 읽고 서로의 의견을 나누어보는 것도 좋겠다. (성관계에 대한 부분도 함께 나누고 그와 관련된 책도 함께 읽으세요. 아내가 성관계에 진지한 관심을 보이며 접근하는 모습을 남편에게 보여주는 것도 중요하답니다.)

- 텔레비전을 끈다. 잡지도 덮고 컴퓨터도 멀리하라. 설거지도 잠시 멈추자. 배우자가 다가와 말을 걸거든 모든 것을 내려놓고 상대방에게 집중하는 태도를 보이자.
- 엄마 아빠가 대화를 나눌 때는 자녀들이 방해하지 않도록 가르친다. 배우자는 자녀들보다 우선순위에 두어야 한다.
- 대화할 때는 맞장구를 친다. 적절한 반응과 동의를 표함으로써 적극적으로 대화에 동참하고 있다는 것을 상대방에게 알리자. 건성으로 반응하지 마라. 배우자의 말이나 의견에 진정으로 흥미를 가져라.
- 배우자가 말하고 있는 동안에는, 상대방의 말이 끝나면 무슨 말을 해야 할까 고민하지 말라. 배우자의 진심이 무엇인지, 무슨 말을 하고 싶은 것인지 분별하도록 신경을 써라. 상대방의 말을 잘 듣는 습관이 필요하다.
- 배우자가 원하기 전까지는 충고하려 하지 말라.
- 상대방의 말을 잘 이해하기 위해서는 질문을 잘 하는 것이 중요하다. 질문을 던지는 것은 대화하는 상대방으로 하여금 경청하고 있다는 뜻을 암시하기도 하므로 일석이조의 효과가 있다. 상대방의 이야기가 끝나기도 전에 끼어들지 말라. 충분한 간격을 두면서 적절한 질문을 통해 상대방이 자신의 이야기에 귀 기울이고 있다는 생각을 갖게 하라. 그러면 남편은 안심하고 자신의 마음을 깊이 드러낼 것이다.
- 감정적인 대화가 오고갈 때는 상대방의 말 속에 깔려 있는 의미를 제대로 파악하려고 노력한다. "당신이 하려는 말이 이것인가요? 제가 제대로 이해했나요?" 이러한 질문을 통해 상대방의 의도를 파악하고 있는지 확인하자. 이러한 자세는 자칫 서로 오해하게 되는 위험의 소지를 줄일 뿐 아니라 대답하기 전에 한 번 더 신중히 생각할 수 있는 시간을 갖게 한다.

다른 문제들

결혼생활이 평탄치 못하고 삐걱거리는 횟수가 잦다면 겉으로 드러나지 않는 문젯거리가 무엇인지 파악할 시간이 필요하다. 그것이 단순히 어떤 해결점을 찾아서 풀어나갈 수 있는 것인지 아니면 좀더 깊이 서로의 내면을 들여다보면서 실마리를 찾아야 하는 것인지 알아낼 필요가 있다. 한쪽의 내면에 치유해야 할 부분이 있을 수도 있고 양쪽 다 해결을 받아야 할 부분이 있을 수도 있다. 그럴 때는 상담을 받아보는 것이 좋다. 집에서 가까운 곳에 있는 기독교 상담센터를 찾아가거나 목사님과 상의해보면 도움이 될 것이다.

결혼생활이 위기에 처했을 때만 상담을 받으러 가는 것이 아니다. 길이 고르지 못할 때 그 문제를 찾아나설 시간을 확보하며 문제에 쉽게 접근하기 위해서 상담을 권하는 것이다. 근본 문제만 찾아내면 해결할 수 있는 방법은 쉽게 찾을 수 있다. 결혼생활이 파탄 위기에 직면하기 전에 고칠 부분은 고쳐서 건강한 가정을 만들기 위함이다.

그런데 쓰러질 때까지 몸을 돌보지 않다가 병원에 덜컥 입원하고 나서야 건강상에 큰 문제가 생겼다는 것을 알게 되는 것처럼, 사람들은 끝을 보기 전까지는 좀처럼 개선하지 않으려는 경향이 있다. 그러나 이 세상에 존재하는 가장 귀한 상대와의 연합을 가벼이 여기지 말라. 남편이 이러한 과정에 비협조적이라면, 남편이 신뢰하는 사람을 통해 간접적으로 권해보라. 목사님이나 영적 멘토, 친한 친구 등 남편을 잘 이해하는 사람이라면 도와줄 수 있을 것이다.

"이는 내가 약할 그 때에 곧 강함이니라"(고후 12:10). 나는 이 말씀이 좋다. 여러분은 어떤가? 약할 때, 어려울 때 도움을 구하는가? 결혼 상담이든, 주님께 울부짖는 것이든, 옆집에서 소금을 빌리든 도움을 청하는 것은 잘못된 것이 아니다. 세상은 더불어 사는 곳이기에 도와주고 도움을 받는 것은 당연한 일이다.

오늘 남편과 대화 도중에 내가 이런 말을 했다. "여보, 난 아무래도 사춘기 자녀 양육서 같은 건 못쓸 것 같아요. 제 뒤치다꺼리도 못하고 있으니 사람들더러 이래라저래라 할 수 있겠어요?" 그러자 우리 남편이 차분하게 대답했다. "당신이 책을 쓴 건 완벽한 부모여서가 아니었잖소. 실패를 통해 배운 것을 나눈 것 아니었소?" 지당하신 말씀이다!

이 책을 통해 중요한 것을 많이 나누었다. 그런데 모든 엄마들이 정말 중요하게 여겨야할 것은 다음 장에서 나누는 주제일 것이다.

22

도움을 청하라

연약함을 인정하는 것

그 때 내가 원했던 것은 약간의 평화와 조용히 글을 쓸 수 있는 짧은 시간이었다. 나는 〈현대 크리스천 여성〉이라는 잡지에 싣게 될 '엄마의 시간'이라는 칼럼을 쓰고 있었다. 마감시간은 임박했고 마음이 급해진 나는 세 아이를 거실에 불러놓고 상황을 알렸다. 그러면서 텔레비전을 보든지, 책을 읽든지, 마당에서 놀든지 마음대로 하라고 이야기하고는 작업에 들어갔다. 정말로 아이들이 무엇을 하든지 상관하고 싶지 않았다. 그저 빨리 내 일을 끝내고 다시 엄마의 자리로 돌아가리라 생각했다.

나는 컴퓨터 앞에 앉아서 간절히 기도했다. 자녀양육 문제에 봉착한 엄마들의 질문에 지혜롭게 대답할 말을 주시도록 하나님께 간구했다. 그런데 마음은 점점 더 무거워졌다. 원망도 생겼다. 왜 엄마들은 나에게 편지를 해서 나를 곤란하게 하는 것인가. 내가 대답할 말이 있는지 없는지도 모르면서 왜 나에게 조언을 구하느냐 말이다. 내가 받은 질문 가운데 거의 절반은 내가 경험조차 해보지 못한 문제들이다. 내가 대답할 수 있는 것들이란 실패를 통해 배웠던 것들뿐이다. 그러니 이렇게 답답한 상황을 놓고 내가 할 수 있는 일이 무엇이겠는가. 오직 기도하는 일 뿐이었다. 그래서 한동안 머리를 묻고 기도하고 있었다.

드디어 첫 번째 질문에 답이 나오려는 순간이었다. 하나님이 그 엄마에게 주실 지혜로운 답을 주셨다고 믿고 막 첫 문단을 시작하고 있었다. 갑자기 거실에서 시끌벅적 난리가 났다. 나는 자리를 박차고 일어나 거실로 달려갔다. 싸움이 벌어진 아이들을 떼어놓고 제각기 구석에 서 있도록 벌을 주고는 컴퓨터 앞으로 돌아왔다. 그 정도면 알아들었을 거라고 생각했다.

두 번째 문단을 시작하려는데 또다시 비명소리가 들려왔다. 이번에는 이층이었다. 단숨에 달려 올라갔더니 두 아이가 옷을 가지고 실랑이를 벌이고 있었다. "내꺼야!" "아니야, 내꺼야!" "내가 먼저 잡았잖아!" "내가 먼저 잡았어!" 농구 시합에서처럼 옷을 공중에 던져 먼저 잡는 사람이 가지라고 하고 싶었는데 그만 손이 먼저 나갔다. 나는 두 녀석의 엉덩이를 때렸다.

다시 돌아와 앉았다. 내 손에는 문제의 그 옷이 들려 있었다. '어디까지 썼더라? 아, 그래, 여기군! 전국판 잡지에 실릴 엄마들의 질문에 답을 달고 있었지.' 참으로 웃기는 일이다. 내가 상담을 받아야 할 처지인 것 같은데 누구를 상담하고 있다니. 어쨌든 이번에는 비교적 진도가 잘 나가고 있었다. 어떤 형체가 내가 글을 쓰고 있는 서재 앞으로 휙 지나치기 전까지는. 그 뒤를 따라 누군가 휙 지나가며 고래고래 소리를 질렀다.

울며불며 소리 지르는 아이를 따라 마당으로 나갔다. 그 곳은 더 가관이었다. 한 녀석은 소리소리 지르며 잡으러 다니고 다른 녀석은 도망다니고 있었다. 그 상황에서 내가 할 수 있는 일이란 게 뭐 따로 있겠나. 여느 엄마들과 마찬가지로 냅다 소리를 질렀다. 목청을 높여 있는 힘껏 소리를 질렀더니 갑자기 쥐 죽은 듯 조용해졌다.

나는 아이들을 향해 삿대질을 하며 소리쳤다. "이 정신 나간 것들아! 너희는 잠시도 사이좋게 놀 줄 모르니?" 그러고는 세 아이를 이층으로 몰고 올라갔다. 아이들을 방에 가둬두고 다시 내려와서 드디어 할 일을 마쳤다.

그 날 저녁, 아이들을 재우려는데 낮에 있었던 일을 사과해야겠다는 마음이 들었다. 클랜시에게 먼저 다가가 나야말로 정신이 나갔었노라 고백했다. 원고 마감시간이 임박해서야 일을 시작한 것이 잘못이었는데, 그것을 아이들 탓인 양 화풀이를 해서 미안하다고 말했다.

클랜시가 어떻게 대답했는지 밝히기 전에 우선 클랜시가 어떤 아이인지 소개해야겠다. 클랜시는 어른스러운 면이 많은 아이다. 어릴 때부터 온순하고 착해서 키우는 것도 제일 수월했다. 클랜시가 갓난아기였을 때 낮잠을 재우려고 침대에 눕혀놓으면, 나를 쳐다보며 마치 이렇게 말하는 듯 했다. "엄마, 전 지금 잠이 안 오지만 여기 이렇게 얌전히 누워 있을게요. 그러면 엄마가 쉴 수 있으니까요."

갓난아기가 어떻게 그럴 수 있을까 믿기 어렵겠지만 내 눈에는 그렇게 보였다. 까탈스럽고 투정이 심한 아이들에 비하면 클랜시는 천사나 마찬가지다. 내가 특별히 잘해준 것도 없는데 어쩌면 그리도 온순하고 엄마 마음을 잘 이해하는지….

그 날 밤에 클랜시에게 용서를 구했을 때 클랜시는 이렇게 대답했다. "엄마, 걱정하지 마세요. 우리 잘못이었어요. 엄마가 다른 엄마들을 위해 사역할 때 정신을 집중하고 싶으셨을 텐데 우리가 눈치가 없었죠? 괜히 싸워가지고 엄마를 힘들게 했어요." 그 말을 듣는 내 마음은 벌써 눈 녹듯 풀어지고 있었다.

그 다음은 터커 차례였다. 일이 틀어졌을 때 핑계를 대거나 남을 탓하는 것은 옳은 일이 아니라는 것을 알고 있기에, 아무리 내 아이들이지만 그 앞에서 나의 잘못을 솔직히 시인하고 싶었다. 터커에게 나의 연약함을 인정하고 솔직히 고백했을 때 터커는 내 마음을 풀어주었다. "카메라를 가지고 있었으면 좋았을걸 그랬어요. 그 때 엄마 모습을 찍었더라면 엄마 홈페이지에 대서특필할 수 있었는데…. '자녀교육의 대가, 본성을 드러내다!' 아이고, 아까워라!" 터커는 언제나 나를 웃게 만드는 재주가 있다.

그 날 뿐만이 아니다. 마음으로는 좋은 엄마가 되고 싶지만, 막상 아이들을 대하다 보면 그 결심은 번번이 무너지고 만다. 그리고 다른 엄마들과 이야기를 나누어보면 그것이 나만의 문제가 아니라는 것을 발견한다. 나와 같은 안타까움을 가지고 불안해 하는 엄마들을 많이 만나게 되는 것이다. 어떨 때는 이해가 되지 않을 때도 많았다. 내가 만나는 엄마들은 다 훌륭하고 나름대로의 교육방침도 갖고 있다. 무엇보다도 하나님의 뜻 가운데서 자녀들을 키우려고 애쓰는 엄마들이다. 그런데 왜 그런 분들이 자녀 양육 문제로 고민을 많이 하는 것일까? 그 엄마들은 자녀들이 보는 텔레비전 프로그램이나 영화에도 관심을 가지고 함께 고르며, 아이들과 함께 교회에 다니고, 주님과도 개인적인 교제가 있는 분들이어서 영성을 추구하는 엄마들이다. 그럼에도 불구하고 좋은 엄마가 되기에는 부족함이 많다고 생각하니 웬일일까?

어느 날 아침 이 문제를 가지고 주님 앞에 나아갔다. 그러자 주님은 다음과 같은 대답을 들려주셨다. "부족하다는 것을 깨닫는 것은 좋은 것이란다. 실패해도 괜찮다. 너희는 실패하고 넘어질 때 비로소 나에게 찾아와 도움을 요청하기 때문에 오히려 그 실패하고 넘어진 시점이 나의 도움을 받을 수 있는 때 아니냐. 한 번의 실패가 더 큰 승리를 얻을 수 있는 발판이 될 것이니 너무 염려하지 마라."

자녀들을 양육할 때 멋진 아이디어를 내고, 아이들을 세상의 악으로부터 보호하고, 최선을 다해 가르친다 해도 나 혼자의 힘으로는 실패를 맛볼 수밖에 없다. 오직 주님만이 아이들의 영혼 깊은 곳에 있는 것을 건져내실 수 있다. 우리는 하나님이 아이들의 마음을 만지시도록 기도하는 수밖에 없다. 자녀들을 위해 쉴 새 없이 기도하는 것, 바로 그것이 부모된 사람들의 사명이다.

그 때부터는 나의 연약함과 실패가 나를 이기지 못하도록 했다. 문제가 생기고 실패했다 싶을 때는 그 즉시 주님께 달려가 도움을 청했다. 특히 히브리서 4장 16절의 말씀을 의지하며 하나님께 나아갔다. "그러므로 우리가 긍휼하심을 받고 때를 따라 돕는 은혜를 얻기 위하여 은혜의 보좌 앞에 담대히 나아갈 것이니라."

나의 연약함을 인정해야 했다. 아무리 노력하고 선함을 추구해도 내 힘으로는 아무것도 이룰 수 없다는 것을 가슴 깊이 새겨야 했다. 주님의 도우심을 얻는 것만이 나의 살길인 것을!

주님의 도우심 뿐만이 아니다. 때로는 다른 이들의 도움도 받아야 한다는 것을 깨닫는다. 자존심 때문인지, 도움을 청하는 게 민망해서 그런 것인지, 모든 것을 스스로 해내야만 기분이 좋아서인지 모르겠지만 아무튼 나로서는 도움을 청하는 것만큼 어려운 것이 없다. 차라리 도와주라면 돕겠는데 도움을 받는 것은 너무 어렵다. 하지만 도움을 주기만 하는 것이 잘하는 것은 아니다. 도움을 받는 것도 훈련하고 연습해야 한다. 도움은 주고받으라고 있는 것이다.

사도행전 2장 44절과 45절을 보면 초대교회 성도들의 삶이 그려져 있다. "믿는 사람이 다 함께 있어 모든 물건을 서로 통용하고 또 재산과 소유를 팔아 각 사람의 필요를 따라 나눠주고." 이 말씀을 통해 알 수 있듯이, 우리 믿음의 조상들은 함께 삶을 나누었다. 서로 돕고 나누는 삶을 살았다. 도움이 필요한가? 물론 우리 모두 누군가의 도움이 필요하다. 잠이 너무 부족해 낮잠 한 시간 자는 것이 소원인 엄마도 있을 것이다. 누군가 내 얘기를 들어줄 사람이 절실하게 필요한가? 더 이상 주저하지 마라. 그것이 바로 우리 형제자매가 해야 할 일 아닌가? 주님 안에서 피로 맺은 형제애를 발휘할 때다.

그러니 도움이 필요할 때는 주저하지 말고 도움을 요청하자. 세상 어느 누구도 도움 없이 살 수 있는 사람은 없다. 도움을 청할 때 죄책감을 가져서도 안 된다. 사실 사람들은 남을 도와줄 때 진정한 만족감을 얻기 때문에 서로에게 득이 된다. 도움을 줄 수 있는 사람은 섬김의 본을 보여주신 예수님과 같은 선을 실천할 수 있으니 참 승리를 맛보게 될 것이다. 도움을 받는 엄마는 간절히 필요할 때 도움을 받을 수 있으니 감사한 일이다. 가족들 또한 엄마가 아닌 다른 사람을 통해서도 그리스도의 사랑을 경험할 수 있으니 얼마나 감격스러운 축복이 되겠는가.

   이번 주에는 도움을 요청하는 훈련을 해보자. 도움이 필요할 때 숙지해야 할 몇 가지를 쉼터에 실어놓았으니 참고하기 바란다.

> **쉼터** 도움을 청하라 *저 좀 도와주세요!*

우리는 자신의 감정이 극에 달할 때를 안다. 더 이상 참을 수 없을 때, 분노를 터뜨리는 사람도 있을 것이고 반대로 입을 꾹 다물고 분노를 삭이는 사람도 있을 것이다. 증상이야 어떻게 나타나든지 우리는 자신의 감정 상태를 정확하게 파악하는 훈련을 해야 한다. 그리고 그 해소방법도 미리 생각하는 것이 좋다. 남편이 퇴근해서 오면 아이들을 맡겨놓고 잠시 바람을 쐬고 온다든지, 기도 동역자에게 전화를 걸어 기도를 부탁하든지, 목사님께 상담을 받아야 한다. 자신에게 맞는 스트레스 해소법을 알고 있어야 하고 때로는 상담을 받을 준비도 하고 있어야 한다. 이것은 내가 연약하고 못나서가 아니라 하나님이 주신 지혜를 통해 도움을 받고자 하는 것이다.

☎ 하나님께 도움받기

실패했다는 무력감이 들거든 하나님께 '재도전'의 기회를 주시도록 요청하자. 우리 가족은 이 말을 자주 사용한다. 다이빙 시합 때 선수가 발판을 뛰어내리기 직전에 발이 미끄러져 자신의 기량을 마음껏 발휘하지 못하면 심판이 '재도전'의 기회를 주는 것처럼 우리에게도 만회할 수 있는 기회를 주실 것이다.

하늘에 계신 우리 아버지는 인간의 연약함과 인생의 허무함을 익히 아시기에 자애를 베푸신다. 히브리서 4장 15절(쉬운성경)에서는 이렇게 표현하고 있다. "우리의 대제사장은 우리의 연약한 부분을 알고 계십니다. 이 땅에 계실 때, 그분은 우리와 마찬가지로 시험을 받으셨습니다. 그러나 결코 죄를 짓지는 않으셨습니다." 이번에는 예레미야 31장 34절을 보자. 우리가 어떤 실수를 저지르든지, 어떠한 어려움을 겪고 있든지, 내일이 되면 어제 것은 지난 일이라고 말씀하신다. "내가 그들의 죄악을 사하고 다시는 그 죄를 기억지 아니하리라. 여호와의 말이니라." 그리고 예레미야애가 3장 22절과 23절을 통해 우리는 모든 것을 새롭게 시작할 수 있노라 말씀하신다. "여호와의 자비와 긍휼이 무궁하시므로 우리가 진멸되지 아니함이니이다. 이것이 아침마다 새로우니 주의 성실이 크도소이다."

주님의 기적이 우리 삶 가운데 늘 충만히 일어나도록 기도하자. 부정적인 추측의 올가미는 벗어 던지자. '만약 이렇게 되면 어떻게 하지?' 이러한 생각을 떨쳐 버리고 주님이 다스려 주시도록 기도하자. 그리고 주님이 기적과 은혜를 베풀어 주실 때는 그 풍성한 사랑을 받아누리자. 민망함과 죄책감을 예수님의 이름으로 끊고 하나님이 준비하신 축복을 마음껏 누리자.

남편에게 도움받기

남편만큼 나의 빈 자리를 제대로 채워 줄 수 있는 사람도 없다. 남편이 도와줄 때 아내들은 진정한 휴식을 얻을 수 있다. 아내는 남편에게 도움을 요청할 사명이 있다. 남편이 퇴근하고 돌아오거든 아이들 교육과 집안일에 도움을 받으라.

한 달에 한 번쯤은 남편에게 아이들을 부탁하고 외출하자. 그 동안 벼르기만 했던 일들을 많이 처리할 수 있을 것이다. 스크랩북 만들기 모임에 참여하거나 친구를 방문하는 등 여러 가지 아이디어를 내서 매달 다른 것들로 채워보자.

☎ 지인들의 도움받기

자신이 처한 상황에 맞지 않는 기대치에 맞추느라 늘 패배감에 시달리고 있는 것은 아닌지 점검할 필요가 있다. 합리적으로 사고하며 현시점에 맞는 적당한 기준에 맞게 살고 있는지 내 모습을 점검해줄 수 있는 사람은 친한 친구다. 정해진 목표도 친구와 나누면 훨씬 큰 힘을 얻을 수 있을 것이다. 현실을 인정하라. 유아를 키우는 동안은 하루도 집이 깨끗할 날이 없는 것이 당연하다. 갓난아이를 둔 엄마가 십대 아들 녀석의 축구 시합마다 쫓아다닐 수도 없는 노릇이다. 인생의 목표 또한 재정비하라. 현실에 부적합한 목표라면 몇 년 뒤로 미룰 수 있는 것도 용기 있는 자세다. 가족 모두가 현실적인 눈을 가지고 지나친 기대를 접는다면 쓸데없이 마음 상하는 일도, 서로 스트레스 받는 일도 줄어들 것이다.

살림에 치여서 삶은 공허하고 남편과 단 둘이 있을 시간도 낼 수 없는 데다 베이비시터를 고용할 형편이 못 된다면 어떻게 할 수 있을까? 친구가 있지 않은가! 품앗이를 하자. 하루는 친구네 부부가 우리에게 아이들을 맡겨놓고 데이트를 하고, 다른 날에는 우리 아이들을 친구 집에 맡기고 남편과 오붓한 시간을 가지면 되지 않을까. 서로 품앗이를 하면 베이비시터를 고용하는 것보다 훨씬 오래 데이트를 즐길 수 있다. 오후 5시부터 밤 10시까지 아이들을 봐 줄 베이비시터를 구하는 것은 쉽지 않지만 친구들끼리는 얼마든지 가능하다.

시부모님이나 친정부모님이 있는 곳으로부터 멀리 이사가는 것은 신중하게 생각하라. 남편이 돈을 많이 벌 수 있는 직장을 찾았다 하더라도 냉정하게 결정해야 한다. 아이들에게는 할머니 할아버지만이 채워 줄 수 있는 어떤 것이 있다. 할머니 할아버지가 쏟아주는 사랑과 삶의 연륜에서 우러나오는 지혜는 어떤 값을 치르도 살 수 없는 것들이다. 할머니 할아버지의 영향력이란 딱히 한 마디로 표현할 수 없는 깊은 가치가 있다.

혼자 자녀를 키우고 있는 엄마라면 하나님이 좋은 친구들을 많이 보내주시도록 기도하라. 가족이나 친지, 혹은 가까이에 좋은 이웃들이 많이 생겨 힘들고 어려울 때 기댈 수 있게 해달라고 기도하라. 시편 68편 6절을 보면 "하나님은 고독한 자로 가속(families) 중에 처하게 하시며"라는 말씀이 나온다. 하나님이 좋은 사람들을 만나게 하셔서 더불어 살아가는 것을 경험하게 하실 수도 있거니와, 본인과 마찬가지로 홀로인 사람을 만나게 하셔서 가족이 되게 하실 지도 모른다.

친구가 있는 삶은 어쨌든 수월하다. 고독감은 원수가 노리는 뜨거운 감자와 같다. 나와 비슷한 처지에 있는 친구나, 나를 이해할 수 있는 친구를 찾아보자. 친구가 나타났다면 용기를 내어 마음을 열고 속내를 털어놓으라. 나에게 맞는 신앙선배를 찾아 주시도록 목사님께 부탁하는 것도 지혜로운 일이다. 디도서 2장 3절에서 5절 말씀을 보면, 나이 많은 여성들이 젊은 여성들을 양육했다는 사실이 기록되어 있다. 좋은 친구를 만나게 되든지, 좋은 신앙선배를 만나게 되든지, 도움을 주고받을 수 있는 관계를 추구해야 한다.

"제발 자기가 세상에서 제일 불쌍한 사람인 척 하지 마"라고 솔직하게 말해줄 수 있는 친구를 만나게 된다면 진정 감사할 일이다. 성경적이며 실제적인 관점을 나눠줄 수 있는 친구, 내가 아무리 죽는 소리를 해도 정죄하지 않고 있는 모습 그대로 받아줄 수 있는 친구를 찾을 수 있다면 큰 축복을 얻은 것이다.

☎ 전문가의 도움받기

우울증이 심하고 매사에 의욕이 없는 상태가 지속된다면 정신질환 진료를 받거나 크리스천 상담원을 찾는 것이 좋다. 정신적으로 너무 힘들면 의사가 처방해주는 약물이 도움이 될 수도 있다. 현재 처한 상황에서 빠져나와 정신적 의지를 북돋을 수 있도록 도와줄 것이다.

산후 우울증은 호르몬의 변화에 의한 것이어서 예고 없이 찾아온다. 의사와 상의하거나 산후 우울증 극복 프로그램 등을 적극적으로 활용하라. 목사님이나 상담원의 도움을 받기도 하라.

베스 모어의 책, 『빼앗길 수 없는 축복, 자유』(좋은씨앗 역간)는 여성이라면 누구나 읽어야 한다고 생각한다. 이 책을 읽은 다음 우리가 당면한 문제들을 다시 보면 이전과는 다른 관점에서 접근하게 될 것이다. 자신이 저지른 일로 인해 괴로워하고 고통을 당하고 있는 사람에게는 이 책이 그 사슬을 끊고 자유롭게 되는 법을 알려줄 것이다. 세상을 보는 눈도, 세상을 대하는 태도도 달라질 것이다. 진정한 영혼의 자유를 누리기 위해서는 상한 마음에서 돋아난 쓴 뿌리는 없는지, 용서하지 못한 사람은 없는지 보여주시도록 주께 간구해야 한다.

낙태를 했거나, 원치 않는 성관계를 강요당했거나, 어렸을 때 많이 맞으며 자랐거나, 자신감이 없어서 고생하거나, 남편으로부터 구타를 당하고 있다면 감정적으로 불안한 증세를 보이게 된다. 이러한 과거의 덫이 아직도 괴롭힌다고 생각되거든 당장 상담해줄 수 있는 사람을 찾으라. 하나님은 우리가 영육 간에 온전하고 건강한 삶을 살기 원하신다. 그러나 치유받기 전에는 건강해질 수가 없다. 무료로 상담을 제공하는 교회도 많다. 교회에서의 상담이 여의치 못하다면 사회단체나 이러한 문제로 고민하는 사람들의 모임에 참석하는 것도 생각해보라.

리사 웰첼에게 도움받기

나는 여러분을 돕기 위해 여기 있다. 그리고 여러분은 주위에 있는 다른 이들을 도울 수 있을 것이다. 여러분과 이 책을 통해 맺게 된 인연이 계속되기를 바란다. 다음 장에서는 어떻게 우리의 사귐을 지속하며, 책을 통해 배웠던 부분들을 어떻게 삶에 적용하여 성장할 수 있을지 생각해보자.

23

엄마를 돕는 엄마

우리는 책을 읽을 때 고개를 끄덕이며 수긍하기도 하고 감명 받은 부분이 있다면 삶에 적용해 보려고 애도 쓴다. 구별된 삶을 살기로 작정하기도 하고, 이번에는 잘해보리라 다짐하며 마지막 장을 덮는다. 그리고 아끼는 다른 책들 사이에 끼워둔다. 그러나 삶으로 돌아가고 나면 새로 배운 것들을 좀처럼 실천해볼 짬이 나지 않는다. 이른 아침부터 정신없이 돌아가는 하루, 잠시만 쉬려고 하면 기다렸다는 듯이 다투기 시작하는 아이들…. 그렇게 하루를 보내고 피곤한 몸으로 침대에 쓰러진다. 남편에게 해줄 수 있는 것도 잠들기 전에 입을 맞추어주는 게 전부다. 마음은 원이로되 육신이 연약하여 따라주지 않는다.

마음을 굳게 먹은 것까지는 좋았는데, 사면초가라 사방에서 밀려드는 압박에 견디지 못하고 이내 끈을 놓치고 만다. 혼자서는 일어설 엄두조차 나지 않을 때가 되면 누군가의 도움이 필요하다! 지혜자의 말을 들으라. "두 사람이 한 사람보다 나음은 저희가 수고함으로 좋은 상을 얻을 것임이라. 혹시 저희가 넘어지면 하나가 그 동무를 붙들어 일으키려니와 홀로 있어 넘어지고 붙들어 일으킬 자가 없는 자에게는 화가 있으리라."(전 4:9~10)

여러분에게 그러한 친구가 되어주고 싶다. 엄마로서 뿐만 아니라 한 여성으로서, 이 시대를 함께 살아가는 한 사람으로서, 인생의 여정 가운데 함께할 수 있는 그런 사람이 되어주고 싶다. 우리의 경험을 친구들과 믿음의 동지들과 함께 나누는 것은 행복한 일이다. 혼자서 여행을 한다고 생각해보라. 처음에는 잠시 즐거울지 몰라도 이내 고독해질 것이다. 함께할 친구가 있다면 그 여행이 얼마나 더 재미날까. 친구를 동반하는 것이 여행을 더욱 의미 있게 해 줄 것이라는 생각이 들거든, 내 홈페이지를 방문하기 바란다(www.LisaWhelchel.com). 'Personal Mom Coach'라는 곳을 클릭하면 그 곳에서 나를 만날 수 있다.

그 곳을 통해 우리의 만남은 이어질 것이고 주님 안에서 서로 돌보며 격려하게 될 것이다. 이렇게 하면 된다. 우선 홈페이지에 접속을 하고나서 'Personal Mom Coach'를 클릭하고 등록을 한 뒤, 'Taking Care of the Me in Mommy'로 들어오면 그 때부터 좋은 습관을 길러가는 작업을 함께하게 된다.

우선, 영·혼·육 세 부분 가운데 한 영역을 부각시키면서 출발하게 된다. 영적으로 성장하는 엄마가 되기 원한다면 제일 먼저 '영적인 상태'를 살펴보게 될 것이다. 기도, 성경읽기, 신앙일기, 찬양과 예배 등 영적생활에 활력을 불어넣어줄 한 가지를 택해 집중적으로 공략하는 방법을 사용할 것이다. 어떤 습관이 들기까지는 약 3주가 걸린다고 한다. 여러분이 집중 공략하기를 원하는 부분이 습관으로 자리잡을 때까지 21일 동안, 매일 아침 이메일을 받게 된다. 이메일을 받으면 우리가 추구하는 것이 있다는 것을 기억하게 될 것이고, 격려를 받게 될 것이다. 이메일에는 실제적인 방법과 기도문도 함께 전송된다.

격려도 중요하지만 잘 한 것에 대한 확인도 필요하다. 목표를 달성하면 "우리가 해냈습니다!(We did it!)"라는 링크를 클릭하라. '우리'라는 단어를 사용한 것은 여러분이 걷고 있는 길이 혼자서 가는 길이 아님을 상기시켜주기 위함이다. 우리는 다 함께 걷고 있다는 사실을 명심하자. 하나님도 거기에 계실 것이다. 목표를 성취할 때까지 그에 필요한 힘을 공급해 주실 것이다.

히브리서 10장 24절에서는 "서로 돌아보아 사랑과 선행을 격려하자"고 말씀하신다. 이 말씀을 이루기 위해, 여러분의 선행을 칭찬하고 힘을 실어주기 위해 이메일을 보내는 것이다. 여러분이 하루의 목표를 달성한 뒤 'We did it!' 링크를 클릭하면 여러분이 성취한 결과를 내가 알게 된다. 드디어 21일째 되는 날, 그 동안 갈고 닦아왔던 좋은 습관들이 대단원의 막을 내린다. 좋은 습관을 가지게 된 것도 기쁘겠지만 내가 보내는 인터넷 축하카드를 받으면 기쁨은 두 배가 될 것이다.

그렇게 한 단계가 끝나면 다음 부분으로 넘어가게 된다. 이번에는 '육신의 영역'이나 '혼의 영역'에서 한 부분을 선택하자. 올해 들어 정기검진을 받았는가? 아직 받지 못했다면 '자신을 위해 해야 할 일'(Do Something For Yourself)을 클릭하라. 그러면 다시 내 이메일을 받기 시작할 것이다. 정해진 과제를 다 마칠 때까지 매일 아침 이메일을 통해 여러분의 삶을 두드릴 것이다. (병원에 가면 건강도 챙길 수 있어 좋지만 또 한 가지 작은 기쁨을 누릴 수 있다. 대기실에서 여러 가지 잡지를 보며 오랜만에 고요한 시간을 보낼 수 있다는 사실은 언제나 나를 설레게 한다.)

인터넷을 통해 만나는 우리의 사귐은 여러분이 원하는 만큼 지속될 것이다. 올바른 습관을 삶으로 정착시키고 변화된 삶을 통해 가족들을 더 깊은 감동의 바다로 초대할 그 날까지 함께할 것이다. 사도 바울은 로마에 있는 성도들에게 보고 싶은 마음을 전하면서 이렇게 말했다. "이것은 내가 지나는 길에 여러분에게 들러 얼마간 여러분과 기쁨을 나눈 후에 여러분의 후원으로 그 곳에 가기를 원하기 때문입니다"(롬 15:24, 우리말성경). 지금 내 마음도 그렇다. 여러분과 인터넷상에서 만나기를 소망하며 우리가 나누게 될 교제를 생각하면 저절로 기쁨이 넘친다. 그리고 우리의 만남이 여러분에게 미미하나마 도움이 되기를 간절히 바란다. 그러나 서두르지는 말자. 모든 것이 하나님의 뜻 안에서 그분의 때에 이루어지기를 기도하자.

부록 1

베이비시터 구하기

이 책은 엄마 자신을 돌볼 수 있는 시간을 확보하는 데 중점을 두었다. 그러기 위해서는 자녀들을 안심하고 맡길 만한 사람들이 필요하다. 그런데 남편 없이 혼자 자녀를 양육한다든지, 남편이 너무 바빠서 얼굴조차 보기 힘들다든지, 부모님과 멀리 떨어져 있어 도움을 받을 수 없는 형편에 있는 엄마들에게는 굉장히 어려운 일이다. 특별히 베이비시터 찾는 법을 부록에 싣는 이유가 바로 이 때문이다. 신뢰할 수 있는 베이비시터를 찾으려면 어떻게 해야 할까?

- 베이비시터를 구할 때는 어떤 사람을 원하며 어떻게 해주기를 바라는지 미리 생각해 보아야 한다. 아이가 많이 어리다면 어린아이들을 돌본 경험이 있는 사람을 구하는 게 좋겠다. 유치원생 이상인 아이들이라면 함께 뛰며 놀아줄 수 있을 만큼 에너지가 넘치고 아이들의 취향을 이해해 줄 수 있는 젊은 사람이 좋다.
- 시간대는 어떻게 할 것인가? 집안일을 해야 하는 제일 바쁜 시간에 와서 아이들을 돌봐주기 원하는가? 남편과 데이트가 있는 날 저녁에 아이들과 놀아주고 잠자리에 드는 것까지 도와줄 사람을 찾는가? 일주일에 1회, 혹은 일주일에 3회 정도 정기적으로 부를 생각인가?
- 베이비시터 고용예산은 어느 정도인가? 도우미 센터 같은 곳에 연락

해보면 현재 임금 수준이 어느 정도인지 쉽게 파악할 수 있다. 자녀 수에 따라 추가비용을 지불하는지도 알아보라.
- 베이비시터가 교통편을 스스로 해결할 수 있는지도 알아야 한다.

정보구축

아이들을 돌봐줄 가능성이 있는 사람들의 명단은 많이 확보할수록 좋다. 명단을 따로 작성해서 필요할 때 찾기 쉽게 만들어두자. 그분들이 항상 나의 시간에 맞출 수 있는 것이 아니기에 명단은 길어질수록 좋다.

- 가족과 친척을 먼저 생각해본다. 아이들을 맡아줄 만한 사람이 있는가? 큰 아이들이 있는 집이면 더 좋겠다. 우리 아이들과 놀아줄 수 있다면 맡기는 사람도, 맡아줄 사람도 덜 부담스러울 것이다.
- 주위에 우리 아이들 또래의 이웃이 있다면 베이비시터를 소개해 달라고 부탁한다. 재미있는 반응이 있을 것이다. 지나치게 많은 정보를 주는 사람, 그런 정보조차 나누지 않으려고 인색하게 구는 사람 등 다양한 사람들을 경험하게 될 것이다.
- 믿을 수 있는 베이비시터를 만났다면 그분이 오지 못할 때 대신 보내줄 만한 형제나 친구를 소개해 달라고 부탁한다.
- 교회는 좋은 베이비시터를 찾을 수 있는 보고(寶庫)다. 그렇다고 아이들을 맡겨야 할 때마다 교회에 전화해서 찾아달라고 할 수는 없는 일이다. 대학부나 청년부 모임이 있을 때 한 번씩 들러서 혹시 베이비시터 아르바이트를 할 마음이 있는 학생들이 있는지 알아본다. 의외로 어린아이들과 잘 놀아주는 젊은이들을 쉽게 찾을 수 있을 것이다.
- 스카우트 연맹이나 각종 동호회, YWCA에 연락해본다. 그 곳 책임

자들에게 문의하면 건실한 청년들을 소개해줄 것이다.
- 집 부근에 대학이 있다면 베이비시터 아르바이트 자리를 원하는 학생들이 있는지 찾아본다. 특별히 유아교육을 전공하는 학생들 가운데 경험을 쌓고자 베이비시터 자리를 구하는 경우가 있으니 눈여겨보기 바란다.

고용을 결정하기 전에

이 책을 읽고 있는 분들 가운데에는 자녀를 둔 엄마가 많으리라 생각한다. 그리고 자녀를 둔 엄마들이라면 믿을 수 있는 베이비시터도 확보해 두었으리라 믿는다. (아이들을 맡길 생각을 해보지도 않았다면 이제부터라도 믿을 만한 사람을 찾아보자. 자신의 발전을 위해 조금씩이라도 투자할 시간을 확보해야 할 중요한 시기이다.) 그런데 베이비시터가 되어 줄 의사를 비치는 사람이 있다고 해서 아이를 덜렁 맡겨서는 안 된다. 친지나 평소에 아주 절친한 사이가 아니고서는 사전에 몇 가지 질문을 준비해 면담을 거친 뒤에 맡겨도 절대 늦지 않다. 그렇다고 질문에 대한 딱 부러진 대답을 듣기 위한 면담이 되면 서로에게 부담스러울 수 있으니 주의한다. 엄마의 감(感)이라는 것이 있지 않은가. 우리 아이들을 신뢰하고 맡길 수 있는 사람인지, 우리 아이들이 잘 따를 수 있을지 그런 정도를 보면 되겠다.

- 나이 (실례가 되지 않는 범위 안에서)
- 거주지 (우리 아이를 그 집에 데려다 주어야 하는 경우, 어른들이 집에 있는가)
- 베이비시터 경력 (베이비시터를 하면서 얻었던 경험, 교훈 등)
- 우리 아이들과 같거나 비슷한 나이의 아이들을 돌본 경험이 있는가?

그 기간은 어느 정도였는가?
- 간단한 응급처치 정도는 할 수 있는가? 아이들을 위해 간단한 음식을 만들 수 있는가? 이전에 다른 아이들을 돌볼 때 음식을 만들어 주기도 했는가? 주로 어떤 음식을 만들어 주었는가?
- 아이가 배가 고픈 것도 아니고 기저귀를 갈 때가 된 것도 아닌데 울음을 그치지 않는다면 어떻게 할 것인가?
- 아이가 베이비시터의 지시를 따르지 않을 때는 어떻게 할 것인가?
- 아이들과 무엇을 하며 지내는 것을 좋아하는가?
- 아이들을 돌보면서 가장 보람을 느낀 때는 언제인가?
- 몇 시까지 아이를 봐줄 수 있는가? 평일, 주말, 저녁, 밤 등 어느 때가 가능한가?
- 오고 가는데 쉽게 이용할 수 있는 교통편이 있는가?
- 얼마를 받기 원하는가?
- 이전에 도왔던 가족 가운데 두세 가족의 연락처를 줄 수 있는가? 그 엄마들에게 전화를 해서 몇 가지 물어봐도 괜찮겠는가?

이전에 돌봤던 아이들 엄마에게 전화를 해서 몇 가지 중요한 질문을 하라. 자세히 묻는 것을 두려워하지 마라. 베이비시터가 시간을 잘 지키는지, 약속시간이 다 되어서 취소전화를 하지는 않는지, 볼일을 보고 돌아왔을 때 아이들의 상태는 어땠는지, 아이들이 베이비시터를 좋아하는지, 베이비시터가 돌아갈 때 마무리를 잘 하고 가는지, 우리 아이들의 연령대를 감당할 수 있다고 생각하는지 등을 허심탄회하게 질문하라.

마음에 어느 정도 결정이 나면, 집안일로 바쁜 날 한 번 오게 해서 아이들과 지내는 모습을 지켜보자. 물론 임금은 지불해야 한다. 보통 때처럼 자신이 할 일을 하면서, 아이들과 베이비시터가 어떻게 시간을 보내는지 이따금씩 관찰하자.

아이들을 맡길 때

아이들을 맡기고 외출할 때는 베이비시터에게 부탁할 사항을 조목조목 적어서 전달하자. 그리고 적어도 집에서 출발하기 30분 전에는 베이비시터가 집으로 도착하도록 스케줄을 짜자. 그래야 베이비시터에게 부탁하고 싶은 것들에 대해 설명해줄 시간을 가질 수 있다. 베이비시터가 미리 와주면 외출준비도 훨씬 수월하고 아이들도 베이비시터와 놀기 시작하느라 엄마와 쉽게 떨어질 것이다. 아래와 같이 응급상황에 대비해 몇 가지 중요사항을 남겨두는 것도 지혜로운 일이다.

비상시를 대비하여

- 엄마 연락처(핸드폰, 만나러 가는 상대 이름, 식당 이름, 친구 집 등)
- 엄마와 연락이 닿지 않을 때 도움을 줄 수 있는 사람
- 의료보험증 복사본
- 가까운 이웃 연락처
- 자주 가는 병원 연락처
- 독극물 신고센터 전화번호
- 베이비시터가 비상시에 필요할지도 모르니 우리 집 주소와 전화번호도 함께 기록해둔다.
- 자녀의 알레르기 정보

기타 알아두면 좋을 것들

우리는 매일 사용하는 내 집이고 내 물건들이라서 어디에 무엇이 있는지 꺼내쓰기가 쉽다. 그러나 베이비시터에게는 낯선 장소다. 하루 정도 날을 잡아서 우리 집에 있을 때 알아야 할 사항들을 일목요연하게 정리해서 건네주자.

- 이런 물건들이 필요할 때는 어디에서 찾아야 하는가?

    * 아이들 식사시간에 필요한 집기
    * 이불이나 침대커버 등 (아이가 실수했을 때를 대비해서)
    * 기저귀나 기타 아기용품
    * 청소도구 (치우는 데 열정이 있는 베이비시터를 위해)
    * 비상약통 및 아이들이 복용하는 약 (분량과 시간을 정확히 알려준다.)
    * 소화기 (사용법을 숙지하도록 부탁한다.)
    * 새 화장지
    * 손전등
    * 수건

- 아이들을 위해 필요한 것들

    * 좋아하는 장난감
    * 좋아하는 책
    * 취침시간 지키기, 취침 전에 해야 할 일 마무리 (자기 전에 양치질

을 하는 등)
* 아이의 정서 안정에 도움이 되는 물건들 (아기담요 및 인공젖꼭지 등)
* 아이가 자신을 표현할 때 사용하는 특별한 단어나 엄마만이 알아들을 수 있는 단어가 있다면 베이비시터에게 귀띔해준다.

- 사용법 알려주기

  * 전화, 컴퓨터
  * 비디오나 DVD 세트
  * 오븐
  * 체온계
  * 가습기
  * 전자레인지

- 우리 가족 일상 시간표 알려주기

  * 식사시간
  * 목욕시간
  * 취침시간
  * 자유시간
  * 낮잠시간
  * 기타 베이비시터가 알아야 할 스케줄

우리 가족의 약속 및 규칙 알려주기

여러분의 자녀들은 어떨지 모르겠지만 우리 아이들은 이따금씩 요령을 피우려 든다. 특히 베이비시터가 오는 날에는 더욱 그렇다. 엄마 아빠가 엄하다는 것을 알기 때문에 우리에게는 그러지 않으면서 상냥하고 친절한 베이비시터에게는 애교가 먹힌다고 생각하는 모양이다. 부모의 부재시에도 서로 약속한 규칙을 지킬 수 있는 능력을 키우는 것은 아이들의 장래를 위해 반드시 필요하다. 베이비시터에게도 이 점을 양지시키고 가족 안에서 정한 규칙과 서로 지키기로 한 약속은 메모를 해서 건네주는 것이 좋다. 그리고 베이비시터에게도 가정 내의 규칙을 따르도록 부탁한다.

- 아이들에 대해 알아야 할 것들은 솔직하게 말해준다. 위험한 장난을 좋아한다든지, 거짓말을 한다든지, 형제자매를 때린다든지, 베이비시터를 줄로 칭칭 감는다든지 하는 등, 아이들을 다루는 데 도움이 될 만한 정보를 미리 알려주는 것이 좋다.
- 텔레비전 시청을 몇 시간 정도 허락하며 어떤 프로그램을 보게 하는지 알려준다.
- 컴퓨터 사용은 몇 시간 정도 허용하는가?
- 식사시간 외에 간식을 주는가? 간식시간이나 간식 종류가 정해져 있다면 그것도 알려 준다.
- 취침시간에 대한 규칙은 어떤가? 침대에 누워 책을 읽도록 허락하고 있는가?
- 아이들이 잘못했을 때 벌주는 방법에 대해서도 사전에 얘기를 나누는 것이 좋다. 방에 가서 혼자 생각해 보라고 시간을 주는 것은 어떨까, 아이들이 어느 정도 말을 안 들을 때 엄마에게 전화를 걸어 도움

을 받는 것이 좋을지 등 구체적으로 논의한다.
- 아이들이 최근에 문제를 일으켜 특별히 가르치고 있는 부분이 있다면 그런 부분도 사전에 알려주어야 한다. 예를 들어, 이제 막 걸음마를 떼기 시작한 아기가 계단을 오르내리는 것을 좋아해서 떨어질 위험이 있는지, 아직 어린 언니나 오빠가 동생을 안아준답시고 질질 끌고 다닌다든지, 장난전화를 건다든지 등등 주의가 필요한 정보를 알려준다.
- 다른 부분이라도 베이비시터에게 원하는 것이 있다면 솔직하게 나누는 것이 좋다. 집 전화를 사용하는 것은 어느 정도 허용할 것인가? 식사를 제공할 것인가? 다른 친구를 데려오는 것은 어떤가? 인터넷 채팅을 허락할 것인가? 텔레비전을 보는 것은 어떤가? 베이비시터 자신의 공부를 하는 것은 어떤가? 아이들이 잠든 이후에는 어떻게 적용할 것인가? 등등 베이비시터가 알아야 할 엄마의 기준에 대해 미리 대화하는 시간을 가져보자.
- 본인이 외출에서 돌아오기 전에 집이 치워져 있기를 바라는가? 베이비시터가 식사 후 설거지를 하기를 원하는가, 아니면 외출에서 돌아와 본인이 하도록 놔두기를 원하는가?

외출준비 끝!

이 정도면 할 수 있는 것은 거의 다 끝났다. 이제 아이들에게 뽀뽀도 해주고 한 명씩 안아주면서 멋지게 인사하자. 핸드백을 들고 문을 열고 집을 나서자. 뒤를 돌아보면 안 된다. 그리고 기억하라. 잠시의 외출은 엄마의 정신 건강에도 좋지만 아이들에게도 좋은 훈련이다. 엄마가 자신을 떠났다 항상 다시 되돌아온다는 사실을 배우는 건 매우 중요하다. 또한 부모

외에 다른 사람들의 지시에 따르는 법을 훈련할 수 있는 기회가 되며, 베이비시터로부터 부모가 가르칠 수 없는 어떤 새로운 것을 배우기도 할 것이다.

그러니 가볍고 기쁜 마음으로 집을 나서라. 처음 아이들을 떼어놓는 것이라서 마음이 불안하더라도 아이들 앞에서 내색해서는 안 된다. 영특한 우리 아이들은 그것을 최대한 이용하려 들 것이다. 서로 어렵게 헤어지지 않기 위해서 미리 충분히 시간을 가져라. 엄마가 어디에서 무엇을 할 예정이며 몇 시에 돌아올 예정인지, 엄마가 없는 동안 베이비시터와 무엇을 하며 어떻게 시간을 보내게 될 것인지 등을 아이들에게도 알려주자. 아이들의 불안함을 잠재울 수 있다. 엄마 자신에게도 이렇게 아이들과 잠시 떨어져 있기로 한 것이 선한 의도임을 다시 한 번 상기시키자. 다시 돌아올 때는 재충전되어 더욱 명랑하고 신선한 분위기를 가족들에게 제공할 수 있을 테니까.

집을 나설 때 아이가 달라붙거나 울며 떼를 써도 과감하게 문을 열고 걸음을 내딛으라. 엄마와 떨어져보는 것도 아이들에게는 스스로 강해질 수 있는 기회를 얻는 것이다. 엄마만 의지했던 아이들의 잠재력이 드러나 오히려 독립심을 기를 수 있다. 베이비시터에게 15분이 지난 뒤에도 아이가 울음을 그치지 않으면 전화해 달라고 부탁하라. 전화가 오면 아이를 달래주고 엄마가 곧 돌아올 것이라는 사실을 확인시켜준다. 그렇지 않고서는 집에 전화할 필요가 없다. 괜히 잘 놀고 있는 아이들 분위기나 깰 확률이 높다.

목표를 기억하라. 결국 엄마가 살아야 가정이 산다는 사실을 기억하자. 지금은 어린 자녀가 이해하기에는 너무 복잡한 일이지만 나중을 생각한다면 모두에게 이로운 일임을 잊지 말자. 한 번도 옆을 떠나지 않으면서 지쳐 있고 신경질적인 엄마가 되는 것보다는 이따금씩 사라지지만 이내 밝고 건강한 모습으로 되돌아오는 엄마가 되기로 한 결심을 되새기자.

나는 확신한다. 엄마는 아이들과 오래 떨어질수록 더 그리워하게 마련이다. 그리고 다시 아이들에게 돌아올 때는 이전보다 더 큰 사랑의 마음을 가지게 될 것이다. 그러니 아무 염려 말고 잠시 아이들을 떠나자. 지친 마음에 활력을 채우자. 그러면 더 많은 것을 퍼줄 수 있을 것이다.

부록 2

절약형 베이비시터 구하기

아이들을 맡길 만한 좋은 사람을 찾았다 해도 비용이 문제가 된다면 그 사람을 쓸 수 없다. 우리 아이들이 아주 어렸을 때는 남편의 교역자 사례금으로만 살았기 때문에 넉넉하지 못했다. 쉽게 말해서 베이비시터를 고용할 여유가 없었던 것이다. 그러나 감사하게도 친구는 많았다. 여러분의 형편도 각기 다를 것이다. 어떤 분들은 여유가 있을 것이고, 어떤 분들은 베이비시터는 생각조차 할 수 없는 형편에 처해 있을 수도 있다. 또한 친구가 많은 분들도 있을 것이고, 그렇지 않은 분도 있을 것이다. 환경이 모두 다른 우리들이지만 한 번쯤은 돈 안 들이고 아이들을 맡길 수 있는 방법을 활용해보자. 몇 가지 가능성 있는 아이디어를 소개해본다.

창조적인 접근

- 처지가 비슷한 사람을 찾는다. 아이들의 연령도 비슷하고 베이비시터를 고용하기에는 물질적인 부담이 있는 엄마들끼리 짝을 지어 서로 돕는 것이다. 서로 필요하면 언제든지 전화하기로 약속하자. 갑자기 일이 생긴다든지, 남편과 데이트를 나간다든지, 너무 피곤할 때 잠시 조용히 쉬고 싶다든지 할 때 주저하지 말고 도움을 청하기로 하자.
- 친구와 커피를 한 잔 하고 싶거나, 성경공부에 함께 가거나, 스크랩

북 만들기 강좌에 함께 참여할 때 베이비시터도 공동으로 고용하자. 비용을 절감할 수 있다.
- 부부동반 외식이 있거나 다른 가족과 합석할 때 아이들도 데리고 갈 수 있는 장소를 알아본다. 어른들끼리 시간을 가질 수 있도록 아이들의 공간이 마련된 곳이면 좋겠다. 요즘은 가족들을 위해 놀이방이 마련된 식당이 많아 편리하다. 친한 친구라면 대형서점에서 만나기도 하자. 아이들이 새로 나온 책을 읽는 동안 실컷 담소를 나누자. 날씨가 좋다면 공원도 괜찮다. 친구와 담소를 나누는 동안 아이들은 자연 속에서 마음껏 뛰어놀도록 하자.
- 언젠가 성탄절 준비로 한창 바쁜 연말이었다. 쇼핑도 해야 하고, 음식도 이것저것 장만해야 하고, 선물포장도 해야 하고, 집안청소도 좀 해야겠는데 도대체 짬이 나지 않고 마음만 조급해지고 있었다. 아이들이라도 없다면 부지런히 움직일 수가 있겠는데 뒤치다꺼리하느라 도저히 일이 진전을 보이지 않았다. 그래서 엄마들과 뜻을 모아 공동작전을 폈다. 매주 금요일마다 만나는 엄마모임 시간을 활용하여 특별모임을 결성한 것이다. 정기모임을 갖는 대신 엄마 두 사람이 미취학 아동 12명을 보는 동안 나머지 6명의 엄마는 각자 시간을 사용하도록 했다. 그렇게 스케줄을 짰더니 하루 고생하고 3일의 자유시간을 가질 수 있었다.

베이비시터 동호회 만들기

베이비시터 동호회를 만들면 아이들을 맡길 곳을 찾아 헤매지 않아도 된다. 돈을 지불할 필요도 없다. 모임을 만들기도 쉽다. 이렇게 시작해보라.

- 엄마 세 명 정도만 모이면 시작할 수 있다.
- 회원이 늘면 늘수록 서로에게 좋다. 가급적이면 많은 회원이 모이도록 적극적으로 홍보한다. 전단지를 만들어 돌리거나, 교회 게시판을 활용하거나, 소그룹 모임에서 광고를 하는 등 동호회 취지를 나누면 회원모집은 그리 어렵지 않을 것이다. 엄마들의 입소문을 타기 시작하면 삽시간에 퍼져나간다.
- 쿠폰을 만들 차례다. 컴퓨터를 이용해 집에서 만들어도 좋고 장난감 가게에서 파는 모조 지폐나 동전 같은 것을 구입해서 사용해도 된다.
- 가치를 정한다. 쿠폰 한 장당 한 아이를 한 시간 봐준다고 정하면 두 아이를 한 시간 맡기는 경우 쿠폰 두 장이 든다.
- 회원으로 가입하면 가입기념으로 쿠폰 석장을 무료로 선물한다. 가입할 때는 회원명부에 이름, 주소, 다른 아이들을 봐줄 수 있는 시간, 자녀들 나이, 전화번호, 이메일 주소 등을 받아놓자.
- 쿠폰은 이렇게 사용한다. 베이비시터가 필요할 때 회원명부를 보고 시간대가 맞는 엄마에게 전화를 한다. 그 엄마가 우리 아이들을 봐주는 만큼 쿠폰을 지불한다. 그 엄마는 다음에 베이비시터가 필요할 때 사용할 수 있는 쿠폰을 더 확보하게 된다.
- 쿠폰이 필요할 때는 회원들에게 이메일로 자신이 언제 베이비시터를 할 수 있는지 알린다. 엄마들이 곧 전화할 것이다.
- 회원들로 하여금 친구들과 이웃을 섭외해 모임을 알리도록 격려한다. 회원이 많아질수록 쿠폰을 더 많이 벌게 되고 더 많이 쓸 수 있게 된다.

생각만 해도 기분 좋지 않은가? 누구한테 돈을 지불해야 하는 것도 아니고 베이비시터가 아이들과 잘 있어줄까 걱정하지 않아도 된다. 안심하고 맡기면서 비용도 들지 않으니 편한 마음으로 내 시간을 가질 수 있다. 이렇듯 조금만 마음을 열고 수고하면 엄마들끼리 서로 도울 수 있다. 이 책을 통해 배운 것들을 적용할 수 있는 시간 또한 가지게 될 테니 얼마나 좋을까. 내 마음이 다 기쁘다.